献给我的父亲、母亲

本教材受中国政法大学教务处"法哲学与法理论口袋书系列"项目（1011／0111006402）及中国政法大学法学院双一流学科建设资金资助，特此鸣谢！

"法哲学与法理论口袋书系列"教材

雷 磊 ‖ 主编

法理论

[美]菲利普·索珀／著
（*Philip Soper*）

———— 汪 雄◎译 ————

A THEORY OF LAW

中国政法大学出版社

2020·北京

法理论

A THEORY OF LAW
by Philip Soper

版权登记号：图字 01-2020-3262 号

总　序

　　"法理学"（Jurisprudenz, jurisprudence）之名总是会令初学者望而生畏。因为无论是作为法的一般哲学理论的"法哲学"（Rechtsphilosophie, legal philosophy），抑或是作为法的一般法学理论的"法理论"（Rechtstheorie, legal theory），虽从地位上看属于法学的基础学科分支，但却往往需要有相当之具体专业知识的积累。在西方法律院校，通常只在高年级开设法哲学和/或法理论课程，法理学家一般情况下也兼为某一部门法领域的专家。有关法的一般性理论研究的专著往往体系宏大、旁征博引，同时也文辞冗赘、

001

晦涩艰深。这些论著大多以具备相关专业知识之法学专业人士为假定受众，非有经年之功无法得窥其门径与奥妙。

中国的法学教育模式与西方所不同。由于历史和现实的原因，法理学被列为法学专业必修课程的第一门，在大学一年级第一学期开设。统编教材罗列法学基本概念和基本原理，只见概念不见问题、只见枯死的材料不见鲜活的意义，往往使得尚未接触任何部门法知识的新生望而却步，乃至望而生厌。尽管有的法律院校（比如中国政法大学）同时在三年级开设了相关课程，且内容以讲授西方前沿理论为主，却又使得许多学生"不明觉厉"、畏葸不前。除去授课的因素之外，其中很大的一个原因在于，虽然目前我国学术市场已有为数不少以法哲学和法理论为主题的专著和译著，其中也有不少属于开宗立派之作或某一传统中的扛鼎之作，但却缺乏适合本科生群体的微言大义式、通览或概述式的参考读物。

有鉴于此，"法哲学与法理论口袋书系列"教材以法学初学者（主要为法学本科生、也包括其他对法理学感兴趣者）为受众，以推广法哲学和法理论的基本问题意识、理论进路和学术脉络为目标，拟从当代西方法哲学与法理论论著中选取篇幅简短的系列小书，裨使法理学更好地担当起"启蒙"和"反思"的双重功能。它的目标，在于让学生更易接近法理学的"原貌"，更能知悉法理学的"美好"，更加明了法理学的"意义"。为了便于读者掌握各本小书的思路、内容与结构，我们在每本小书的前面都加上了由译者所撰的"导读"。

德国哲人雅斯贝尔斯（Jaspers）尝言，哲学并不是给予，它只能唤醒。这套小书的主旨也并不在于灌输抽象教条、传授定见真理，而是希望在前人既有思考的基础上唤醒读者自身的问题意识、促发进一步的反省和共思。

雷　磊

2019 年 3 月 20 日

弁 言

我们确信，当下关于法本质的争论毫无意义，遂有此书的问世。但是，一旦将这场争论与道德和政治哲学中的议题联系起来，这场争论就焕发出意义，本书的结构得益于此。

在接下来我要说明的内容和风格中，留下了这种双重性的痕迹。首先，尽管我称其为"法理论"，但是，这套理论旨在探索解释守法义务和法的概念。因此，本书希望对政治理论和政治义务的难题有所贡献，对法理论亦有同样的贡献。其次，我的想法是，法理论要有实践关怀，这促使我从头到尾的语言和论证无需特别熟悉此领域的具体文本。其结果便是，我不得不总结提炼思想史中的著作和流派，在我看来，对于那些熟悉这些文本的读者而言，这似乎稍微有些不公平，所以，在当下争议论证的关键之处，我热切地向这些读者提供了注解，供按图索骥。

在做这些工作时，感恩很多人的帮助和支持，要感谢的人远远超出了弁言中所能列举的范围。我特别感谢三位同事：Donald Regan 和 Thomas Green 批阅了早期手稿并提出了很多有价值的建议，还要感谢 Joseph Vining，在与他的大量讨论中，受到了激发和鼓励。

美国学术团体协会的奖学金和美国国家人文基金会的资助让我可以在 1980 年的学术假期投身于这项计划，还要感谢密歇根大学法学院的库克基金会的慷慨资助。

目　录

CONTENTS

《法理论》导读

汪 雄

一

在德语世界，法理论源自一般法学说，早期是作为法学百科全书的总论出现的，其内容包括法的概念，法的根源和形成，法的分类、形式或渊源，法律关系，法的科学等。大概自19世纪中后叶开始逐渐独立，到凯尔森那里达臻成熟，后来呈现多元化的面貌，发展出分析法理论、社会法理论、政治法理论、马克思法理论等分支，但大都致力于提炼法的基础概念，并对其进行体系性和结构性反思。[1]当然，晚近也有学者用《法理论》命名教科书，例如德国学者魏德士的《法理学》就是一本经典的教科书，但其德文书名是 *Rechtstheorie*，应该直译为法理论；而在英美，法理论（legal theory）与法理学（jurisprudence）没有实质差别，既可以是教科书，也可以是关于规范理论或法哲学中具体问题的专著；索珀的这本《法理论》显然不是教科书，也不是德语传统中提炼和反思法律基本概

---

〔1〕 雷磊：《法理论：历史形成、学科属性及其中国化》，载《法学研究》2020年第2期，第21~30页。

念的著作，而是立足于英美法传统研究具体问题（守法义务）的专著。不过，在这本书中索珀力图通过守法义务之问题联结法理论与政治理论，这使得他的理论观与众不同，从其书名中也可窥出端倪。

本书的英文名是 *A Theory of Law*，索珀没有用定冠词 the，而用不定冠词 a，表明他要建构的是多种法理论中的其中一种。在第一章末尾，索珀对此直言不讳："重建政治理论与法理论的关系，以一定的步骤构建一套法理论，这些都是本书的目标。"[2]一方面不定冠词中暗含着索珀的野心：出于对现有的理论不满，要建构一套自己的理论；另一方面也显示了索珀的谦逊，自己的这套理论也不是独一无二的法理论，而是众多理论中普通平凡的、可争辩的一套理论。当然，索珀的理论成功与否，读者诸君才是权威的判官。

他的书名也让人想起了罗尔斯的《正义论》（*A Theory of Justice*），虽然没有证据表明，索珀的书名模仿了罗尔斯，但两位思想家都希望借不定冠词掩盖写作的野心：建构一套自己的理论。罗尔斯无疑成功了，《正义论》据说是 20 世纪政治理论的巅峰之作，其地位可与哈特的《法律的概念》相媲美。相比而言，索珀的《法理论》要逊色很多，没有取得如此声誉，其中文版在问世三十多年之后才姗姗来到中国。

1964 年，索珀教授从圣·路易斯的华盛顿大学以"最高荣誉"毕业，第二年在那取得哲学硕士学位之后，前往哈佛法学院攻读 JD 学位，在哈佛期间曾兼职最高法院，也兼任《哈佛法律评论》编辑，并给美国最高法院

---

[2] Philip Soper, *A Theory of Law*, Harvard University Press, 1984, p. 18.

Byron R. White 大法官担任助手。1969 年索珀在哈佛毕业后回到母校攻读博士学位，博士论文题目是：《法律的"接受性"——基于哈特的法理论来分析法律的概念》（*The "Acceptability" of Law: An Analysis of the Concept of Law Based on the Legal Theory of Professor H. L. A. Hart*）。在此期间，曾去牛津研习哲学一年，他赶上了好时候，那时，哈特刚刚从牛津法理学教授席位上退休，他亲自挑选了他的批评者德沃金为新的继任者，论战还没有拉开帷幕，二人感情甚好，想必索珀有缘同时亲炙两位大师。但索珀是一位低调的学者，1973 年回国之后一直在密歇根大学法学院工作，主要讲授《合同法》和《法律与道德哲学》等课程，直到退休。目前，索珀已至耄耋之年，仅出版两本专著，一本是《法理论》（1984 年），另一本是《服从的伦理学》（2002 年）。前一本的主题是讨论法理论和政治理论中的守法义务问题；后一本则在更宽泛的伦理层面讨论了对法律、允诺、友谊等的服从问题，可见，遵守和服从是索珀耗毕生心力思考的问题。

二

《中国人民政治协商会议共同纲领》（已失效）第 8 条最早明确把"保卫祖国""遵守法律"和"缴纳赋税"等并列为国民的义务。后来历次宪法都确认了遵守法律是宪法上的基本义务。[3]无论你愿意还是不愿意，只要你

---

〔3〕 例如，1954 年《宪法》第 100 条："中华人民共和国公民必须遵守宪法和法律，遵守劳动纪律，遵守公共秩序，尊重社会公德。" 1975 年《宪法》第 26 条："公民的基本权利和义务是，拥护中国共产党的领导，拥护社会主义制度，服从中华人民共和国宪法和法律。" 1978 年《宪法》第 56

身处这片土地，你都必须遵守宪法和法律，这是一项"对法律的义务"，它不同于"服兵役义务""保密义务""纳税义务"等，后者是"法律中的义务"。从逻辑上，公民负有"对法律的义务"是负有"法律中的义务"的前提，只有先负有守法义务，法律所规定的"服兵役义务""保密义务"等才对公民有约束力，否则，法律规定再多的义务，公民都认为这些义务与他无关，因为他会认为规定这些义务的法律对他没有约束力。[4]可见，守法义务与其他各种义务不在一个位阶，它是其他全部义务的基础。只有宪法性的法律（《宪法》第53条、《香港特别行政区基本法》第42条和《澳门特别行政区基本法》第44条）才有资格对此基础义务作出规定。当反战主义者质疑其服兵役义务的合法性时，可以诉诸《兵役法》和《宪法》第55条为服兵役义务辩护，但如果反战主义者穷追不舍，质疑其遵守宪法和法律（《兵役法》）的义务时，我们不能简单地诉诸《宪法》第53条，因为对《宪法》整体的质疑包含着对《宪法》第53条的质疑，宪法可以为所有"法律中的义务"辩护，但不能为遵守自身辩护，这个任务只能留给法理论。

在思想史上，守法义务问题可以追溯到柏拉图的《克力同》。公元前399年，苏格拉底因"不敬神"被判处死刑，克力同是苏格拉底的好朋友，不忍眼睁睁地看到

条："公民必须拥护中国共产党的领导，拥护社会主义制度，维护祖国的统一和各民族的团结，遵守宪法和法律。"1982年《宪法》第53条："中华人民共和国公民必须遵守宪法和法律，保守国家秘密，爱护公共财产，遵守劳动纪律，遵守公共秩序，尊重社会公德。"

〔4〕 汪雄：《宪法第53条中守法义务的证成》，载《北京行政学院学报》2019年第4期，第115页。

苏格拉底被处死，花重金买通了守卫，打算带苏格拉底脱离死牢。但是苏格拉底选择了服从城邦的法律，哪怕要付出生命的代价。苏格拉底的理由是，任何时候我们都应该听从最好的道理而行动，即使大限降临到头上，也应该听从最好的道理，而最好的道理就是至死不渝地做一个正义的人。为了让克力同听得懂，苏格拉底以法律的口吻劝谕道："必须安然承受祖国下令让你承受的东西，无论是鞭打还是监禁，哪怕率领你参加会让人受伤甚或送命的战斗，也必须干，因为这样做就是正义之举。"[5]如果服从城邦的法律是一位正义之人必须去做的事情，那么城邦的公民就必须那样去做。在古典时代，做一个正义的人比保有自己的生命更重要，至于城邦的法律是否正义、服从是否会付出生命的代价等都不是考虑的重点。面临不正义的法律，城邦的公民不是选择不服从来对抗，这无益于城邦整体，也无法让法律变得更好。每个公民是否应该服从法律既不取决于其他公民是否服从法律，也不取决于城邦制定了什么样的法律，他的双眼应该始终盯着真理，只做该做之事——努力成为正义之人。正义之人组成的城邦自然是正义的，正义的城邦自然会淘汰不正义的法律，这才能从根本上解决不正义的法律的问题。苏格拉底牺牲自己成全了城邦的法律，城邦的法律在个人生命之上，在这个意义上，守法义务不成其为一个问题，因为不守法是难以想象的，守法是理所当然的。

只有在近代，个体人格和自由意志出现之后，守法义务才成为一个问题。因为遵守法律通常意味着放弃自己的

---

〔5〕　程志敏、郑兴凤撰：《克力同章句》，华夏出版社 2017 年版，第17 页。

私人意愿，无条件地投身于法律的怀抱之中。无条件意味着不能在自己的判断和法律的指示之间进行权衡，而是完全放弃自己的意志，把法律的指示直接当成自己的行动理由。所以，承认守法义务就必须先摆出相当充分的理由说服人们放弃自己的意志。而个人的自由意志恰恰构成了近代国家的基础，在国家的起源问题上，古代哲人认为从家庭形成村坊再形成国家是一个自然的过程，就像桃树开花、长叶并结果一样。与此不同，近代思想家认为国家是人为的，是一个人造人，是我们为了意欲和平与生存而组建的集体，它集合了大家的意志。[6]没有自由意志，就没有近代国家。并且，国家的权力也源于人们对自己权利的交互让渡，而人们的原始权利就是自然权利——以自然之名被正当化了的意愿或要求。所以，个人意志构成了国家的基础，成为近代政治法律制度的全部出发点。越是尊重个人意志，论证守法义务就越难。这种观点的极端看法就是：个人意志与政府权威是此消彼长的关系，如果政府的权威很大，那么个人意志就较少；如果政府权威很小，个人意志就较多。

个人意志与服从国家之间的矛盾难倒了近代思想界中无数英雄好汉，以洛克为代表的"契约论"、以黑格尔为代表的"理性论"、以罗尔斯为代表的"公平游戏论"等相继登场，但在哲学怀疑论的攻击之下纷纷败落。[7]如果说无政府主义把自由意志放在绝对的位置，反对一切对自律的限制，进而否认守法义务，那么，哲学怀疑论者就

---

〔6〕［英］霍布斯：《利维坦》，黎思复、黎廷弼译，杨昌裕校，商务印书馆1985年版，第131页。

〔7〕A. John Simmons, *Moral Principles and Political Obligations*, Princeton, New Jersey, Princeton university press, 1979.

温和很多，他们不否认存在守法义务，但同时也认为论证守法义务的现行理论是不成功的。拉兹就是典型的哲学怀疑论者，他认为，有义务遵守法律就意味着有理由按法律的要求来做，但是反过来未必如此，为了让我们的父母高兴（道德理由），为了避免因为犯罪被老板炒鱿鱼（审慎理由），我们有遵守法律的理由，但是我们未必有遵守法律的义务。

　　具体而言，自然法理论通常把守法的原因诉诸道德理由，但拉兹反对这种观点。支持良法的存在构成守法的理由的人有两个论据：良法可以成为人们遵守法律的一个道德理由，良法也是人们相信立法者的理由，因为相信立法者从而具有了守法的理由。但是拉兹认为这两个论据没有触及实质。首先，确实存在服从法律的道德理由，例如，你的不遵守法律的行为树立了一个坏榜样，但是拉兹认为，这个论证很难确立守法的一般义务。[8]理由如下：第一，即便存在道德义务，但这仅仅是守法的原始的初显理由，不是证成义务的显著理由；第二，这会导致不能被发现的违法行为泛滥，如果违法行为在客观上不可能被发现，那么守法的道德理由就不存在，如果据此就不负有守法义务的话，那最终导致的结果反而是出现大量的违法行为。其次，当我们说某一法律是良法时，我们是说法律能提高了人类的福祉，或者法律能实现更好的社会合作。"提高人类福祉""实现更好的社会合作"等是一些独立的理由，但是这些独立的理由不能说明存在守法的一般义务，因为我们可以一边承认良法和独立守法理由的存在，

―――――――――

　　〔8〕　Joseph Raz, "The Obligation to Obey the Law", in Joseph Raz, *The Authority of Law*, Oxford: Clarendon Press; New York: Oxford University Press, 2009, p. 238.

一边否认存在守法的一般义务。在拉兹看来，良善的法是一回事，守法义务是另一回事。而利益法学派或其他社会法学派会把守法的原因归于审慎理由，拉兹也反对这点。我们会因为害怕惩罚而守法，但是，如果这个理论能成立，我们就会得出一个结论：当我们在可以逃脱惩罚时就可以不守法，这显然是不对的。另外，审慎理由导致的一个问题是，每一次在做出是否守法的决定时，我们都要考虑主要的和次要的、支持的和反对的理由，这样的成本太高了。并且，基于审慎理由难以形成统一的政策，因为个体对风险的评判是千差万别的，审慎理由对很多人来说是私人性的理由，很难普遍化。

索珀当然不是怀疑主义者，他认为"我们为什么要遵守国家的法律"是政治理论的核心问题，此问题也是法理论的核心问题，不过在法理论中要回答这个问题需要同时回答"什么是法律"。所以《法理论》这本书试图联合法理论和政治理论来回答守法义务问题。他据此提炼了守法义务成立的两个条件：①尽管法律可能有缺陷，也可能与个人的要求相冲突，但是，有法律比完全没有法律好；②为了维护整个共同体的利益，包括维护异见分子的利益，掌权者付出了真诚的努力。其中任何一个条件的缺失或蜕变都会导致法律制度发生病变，特别是当官方对正义之宣称的诚挚性消失时，就不再有法律制度，有的仅仅是强制制度，此强制制度甚至不能对其公民施加初显义务。但是有两个例外：法律仁慈和战争法都是对那两个条件的偏离，但却有正当性基础，所以不是病。而我们要讨论的病是虚无主义，这个问题留待最后。

本书的大体框架是，在第一章中，索珀认为目前的法理论步入了死胡同，法理论的研究成果既不能给当事人、法官或法律从业者提供帮助，也无益于普通公民。但是，如果我们把视角打开，就会发现法理论是哲学的一个分支，自柏拉图到康德以来，哲学的中心议题从未改变。我能知道什么？我该做什么？我可以期待什么？每当严肃地面对人类状况时，这些问题仍是思考的核心。如果法理论被视为试图回答第二个问题（我应该遵守什么样的法律？），法理论就有望走出死胡同；在第二章中，索珀检讨了当下法理论在勾连法律与义务时的失败之处，并且，从检讨中，他归纳出了另外一些特征（例如规范性态度），如果要建立法律与义务之间的联系的话，必须包括这些额外特征。所以，第二章最后的结论是："官员对正义的宣称就是法律的规范性模型的必要特征。"〔9〕据此，第三章进一步表明，官员对正义的宣称是必要的，并且与上述第一个条件相结合，足以说明政治义务；在第四章中，作者重申了道德哲学的观点和对法之本质的研究之间的联系；在剩下的章节中，作者进一步考察了守法义务的第二个条件（正义之宣称）及其诚挚性的现实问题，为了确保诚挚性，作者引入了商谈权；最后，索珀也注意到了现代社会流行相对主义、虚无主义，这对第二个条件的打击是致命的。虚无主义是一种痼疾，很难治疗，而最好的药方是承诺某种价值，但这已超出了法理论的范围。

三

当索珀着手建构自己的那套法理论时，法理论已陷入了质疑的重围之中。内部人士（当事人、法官或其他法

---

〔9〕 Philip Soper, *A Theory of Law*, Harvard University Press, 1984, p. 56.

律从业者）认为理论不能让其受益。例如，法官认为承认规则、基本规范等反思性定义过于抽象以至于不能用来裁定实际案件，特别是疑难案件。而外部人士也纷纷认为法理论没用，他们不用借助法理论就能在普遍和日常意义上区分法律、道德和强制力，他们只需要在粗略意义上知道这些区分就够了。正如对于只关心晚霜的可能性的农民而言，宽泛的、不精确的雪的概念就足够了。法理论挖空心思去谈法律和命令和道德的区分显得没有意义。普通公民其实不关心这些区分，他们只关心其行为的可能后果。

另一种观点用"为求知而求知"为法理论辩护。一方面认为理论分析有助于形成实践道德判断，另一方面认为哲学的清晰本身值得追求，在本世纪大部分时间里主导道德哲学的许多分析似乎都基于这两个认识。可以肯定的是，概念清晰与不和稀泥的裁判之间的联系经常被人提及，但很难证明这种联系。索珀认为这种观点不能为法理论辩护，因为自然科学可以为了求知而求知，但是人文社会科学不能这样。在自然科学界，可以有发现的乐趣。但是，如果把法理论的分析看作一种脑筋急转弯，为了分析而分析，那么很多人会觉得这是专业哲学家的自娱自乐。

索珀试图连接法理论与政治理论，如此，法理论方可跳出重围，焕发新的意义。政治理论家的目标是描述正义的城邦，这要求法理论家积极配合。首先，为了弄清楚什么构成优良法体系，我们必须明白法体系是什么。因此，在这个意义上，法理论和政治理论是相关的。但是，最近二十年，法理论界和政治理论界彼此互不关注，索珀觉得这是不应该的。"为了判断是否存在守法义务，人们需要先知道法律是什么。"〔10〕守法义务问题是政治理论的重要问题，对这个问题的回答，依赖于法理论告诉我们什么是"法律"，在这个意义上，法理论是政治理论的前提。

这种相互联系的观点也导致了一个问题：那些认为不首先搞清楚法律意味着什么，就不存在遵守法律的初显义务的政治理论家，有被指责的风险，人们会指责他的政治理论既不完整也很琐碎。不完整是因为他严重依赖于尚未得到辩护的预设性法律观念；琐碎是因为关于法律是什么的想法已经蕴含了守法义务。法理论的情况也好不到哪儿去，实际上，它是政治理论中问题的镜像。"你是否负有义务取决于你所处的法体系的类型。以此作为答案，我们的研究者只能返回政治理论，而认为法理论家什么都没有告诉他。"〔11〕面对政治理论家们的指责与期待，法理论必须回到自身的传统之中重新回答什么是法律这一经久不息的问题。

古典实证主义对法律是什么的看法。如果依赖常识，而不是依赖法理论，人们会发现法律与强力（force）之间没有差异，因为他们所面对的都是以武力为后盾的命令，而显现出来的表面差异是：有的人对强力回之以愤怒，有的人对法律回之以尊重。法理论家要做的不是去证明愤怒更好还是尊重更好，而是说明愤怒或者尊重等回应，是否必然刻画了法体系，因为这些回应表达了人们对法律的内在态度。这些不同的态度很重要，"我把对税务官的回应描述为尊重，这就意味着，这种服从有理由可循，这些理由与惩罚威胁没有必然联系。人们假定这些理

〔10〕 Philip Soper, *A Theory of Law*, Harvard University Press, 1984, pp. 8-9.

〔11〕 Philip Soper, *A Theory of Law*, Harvard University Press, 1984, p. 10.

由诉诸价值、欲望或个人利益，使得服从更自愿。"〔12〕对此，索珀做了一个限定：有理由服从的规范才是规范，基于惩罚的恐惧而服从的规范不是规范，服从税务官是有理由的，所以税务官的命令是规范。相反，服从劫匪的命令是出于恐惧，所以劫匪的命令就不是规范，而是强力。这样，问题就更加困惑了：法体系是规范体系还是强力体系？

这个问题肇始于奥斯丁，通过把法律刻画为命令，他做了两件事：第一，他提出了一个简单而优雅的法律模型，以此回答了上述问题，这个模型认为法律必然具有强制性，并因此反思和阐述了常识观点；第二，使用"命令"之用语，他为后来的分析者们提供了一个美丽的目标，这些分析者的任务是描述法律是何种实体类型。他认为法律可以被还原为"命令"，哈特在《法律的概念》第三章中对此有三个经典批评：①法律除了科以义务外，还有授予个人以权力，他们能据此签订契约、立下遗嘱或结婚等，奥斯丁的命令理论显然没有考虑到法律的这个特征；②依据奥斯丁的命令理论，命令只约束命令的接受者不能约束命令的发布者，如果认为法律是一种命令的话，那么法律是不能约束立法者的，但是现在的许多法律对立法者也科以法律义务，这显然是行不通的；③命令理论很难把习惯纳入法体系之中。针对哈特的批评，索珀认为："法律究竟是命令还是规则，没有实践意义。把我们所讨论的法律描述为命令最恰当，还是规则最恰当，这会影响遗嘱的创立、合同的签订或者缴税吗？"〔13〕所以哈特的分

---

〔12〕 Philip Soper, *A Theory of Law*, Harvard University Press, 1984, p. 17.

〔13〕 Philip Soper, *A Theory of Law*, Harvard University Press, 1984, p. 19.

析性批评没有实践意义，并且也错失理论要点。更要命的是，"法律最好被描述为一种命令抑或规则，这对法体系是否必然具有强制性没有影响。"[14] 所以，定义法律的关键不在于它是什么样的实体，而在于这一实体具有什么样的特征使得我们称其为法律。

有人认为法律的最主要特征是和我们利益攸关的社会控制，但是这又过于抽象，决定社会控制有效的要素是什么？古典实证主义者认为是强力（force）或强制力（coercion）。这两个要素是区分法律社会制度和非法律社会制度的重要特征，正如用"靠"来区分沙发和凳子，"靠"能实现我们靠的目的，强力或强制力能实现社会控制的目的。因为，人们都关切和害怕惩罚，强力或强制力展现了潜在的惩罚来反向激励人们服从，促进社会控制的实现。他们设想了所有的人都是坏人，都是潜在的违法者。如果有人出于道德而守法，古典实证主义者让他去找牧师、道德哲学家或社会学家，而不是找法理论家或律师。

现代实证主义的看法。现代实证主义者回应古典实证主义者的主张的一个切入点是引入自愿服从观念，至少是官员们的自愿服从。因为以奥斯丁为代表的古典实证主义者是不会承认自愿服从的，哈特不承认出于道德的自愿服从，例如困惑之人或无知之人就不是出于道德而服从，他们可能仅仅就想符合社会期待而已，符合社会期待成为他们自愿服从的理由。退一步而言，如果哈特承认自愿服从的原因是道德的话，那么他就不是纯粹的实证主义者了。

---

[14] Philip Soper, *A Theory of Law*, Harvard University Press, 1984, p. 19.

所以，如果承认规范性态度是法理念的核心，那么辩护此观点的任务异常艰辛。索珀做了一个假设，假设特定社会中并不存在规范性态度，人们对此有四种反应：①第一种反应是从逻辑的角度为哈特的观点辩护，即没有规范性态度的社会在逻辑上是不可能存在的；②第二种反应是经验上的，现实中是否存在纯粹强制体制？哈特持否定回答，认为只有具有足够程度的自愿接受的体制才能得以幸存，纯粹强制体制是不存在的。但是全称经验命题无法证明真伪；③第三种是折中观点：有组织的强制性制度可能存在，并可能仍是法体系，在绝大多数正常的法体系中，我们所说的规范性态度是重要的附加特征。不幸的是，这个回答过于折中以至于不能完全算是回答；④第四种是哈特自己的主张：承认纯粹的强制性制度也许存在，但否认它是法律制度。其实，在某种意义上，这些反应在是为哈特的观点辩护。

总而言之：①奥斯丁法律模型在定义上进行了尝试，它声称法律的本质是强制性，其他特征不是本质特征；②这种法律具有强制性的主张与人们的规范性态度兼容。事实上，甚至在以威胁为后盾的命令理论中，在劫匪发出命令时，也至少需要一个（非强制性）规范性态度；③为了超越强制模型，必须满足两个要求：第一，法必然具有强制性这一规范性态度，规范性必须以一种方式来描述，以使得它能从行使任何事实权威所蕴含的东西中区别开来；第二，人们必须作为定义问题来捍卫这种观点：这种特定态度是法体系的必要部分。第一个要求是"规范性主张"；第二个要求是"定义整全性主张"。

凯尔森满足第一个要求，"他认为对法律的特定规范性态度不仅仅是任何种类的非强制性态度，甚至在匪徒们之间也可能存在这种态度，凯尔森认为这种态度应该是类似道德性认可的那种对规则的强烈认可，而这种道德性认可显示了个体对最基本的价值体系的态度。"[15] 但凯尔森不满足第二个要求，为了超越法律的强制模型，凯尔森满足第一个条件：即他从自愿接受的最低态度中，区分了对法律的规范性态度———一种道德态度———即使在匪帮中也能发现这种自愿接受的最低态度。但是，凯尔森没有进一步为其表面上的语义性主张辩护，这个主张认为法体系的概念必然蕴含这种态度的存在。[16] 索珀认为哈特同样也不能满足第二个要求，如果仅仅符合第一个要求，就不能把法律和强力区分开来，也不能很好地说明义务的观念。

索珀接下来检讨了拉兹对规范态度的看法。法律与对其正义性的信仰之间是否具有联系？拉兹认为，至少在接受且施行法律制度的法官或官员那里，对法律的规范性态度是强烈的。[17] 可以类比社交俱乐部，人们一定要相信社交俱乐部的规则是正义的吗？持肯定回答的意义不大，因为，俱乐部可能与道德或正义无关。例如，加入狄更斯粉丝俱乐部的动机会变化，正如哈特曾描述过的，从自利或不假思索的传统，到狄更斯是世界上最伟大的作家等，但不变的是弱接受的规范性态度。"可以想象俱乐部成员坦承，他们的入会规则或他们在俱乐部中的追求是不道德的，但因为强烈的自利所驱，又或因为成员们不关切道德，他们却依然继续这项事业。哈特愿意说，法律也同样如此，法官们可能会承认他们所接受的规则是不道德的，

---

〔15〕 Philip Soper, *A Theory of Law*, Harvard University Press, 1984, p. 26.

〔16〕 Philip Soper, *A Theory of Law*, Harvard University Press, 1984, p. 28.

〔17〕 Philip Soper, *A Theory of Law*, Harvard University Press, 1984, p. 34.

但却继续适用这些规则。"[18]但是，拉兹反对哈特在接受理由上的任意性，他认为至少要假装出于道德理由而接受。[19]可类比承诺制度，你不能做出一个承诺的同时，相信你没有守诺的义务，这是一项道德义务。同样，法官不能在实施某一法律制度时，对这一法律制度冷嘲热讽，他最低程度也要假装接受法律。否则的话，他实施的就不再是一个法律制度，仅仅是一个替代性制度——强制制度。

所以，规范性态度是法律的独特特征，实证主义者费劲地捍卫这一特征，产生了两种关于规范性态度的竞争性描述：弱规范性态度与强规范性态度。弱规范性态度就是对权力组织的非强制性接受的态度，这种态度典型地体现在任何自愿性组织中；强规范性态度类似于对道德义务的态度：官员们因为权力组织是正义的而接受。实证主义不关心普通公民的态度，只关心官员的态度。对官员来说，核心难题是辩护对他人施加所给予的组织性惩罚的正当性。特别是，如果官员对法律制度没有道德上的规范性态度，这个辩护难度就更大了。此问题就变成了官员为何负有实施法律的义务。回答此问题，有两种理论：①默示同意论；②社会惯习，这是一种实践理论。索珀认为默示同意理论过于简单，而实践理论将规则的正当化溯源至社会实践或惯习，出于归属感的心理需求，其他人服从法律是我服从法律的动机。尽管"从众"可以是服从的理由，但是对于是否服从我们还可以有独立的判断，这超出了惯

---

〔18〕 Philip Soper, *A Theory of Law*, Harvard University Press, 1984, p. 35.

〔19〕 Joseph Raz, "Hart on Moral Rights and Legal Duties", *Oxford Journal of Legal Studies*, Vol. 4, 1982, p. 130.

习事实本身。

崭新的起点。到目前为止，我们已经看到，法理论中企图区分法律和强力的任何尝试都面临以下难题：①法律具有规范性，由此与强力不同，此主张仅仅断言二者的不同，没有提供解释说明，也没有为此辩护；②实证主义的反驳使得法体系的概念取决于，对法律的规范性态度的存在与否和正确与否；③成熟的法律模型必须蕴含义务的观念，这种主张要么倾向于完全不描述义务，像凯尔森那样，要么描述对法律规则的规范性态度，但这种描述又与对义务性规则的规范性态度的描述相冲突，像哈特那样；④仅仅当臣民像统治者那样接受规范性看法时，臣民们才会承认义务，这种观点忽视了悠久的传统，面对规范性分歧时，这个传统的全部要旨就是为义务奠基；⑤用于确定某个群体形成义务性规则的判准，以某种方式凸显了服从的压力，这些义务性规则的形成和维续都需要得到正当性辩护，上述方式模糊和歪曲了这种辩护的核心功能。

社会规则的纯粹的预测性外在视角和内在视角之间，有巨大的差异，一旦承认这个差异，就对法理论有严重的影响。依据现有的讨论，假如官员群体相信某制度是正义的，那么该制度就是法律制度。但是，局内人会问，这套制度是正义的吗？官员群体中的每位成员也会潜在地、持续地有这样的问题，并且，大体上有两种回答，一种是所属的群体相信它是正义的；另一种是它事实上是正义的。前者是信念，后者是现实。现实当然可以为义务性主张辩护，问题在于信念。从内在视角和外在视角来看这个信念，是不一样的，内在视角中形成信念的原因各种各样，法律的价值不是唯一原因，所以也会陷入相对主义。但是，在外在视角中，人们对法律有隔离、有距离，要论证信念会更难，价值论证是一条重要的路径。但是，这种价值论证和自然法的口号是有区别的。索珀认为自然法理论很难说完全是理论。因为，它不能把法律从对正义的实质道德探究中解脱出来。什么是我应该服从的法律？实证主义和自然法的拥趸者都无法回答此问题，因为在实证主义者看来，它无解，在自然法的拥趸者看来，它唯一的答案会陷入同义反复之中。[20]值得注意的是，本书出版的时候，德沃金的《法律帝国》还没有出版，所以索珀对德沃金的理论的描述是不全面的。他认为，德沃金理论的描述性方面最突出的特征，是那些对推理过程的强调，依据这些推理，法官最终证成其决定，远远超出当前惯习所意欲的原始现实，以及证成惯习的终极政治原则。但问题在于如何为组织性惩罚进行辩护。

通过检讨现有理论，索珀认为："法律制度的本质特征是对价值的信仰，以及那些为了全体人的利益而施行统治的人的善意宣称。正是这种对正义的宣称，而不是事实上的正义，其在概念上与法观念联系起来了。"[21]劫匪仅仅有强力，但没有任何关于正义的宣称，法律既要有正义之宣称，也要有组织性惩罚，否则就和道德宣称没有区别。至此，索珀把法理论传统中的规范性态度具体化为"对正义的宣称"，完成了其论证守法义务的前半部分工作。接下来，他对论证守法义务的通常政治理论进行了反思。

[20] Philip Soper, *A Theory of Law*, Harvard University Press, 1984, p. 51.
[21] Philip Soper, *A Theory of Law*, Harvard University Press, 1984, p. 55.

四

进入政治理论，最先碰到的是史密斯（M. B. E. Smith）对守法义务的功利式论证，其步骤如下：[22]

（1）通过对生命、财产和自由提供最低程度的保护，与完全没有法律制度相比，有法律制度更好。

（2）出现广泛不服从时，法律制度无一能幸存。

（3）所以，人们有遵守法律制度中的法律的初显义务。

通俗而言，这个论证是说，我们之所以有缴税的义务是因为，我们期待这个收税的体制能给我们提供保护，使我们免于在街道上碰到有人用枪指着我。此功利性论证的逻辑问题是：违反法律和有规律地违反法律，并不意味着广泛不服从，也不意味着法律制度的瓦解，并且，违反法律和法律制度的整体瓦解之间的联系，是经验性联系，站不住脚。从后果来看，功利性论证没法区分税务官与劫匪，把所面临的任意一种强力威胁拿掉，就不再存在服从的任何理由。由此可见，还隐藏着服从的一般性道德理由未被详细论证，而这恰恰是索珀所重视的。

索珀逐一检讨了政治理论中论证守法义务的通常方法：允诺、信赖和不当得利。允诺理论的难题就是没法解释，在绝大多数人缺乏自愿选择国家或居住地的情形下，义务如何产生？就信赖理论而言，彼得·辛格（Peter Singer）曾提出了一个例子：他们信赖我的选举行为，也信赖我会遵守法律。所以，我有义务不辜负他人的期待。拉兹曾指

---

〔22〕 Philip Soper, *A Theory of Law*, Harvard University Press, 1984, p. 60.

出此论证的一个漏洞就是，仅仅从投票行为或从过去的遵守记录，人们并不能普遍形成对某人愿意遵守法律的期待。[23] 不当得利之所以能论证政治义务就在于，"政治义务可能也源自从法律制度中获得的利益和愉悦"。[24] 但是，不当得利带来的好处和法治带来的好处相同吗？法治带来的好处不属于那类不能出国就会衰减的好处。不当得利的最大缺陷是，按照不当得利理论，公民所负的义务就是返还所获利益的相称份额，又因为不是所有的服从法律都是利益，所以即使不当得利理论能得到应用，人们也不必然发现自己负有服从法律的一般义务。

当然，除了上述三种通常范式之外，在政治理论中论证守法义务、化解自律与权威之矛盾的方法是"有意参与（complicity）"，例如，直接民主制使得政府的决议是公民意志的体现，公民在服从政府时就不违背自律了。但是，在政治现实中，特别是在幅员辽阔人口众多的大国，不可能实现直接民主制。索珀以"理性尊重"取代了"有意参与"，"理性尊重"是理性反思层面的尊重，即只要政府满足一定的条件，只要是理性的公民，都应该持有尊重政府的信念和态度，例如在家庭之中，父母考虑了孩童的意见和感受，孩童就应该尊重父母的决定，哪怕这个决定限制了孩童的自由，政府与公民的关系也可类比家庭。索珀后来基于尊重、基于商谈权论证守法义务的路径，在这里已经显示出了某些端倪。

对法律的理性尊重还需要有更实质的基础，法律多少

---

〔23〕 Joseph Raz, "The Obligation to Obey the Law", in Joseph Raz, *The Authority of Law*, Oxford: Clarendon Press; New York: Oxford University Press, 2009, p. 241.

〔24〕 Philip Soper, *A Theory of Law*, Harvard University Press, 1984, p. 70.

总具有一些价值。霍布斯很早就论证过，人们之所以放弃自然状态携手组建政治国家并制定法律，是因为法律确保安全和稳定，这是法律的最低价值和明显优势。据此，索珀总结出了守法义务的两个条件：①尽管法律可能有缺陷，也可能与个人的要求相冲突，但是，有法律比完全没有法律好；②为了维护整个共同体的利益，包括维护异见分子的利益，掌权者付出了真诚的努力。

针对这两个条件，有两个问题：第一，如果有人承认并接受守法义务，但是他否认"法律"是个指称有约束力的制度的术语，对这样的人，该如何回应？第二，有一种人，他相信"对正义的信念"能说明法律的概念，但是不认为"正义"能产生说明法律的道德义务。怎么办？

第一个问题是法律概念的问题，之前论证过，以奥斯丁为代表的古典法实证主义者认为法律和强力之间没有本质区别，人们了解法律的目的就在于避免受处罚。所以，人们在探讨法律的概念时，要重点关切其组织性惩罚或强制力。但是，以哈特为代表的现代法实证主义者要区分法律和强力之间的区别，区别的关键在于人们的态度。也就是说要关切他人的期待。问题在于，人们自然关心惩罚，因为这和自身利益密切相关，但是人们为什么要关心他人的期待，这种关切会弱一点。但无论多么弱，还是要讨论这种关切，因为，这种关切是法律的核心特征，索珀认为这种关切就是尊重。所以索珀会问："是否存在一些有组织的社会制度，我们称其为法律制度，但是不值得任何道德上的尊重？"[25]但是，之前的分析认为，不存在这种社会制度，也就是说，只要我们把一种社会制度称为法律制

〔25〕 Philip Soper, *A Theory of Law*, Harvard University Press, 1984, p. 92.

度，那么就会对它有道德上的尊重。即使内容上可能不道德的法律，也可能具有道德价值（moral worth），例如在沙俄、南非、纳粹德国，很难证实这些政制中的官员一丁点都不相信他们政制的正义性。

第二个问题要讨论，法律到底是基于现实的概念还是基于信念的概念？如果法律的概念是基于信念的概念，即只要官员相信某一制度是道德的，不论是真相信还是假装相信，不论这一制度在事实上是否道德，那么法律的概念都可以区分这一制度是否是法律制度。但是，法律与宗教不同，无论上帝在事实上是否存在，只要相信他存在，就可定义宗教。法律不纯粹基于信念，还基于现实。当信念与现实一致时，人们对法律的概念不存在争议。当信念与现实不一致时，就有争议。例如，法律在事实上是正义的，但是人们不相信正义的，该怎么办？抑或，法律在事实上不正义，但是人们相信是正义的，该怎么办？后一种情形中，有守法的初显义务，但是没有守法的终极义务。前一种情形将在后面加以探讨。

五

在第五章中，索珀时不时回到义务难题上，他提出了一个核心观点："这儿发展的义务的理论范式产生自对人们努力追求公共善的尊重。"[26]"人们应该能想象，统治者面临一个差距：他们自己的狭隘利益和他们所统治的人的利益之间的差距，并且，在面对此差距时，选择追求后

---

[26] Philip Soper, *A Theory of Law*, Harvard University Press, 1984, p. 123.

者。这种选择导致了法律和义务。"[27] 为了证明法律的正义性，最直接的方法是说明统治者是为了被统治者的利益而制定法律。首先，即使是施加惩罚，在这两种情况下，也是为了被惩罚者的利益。第一，即便惩罚对被惩罚者短期不利，但是长期来说，是为了他好；第二，施加惩罚对被惩罚之外的人，甚至对整个国家有好处。其次，法律的实质要求表面上不正义，但是，通过诉诸产生这些要求的程序，能正当化这些实质要求。[28] 例如，死刑判决表面上对某人不利，但是有正当程序，所以是可接受的。某一法律，要么在实质结果上是正义的，要么在程序上是公正的，这两者都是接受法律的理由，如果不具备这两者，退一步而言，法律也确保了秩序和安全。在极端情形中，霍布斯式正当化法律的方式能证明这点，它使得每一个强制命令都可与交通规则类比：不存在指示正确结果的实质标准，重要的是做出选择，重要的是秩序。这是一种正当化的理论能采取的最低程度的形式。[29]

对正义之宣称的诚挚性很重要，但是，正义并不意味着平等权衡。倘若异见分子没有航海经验，且那些管事的人有航海经验，这就有好的理由降低对异见分子的观点的权衡。公正所要求的全部内容就是潜在开放讨论。[30] 所以，正当性辩护是要差别对待的，例如，父母相信小孩在性格成长中需要更多的纪律，所以，和其他人相比，一直都给小孩更繁重的任务和更少的自由。小孩表面上看起来被限制了自由，像奴隶一样，但是，这样对待小孩的方式

〔27〕 Philip Soper, *A Theory of Law*, Harvard University Press, 1984, p. 124.

〔28〕 Philip Soper, *A Theory of Law*, Harvard University Press, 1984, p. 118.

〔29〕 Philip Soper, *A Theory of Law*, Harvard University Press, 1984, p. 119.

〔30〕 Philip Soper, *A Theory of Law*, Harvard University Press, 1984, p. 121.

是对小孩最好的。值得注意的是，差别对待是有限度的，对待奴隶和对待普通人之间的差别，和对待自己小孩和对待普通人之间的差别不同，前者的差别超出了限度。所以，当对弱势群体的对待如此严苛（例如种族灭绝），以至于破坏了法律应该提供的最低程度的安全时，也会破坏义务，这样的法律就不具有可接受性，就不负有对它的义务。这种差别对待的程度，和公民自由的限度以及国家强制力的力度密切相关。所以，具体的法律制度是否具有可接受性得具体情况具体判断，在经验上具有困难。对某些人而言，资本主义国家中的工人就是奴隶，对于像罗伯特·诺齐克（Robert Nozick）之类近乎无政府主义者的人而言，福利国家中的公民可能是奴隶。[31]而古典意义上的奴隶情形的范式不再存在，这证明，为具体的制度形式进行正当性辩护有经验上的困难。

所以，不仅需要单方考虑官员们的正义之宣称是否真诚，还要立体考虑，他们打着正义之旗号干的一些事情，例如简单的欺骗（政治犯被虐待，但官员们故意否认此事），又例如复杂的道德（人们诚挚地认为种族隔离是正当的），仅仅依赖于单方面地考虑官员们的主观态度，得不出确定的结论，还需要看官员们的行为有没有实实在在地侵犯公民的权利。这种权利就是最低程度的秩序和安全。

同时，也要赋予公民以商谈权。商谈权是这种权利，它仅仅确保官员们在通过思想的理性影响，试图获得控制的过程中，公正地考虑规范性争议的另一方。[32]公民行

---

〔31〕 Philip Soper, *A Theory of Law*, Harvard University Press, 1984, p. 122.

〔32〕 Philip Soper, *A Theory of Law*, Harvard University Press, 1984, pp. 141–142.

使商谈权的方式是：交流、论辩、交锋、争辩，它可以验证诚挚性并确保理性尊重。服从法律的公民就像服从父母之命的孩童，孩童越大，就越要求商谈和解释，商谈和解释是继续尊重的基础。但并不是所有的问题都开放商谈，例如宗教国家或准宗教国家就禁止对教义展开商谈。

实证主义者们普遍不重视商谈这种沟通方式，在哈特看来，承认规则是纯形式性的，承认规则并不像初级规则那样授予权利和赋予义务，它并不具体指引我们如何行动，对于一个行动规则我们可以表述为：依据 R（R 是行动规则），我们应当作 φ 或者不作 φ。对于承认规则，我们的表述却是：当条件 C 满足时，R 具有法效力。哈特关注的重点是条件 C，不是 R 的内容，因为哈特认为根据类似的方式可以在不同的社会观察并论证条件 C，只要条件 C 得到了正当性论证，R 的内容是什么就不重要，并且，R 的内容在不同的社会是变动不定的。当哈特把条件 C 的论证追随到官员们的接受性问题上时，他就绕开了立法的问题，也绕开了官员和普通公民之间的沟通性问题。

所以沃尔德伦批评哈特没有重视立法，因为在沃尔德伦看来，法理学需要探讨的核心问题是：如果理性的人们对 R 的内容有分歧，R 如何能成为一条具有普遍约束力的规则？哈特认为，如果对 R 的内容有分歧的人们对立法的权威没有分歧，那么，这些人就应该接受立法者制定的任何法律，即便其中有些人不认同 R 的内容。但是，通过立法的权威来终结人们对 R 之内容的分歧，需要更精细的论证，哈特的接受理论显然不能说服沃尔德伦。在沃尔德伦看来，立法者要为普通公民开放一种协商的可能性，在协商论辩的过程中，只要不同的观点得到了充分的尊重，那么有分歧的人们就应该接受最终通过的法律文本。平等尊重的观念是解决分歧的重要基础。索珀认为，这种对不同观点的尊重具有交互性，只有立法者尊重了持有异见的公民，那些异见分子们才会尊重立法者通过的法律。所以，在论证守法义务时，索珀认为真诚性、交互尊重、商谈权至关重要。

索珀特别强调政府尊重他人的观点（respect for the views）和真诚地努力服务他人（honest efforts of others），前者是从程序上尊重他人，后者在实质内容上值得他人尊重。他特别举救生艇例子来证明这点。万一发生海难，船上的每个人都有资格掌舵，但是舵柄只有一个，所有关于航向、航速等方面的分析都必须得到妥善解决，否则的话，只会加剧海难的危害性，所以，势必形成所有人服从一个人掌舵的局面。索珀认为，任何人都可以形成自己关于如何应对海难的方案，如果这些方案受到了掌舵者的尊重：被真诚地考虑过，但是被拒绝了，只要掌舵者拒绝他人的方案的理由是出于真诚地努力服务他人的目标，不是出于自己的私利，那么他人就有服从的义务。

六

人们通常不服从于与我们所拥有的价值不协调的法律，这也预设了法律制度有价值，所以，索珀认为，我们有道德责任避免这种不协调，但是，这种道德上的不协调就是道德上要被禁止的吗？例如，假如我真诚地相信种族清洗的法律是有价值的，我有道德上的责任不做与种族清洗不协调的行为，但是突然一时兴起释放几个将要被种族清洗的人，我前后的这种道德上的不协调不意味着我的释放行为在道德上是被禁止的。如果自然责任是一种道德责任的话，这种道德责任过于薄弱，无法推导出服从或禁止违背的观念，即无法推出我的释放行为是违法的。同样，某种制度安排是好的，这本身不能推导我有服从或禁止违背这一制度安排的观念，即不能推导出权威或服从的观念。例如，我觉得每天上午吃苹果对身体好，这本身不能推导出我有命令你每天上午吃苹果的权威。

但是，我认为索珀在论证守法义务时的尊重（对政府或者对法律的尊重），不是一种薄弱的尊重。首先，不遵守法律肯定是对立法者的蔑视和不尊敬；其次，之所以道德上的不协调不一定意味着道德上的禁止，是因为与我的行为不协调的法律通常在道德上具有可非难性，例如种族清洗，这就使我偏离种族清洗的行为并非道德上的错误行为。但是遵守法律之行为与种族清洗等行为不同，前者通常不具有道德可非难性，除非政府是邪恶的（例如，制定种族清洗法的政府就是邪恶的）。但是，索珀在《法理论》中明确提出了充分确立政治义务的两个特征，其中第二个特征保证了以维护整个共同体的利益为己任的政府不可能是邪恶的，也就是说，此第二个特征保证了"道德上的不协调"与"道德上是被禁止"不会分离。

但是，以维护整个共同体的利益为己任的政府所颁布的法律能推出权威的观念吗？我不吃苹果不影响其他人吃不吃苹果，但是，我不遵守法律会影响其他人，甚至导致其他人遵守法律的期待落空，特别是在环境防治法领域。所以，制度是好的不能单独推导出权威，但是制度是好的，再加上制度是必要的（例如，解决协调问题和合作难题）可以联合推导出权威的观念。所以，问题的关键在于对政府目的（主观追求）的判断，即政府是不是站在全体公民的角度持续不断地解决社会问题，如果是的，就基本可以判断其目的是好的。

也正是基于这一点，罗尔斯认为公民有支持和发展正义制度的义务，这表现在：第一，当正义制度存在并适用于我们时，我们必须服从正义制度并在正义制度中尽我们的一份职责；第二，当正义制度不存在时，我们必须帮助建立正义制度。[33]这种义务实际上包含着守法义务的根本要求，但是，罗尔斯的这种义务以制度的正义性为前提，这个前提所包含的条件过高，如果条件经常不能得到满足，那公民是否负有守法义务就处于一种被搁置的状态。并且把正义制度作为守法义务的前提还导致其他一些问题，譬如，如果对制度正义与否的标准不能进一步具体化时，人们对正义制度的判断也常常会存在争议，"正义"的"度"有高低不同，定在哪里最合适呢？另外的问题是，如果正义制度还不是现实已经建成的制度，而是政府的政治理想，政府基于这个政治理想而发布的指令，公民是否有服从的义务呢？罗尔斯对此置之未理，但是，在索珀看来，只要政府在道德目标上有真诚地努力，就可以为守法义务奠基。如果其道德上的目标已经得以实现，那公民就毋庸置疑地负有守法义务。所以，与罗尔斯相比，索珀实际上放低了法律义务成立的条件。在这点上，德沃金在论证守法义务时，也并不要求法律、政策等制度在客观上是正义的，而是对政府的主观努力提出了要求。他说："只要政府的法律和政策依然能够合理地被解释为，承认每位公民的命运是平等重要，也承认每位公民有责任创造其自己的生活，那么政府就是合法的。假如，政

---

[33] [美] 约翰·罗尔斯：《正义论》，何怀宏等译，中国社会科学出版社1988年版，第334页。

府为了其公民的全部尊严而努力了，即使它奋斗的是有缺陷的观念，而这个观念是其要求的内容，这个政府仍然是合法的。"[34]

可见，德沃金与索珀对政府的要求不同，索珀要求政府真诚地努力以维护整个共同体的利益，包括维护异见分子的利益。[35]而德沃金的两个原则的第二条要求政府充分尊重个人对决定自己的好生活的责任和权利。[36]对于公民而言，政府只要充分尊重就够了，至于如何追求好生活是我们自己对自己的责任，过好生活是我自己的事情。但是，我的选择绝对不是随便选择，如果你把自己的生命耗费于收集火柴盒印花，这绝对不是追求好生活。德沃金也不可能明确规定何者为好生活，一方面是因为哲人们对何为好自古就有争议；另一方面是因为每个人的好具有情境性，有人把孝敬父母当作好生活的目标，有人把传道授业解惑当成好生活的目标，各不相同。所以，德沃金只能提炼出好生活的两条原则：自尊原则和本真性原则。自尊原则要求每个人都必须认真对待他自己的生活，即他必须认为这是重要的，他的生活将获得辉煌，而不是浪费机会；本真性原则要求每个人都有特别的个人责任来鉴定什么是其生活中的成功，也有个人责任创造一种生活，贯穿在这种生活中的是他所认可的融贯的叙述和风格。[37]一

---

[34] Ronald Dworkin, *Justice for Hedgehogs*, Harvard University Press, 2011, pp. 321-322.

[35] Philip Soper, *A Theory of Law*, Harvard University Press, 1984, p. 80.

[36] Ronald Dworkin, *Justice for Hedgehogs*, Harvard University Press, 2011, p. 3.

[37] Ronald Dworkin, *Justice for Hedgehogs*, Harvard University Press, 2011, pp. 203-204.

个人只要贯彻这两个原则来选择好生活就做到了对自己负责，而什么是好生活因人而异，德沃金不做具体要求。

总之，与罗尔斯不同，德沃金和索珀在论证法律义务时，都不在现实层面要求法律制度是正义的，而仅仅对立法者的主观意图提一些要求：真诚努力、充分尊重等，这显然降低了论证守法义务的难度。同时，需要注意的是，德沃金与索珀不同的地方在于，德沃金就什么是好生活做出更进一步的解释，索珀虽然花了大量的笔墨讨论什么是真诚地努力，但是没有就共同体的利益展开详细的讨论。

但可以肯定的是，一旦官员们追逐自我利益或阶层利益，而不是共同体的利益，或者说掌舵者丧失某些道德目标，即陷入虚无主义之中，那么，官员就既不再有诚挚的信念，也不再有现实的行动，这不仅会导致法律的死亡，也导致守法义务丧失。这是索珀在本书中最后一章探讨的问题。

七

虚无主义比最低限度的霍布斯式的主张更为糟糕，因为在最低限度的霍布斯式的主张之中，还有秩序之价值的位置，但是在虚无主义者之中，完全没有秩序的位置。国家、法律等政治机器不能得到丝毫的辩护。另一方面，虚无主义者并不自私自利，这点是他与暴君的最大不同。但是，在异见分子的眼中，暴君和虚无主义者没有区别，因为"从异见分子的视角来看，异见分子问为什么应遵守法律时，基本上不需要区分官员们行使权力是为了自己的利益，还是完全不为什么利益。"[38]假如虚无主义是一种病，那么道德价值承诺应是药方。

德沃金曾经把对道德真理的怀疑分为内部怀疑与外部怀疑。[39]内部怀疑主义者有一个道德立场，只不过他们会反对当下的某一个道德判断；而外部怀疑主义者则否定存在放之四海而皆准的道德判断。内部怀疑主义者与外部怀疑主义者是水火不容的，内部怀疑主义者会在某一道德判断是否真假的问题上发生怀疑，但是外部怀疑主义者认为所有的道德判断都是假。因此，内部怀疑主义者就是索珀所说的暴君，他有一种道德立场——自利，并怀疑其他所有的道德立场；同时，严肃的虚无主义者通常都是外部怀疑主义者。但其实对论证守法义务而言，无论是暴君，还是虚无主义者都没有差别，都导致其制定的法律制度变成纯粹强制制度，但为什么我们依然要分开讨论暴君和虚无主义呢？是因为在现实的国家之中，官方不会出现纯粹的虚无主义，譬如朝鲜也会树立自己的意识形态，不管这套意识形态表面在说什么，如果它实质上立基于掌权者的利益，就是暴君这种类型的内部怀疑主义者，公民实质上就不负有守法义务。

可见，政府或主权者的价值承诺问题对证成守法义务至关重要，但是索珀认为法理论自身不能为承诺奠基。[40]政府或主权者是否相信存在价值及相信何种价值，这远超出了法理论的范围，最终可能需要诉诸对主权者的教育问题了。但是可以肯定的是，如果他们不相信任何价值或者

〔38〕 Philip Soper, *A Theory of Law*, Harvard University Press, 1984, p. 150.

〔39〕 Ronald Dworkin, *Justice for Hedgehogs*, Harvard University Press, 2011, pp. 30-31.

〔40〕 Philip Soper, *A Theory of Law*, Harvard University Press, 1984, p. 156.

相信自利之价值，那么法律就死亡了。但是法理论解决不了价值承诺的问题，也是这本小书不能解决的问题。因为最后关于道德的问题只能留待元伦理学了，所以，索珀不仅要连接法理论和政治理论，也要打通伦理学，后者是他的下一本书（《服从的伦理学》）的任务。

第1章
引 言

要准确地说法理论在何时，陷入了当下的僵局（dead end），这相当困难，并且还不如讨论一下这僵局的本质及其原因。

关于"法理论（legal theory）"，我是指一套关于法律本质的推理性思考体系，自奥斯丁就此主题在一个半世纪以前发表演讲以来，[1]法律本质问题曾主导着分析法理学。关于"僵（dead）"，我是指这一术语在本来语境中的含义：无生命，我们试图赋予生活以意义，"僵"意味着丧失这种追求。我用的是"僵局"，而非更**绝对**的"僵"，是因为，我不像其他人那样鄙视这些索然无味的争论，[2]我相信这项基本事业遭到了误解和误导。法理论走到了拐点，到头来，法理论所分析的现象与普通市民的真实经验之间的分歧越来越大。

---

〔1〕 参见 John Austin, *The Province of Jurisprudence Determined* (London: J. Murray, 1832).

〔2〕 例子参见 Glanville Williams, "The Controversy Concerning the Word 'Law,'" in *Philosophy, Politics, and Society*, 1st ser., ed. Peter Laslett (Oxford: Oxford University Press, 1967), p. 134. 还参见 Judith Shklar, *Legalism* (Cambridge, Mass.: Harvard University Press, 1964).

动机难题

对这些看法有怀疑倾向，或者质疑他们有夸大之嫌的人，应考虑这点：这也许会激发一位善于思考的人，他探索这个问题的"形而上学文本之谜"[3]的动机是什么？法律是什么？能原谅外行们做出这样的假设：这个问题的答案是显而易见的，最可能受益于这一研究的是专业人士或市民们，他们出于职业或迫于情势探究法律关系，以发现法律是什么。事实上，正如我所称呼的，法官、律师、法学教师和潜在诉讼当事人都是法律制度的"局内人（insiders）"，至少这些人是法理论的受益人。司法意见（judicial opinions）汗牛充栋，占据着无数专业图书馆的书架，法理论知识体系完全被忽视了，这无言地证实了法理论的不相关性（irrelevance）。面对这些证据，我们认为，发现"法律是什么"是个实践问题，从学术上思考法之本质对解决此实践问题并无助益，有些人曾青灯黄卷皓首穷经，尽管只有这些人，才能恰当地处理此问题，但是，他们已不再思考此问题。

但是，关于内部不相关性（insider irrelevance）的指责更多的是基于经验观察的证据。法理论家们几乎都认为，通过发表内部意见，这类人得出了不相关性的结论，这些内部意见认为，法律是什么决定了他们理论主张的正确与否。从这个角度看，法理论家像是科学家，他们关于动物行为的理论本身不是动物经验的一部分。假如蜜蜂和猩猩的行为与理论不符，为了保持一致而须改变的是理

2

---

[3] Thurman Arnold, *The Symbols of Government* (New Haven: Yale University Press, 1935), p. 216.

论。因为经验上不完备的看法，也因为逻辑上的悖谬，关于动物行为意义的理论研究有可能是不靠谱的。法理论家通过思考法的本质与当事人、法官或法律从业者的意见是否一致，来检验法的本质的观点，当他们这样做时，和动物理论一样不靠谱，他们必然得出内部不相关性的结论。古谚有云"法律就是法官们所说的"被新谚"法律就是内行们所说的"取代了。[4]这两种都不是内行们所使用的定义。

那么，会有其他人问：法律是什么？假如答案不是既存的法律关系，那这个人探寻的又是什么？鉴于内部不相关性这一事实，我们自然会假定法理论的受众必定是某类局外人（outsider）。事实上，许多探索法律的论著充分考虑了此动因难题，这些论著似乎基于这种假设：用来引导和评估这套分析的批判性观点，是外部观察者的观点。但问题在于，是何种观察者？此观察者想了解什么？

为了回答此问题，一个人必须像以往那样，成为法理论自身的观察者，从这个视角来看，就会出现相当奇异的景象。人们经常会说，法理论家的目标是描述法律的一些特征，这些特征相当重要，可以让法律区分于其他的社会

---

〔4〕 例子参见 Ronald Dworkin, *Taking Rights Seriously*（Cambridge, Mass. : Harvard University Press，1977），p. 35. 德沃金以律师和当事人如何思考和谈论法律为依据，来说明法律是什么。参见 Philip Soper, "Legal Theory and the Obligation of a Judge: The Hart/Dworkin Dispute," 75 *Michigan Law Review* 473, 506-508（1977）. 此种解决法之性质的分歧性或描述性方法，招来了一些指责，诸如这些分歧是字面上的。法律是什么取决于律师所发现的符合他们利益的任何东西，作为倡导者，律师认为法律是什么不取决于更客观的现实。同样，法官在裁决案件方面是否具有自由裁量权将取决于他们是否认为这样做。参见 Rolf Sartorius, "Social Policy and Judicial Legislation," 8 *American Philosophical Quarterly* 151（1971），文章指出，对司法自由裁量权的肯定或否定都变得可自我实现（self-fulfilling）。

控制形式，例如道德约束或强制约束。或者说，法理论家
的目标是把法律制度形式从其他社会组织系统中区分开
来，例如部落社会的简易形式或国际协作中的合作形式。
怀此目标，理论家们重建了分析既定目标的相关性，但也
3　伴有代价：催生了一个同样迷惑人的难题：谁关心这个问
题？划定法律制度的显著特征的点是什么？

假如人类学家转入法理论来帮助决定某一社会结构是
否是法律，这将是件大事。虽说他们基本上有好的理由不
转入。一旦各类社会的主要特征都得到了描述和比较，
那么把"法律"标签贴在一些社会而不贴在另一些社
会，就会传达一些很难被察觉的信息。像所有的分类一
样，把这类标签合起来就是共同特征。但是，为什么恰
恰是这些特征被选取、被特别注意？这不是一个人类学
问题。〔5〕

---

〔5〕　不能通过询问人类学家是否有引用和讨论法理论来证明，法理论
基本对人类学家没用这一观点。人类学家广泛地引用和讨论过法理论。此
外，人类学家甚至似乎积极参与有关法律性质的辩论，提供他们自己的人类
学方面的定义。参见 Branislaw Malinowski, *Crime and Custom in Savage Society*
(London: Routledge and Kegan Paul, 1926), pp. 55-59. 然而，基于反思，在
这种工作中对法理论的应用，被证明是纯粹描述性的。也就是说，可以在高
级社会中找到的各种规范的描述，它源自法理论，正如在某些通常原始的社
会中能发现行为指引。例子参见 Stuart Schlegel, *Tiruray Justice* (Berkeley:
University of California Press, 1970), chap. 7, 讨论了 Tiruray 社会是否有"承
认规则""裁判规则"和"变更规则"，从而构成了哈特的法律制度。讨论
了概念问题：存在或缺乏这些特征是否必然影响把特定制度定性为法律制
度，人类学家对法理论家的争论没有任何补充，事实上，不用等待这些争论
得到解决，人类学家似乎就能开展研究。（关于概念性法理论和描述性法理
论之间的区别，参见 Soper, "Legal Theory and the Obligation of a Judge: The
Hart/Dworkin Dispute," 上文注 4, 第 473~474 页。）
　　关于人类学与法理论之间关系的一般说明，可以通过思考字面中的主要
概念的分歧得出来：习俗是否应该算作法律。在描述性层面鲜有分歧。社会
规范包括一些通过制度化机制确定并得到有组织制裁所支持的规范，而另一

相同的结论也适用其他的外部观察者，也许，他们被视为法理论的目标受益者（intended beneficiaries）。法理论可以检验这些标签的精确性，社会心理学家不求诸这套法理论来描述和比较法律、道德和强制力对行为的影响。尽管法理论也可以帮助探明什么是法律，但是社会学家就不用首先求助于这套法理论，能报道和预测人类响应各种法律的行为。[6]政治科学家在判定某些需要改变的法律禁

些社会规范则没有。许多人类学家，像法实证主义者那样，强调有组织的制裁和确定规范的制度化方法的重要性。例子参见 Paul Bohannan, "The Differing Realms of the Law," 67 *American Anthropologist* 33 – 37（December 1965）; E. A. Hoebel, "Primitive Law and Modern," 5 *Transactions of the New York Academy of Sciences* 31（2d ser., December 1942）. 其他人则像德沃金这样的非实证主义者那样强调，真正的司法努力确定制度化规范的内容，它需要超越正式标准，以考虑关于应该是什么的更一般的社会观点。参见 Max Gluckman, *The Ideas in Bartose Jurisprudence*（New Haven: Yale University Press, 1965）, pp. 17–26.

现在要"强调"或"凸显"某些社会规范，既是指出这些规范所服务的特定目标或功能，也是鉴定出这些社会规范得以有效地运行的特征。所有这些都可以在描述性维度里完成。更深入研究或宣称法律涵盖这些社会规范的范围，就假定了法理论中所争论的（或应该有的）东西——即法律制度的本质功能。如果某人相信法律的功能是为官方行动提供可靠的指导，那么人们很可能会支持法实证主义者。如果某人认为其功能是合法地行使有组织的力量，那么可能不会支持法实证主义者。在任何一种情况下，人类学家凭借自身都没有提出这种概念性的探究。同样，真正概念性的法理论也无法改善人类学家的研究技术，尽管它可能在其分析过程中提出了新的描述性类别，以便将功能社会分成不同的部分。另见 John Finnis, *Natural Law and Natural Rights*（Oxford: Clarendon Press, 1980）, chap. 1.

[6] 与人类学一样，社会学文献中也广泛参考了法律的定义，显示了与法理论的联系。但这里的情况与人类学的情况相似：法理论最多对描述性特征有用，对于把什么定性为法律规则是没有用的，描述性特征提供了各种有效的社会控制。事实上，一些社会学家承认，他们所研究的现象，虽然被称为法律，但仅仅是"管理性的社会控制"，其中，解释什么东西构成"特殊法律"的问题，留给了"法理学的问题，而不是科学"。参见 Donald Black,

令时，不用首先诉诸法律和权力的定义，就能把这些禁令从克制欲望和否定意志的粗暴禁令中区分出来。简言之，

"The Boundaries of Legal Sociology," 81 *Yale Law Journal* 1086, 1092, 1096 (1976). 当然，有可能将法理论本身视为 "描述性社会学中的一部分"，用 H. L. A. Hart 的话来说（H. L. A. Hart, *The Concept of Law*, Oxford：Clarendon Press, 1961），p. xii. 在这种情况下，我们必须承认，即使在法理学中也没有必要追求 "特殊的法律"——我希望本研究所揭示的这种让步是没必要的。

当社会学家确实参与了似乎是关于法律的概念争议时，他们自己采取了与人类学家所展示的模式非常相似的模式。一些人揭示了实证主义者在强调强力的重要性方面的影响，以及强调一种用于规范识别和规范实施的权威性制度机制。例子参见 Max Rheinstein, ed. and trans. , and Edward Shils, trans. , *Max Weber on Law in Economy and Society*（Cambridge, Mass.：Harvard University Press, 1954），p. 13. 其他人坚持法律中理想因素的同等重要性——强制性制度所服务或倾心的道德目的或道德价值。参见 Philip Selznick, *Law, Society, and Industrial Justice*（New York：Russell Sage Foundation, 1969），chap. 1. 事实上，法律在多大程度上必须包含有组织社会所追求的理想，这一问题划分了不同的社会学家，正如习俗是否是法律这一问题划分了不同的人类学家一样。但是，社会学家使得此问题成为一个概念事件，没有做什么贡献，法理论回应了社会学家的关切，提出了有效的政府控制理论，法理论也没做什么贡献。参见 Jack Gibbs, "Definitions of Law and Empirical Questions," 2 *Law and Society Review* 429（1968）.

本书提供了塞尔兹尼克等社会学家所强调的理想元素与法律概念之间的概念联系。在这样做的过程中，我坚定地从事下定义这一经典事业，而不是描述——以一种本书在其他地方更全面阐释过的方法，融合价值因素和事实因素的事业。因此，有些社会学家坚持将纯社会学限制在研究对有效社会秩序之技术的事实陈述，这些社会学家将发现他们的目标不受此反思的影响。然而，这些社会学家也可能发现，他们面临着与法理论家一样的困境，这些法理论家们试图在提供有用且完整的理论的同时，保持价值无涉。倘若在社会秩序、在预测法律效力之中，理想要素是一个重要的要素，那么理想要素必定包含在社会学家的完整理论中。假如社会中理想的力量依赖理性的规范结构（a rational normative structure），并因此也依赖对理想之内容的规范性论证的正确性，那么，试图在包括这一理想要素的同时，依然保有纯粹的外部观察视角（即描述但不对理想做个人评判）将是不可能的。在这种情况下，努力预测或描述社会中理性的理想要素的影响，将取决于一个人参与这些规范性争议（即预测规范性争议之后果）的能力。这只是另一种说法：必须准

外部观察者至少在这方面与内部观察者类似：二者都能在普遍和日常意义上区分法律、道德和强制力，但是，在深度和目的上，二者与法理论所具有的抽象程度和表面目的没有关系。

这个观点认为，从某个角度而言，解释法理论的难题是一个更大的难题，它旨在一般意义上，解释什么东西构成了分类和定义的基础与动机。我们划分世界并对其内容进行归类，这取决于我们这样做的目的，对于绝大多数人而言，这是显而易见的方法。我们之所以能区分靠椅和长凳，是因为二者在人类生活中的功能相当不同，我们常常借助这个差异，来论证并辩护他们是两类东西，而不是一类。大多数人只有一个雪的概念，但是滑雪者知道颗粒雪和粉末雪；关于更多的固体冰的形式，因纽特人有更独特的概念。事实上，语言是自然的，部分原因是语言容许这类修正：新的经验可以打破既有的概念，为添加几个新概念辩护，通过先前所忽略的、但现在值得考虑的这些差异，每个新概念都可以和其他概念区分出来。

所有这些如果不是完全充满争议的，那也是十分熟悉的。但是，重新考虑熟悉的东西，使人们从不同的角度阐明了问题，这个问题就是试图寻找，谁可能对法理论家言说的内容感兴趣。问题不在于，社会科学家、法官、律师和公民不需要区分处于法理论核心位置的法律、道德和强制力。相反，问题在于，这些人似乎不需要步调一致，即

4

备好评估理想。因此，关于当下的法理论，这里得出的结论——如果它坚持保有纯粹性，其必须承认自己无法区分法律和强力——对于社会学家而言具有同等的道德。为了保持纯粹性，社会学家必须放弃探究管理型社会控制的一般理论，转而接受仅靠武力的管理型控制的局部理论。

不要为了讨好普通市民或其他学科，而让法理论家遭受更重的歧视（the grosser discriminations）。市民们的主要关切是了解过去或当下行动的可能后果。因此，知道这些就够了，即法律大体上是一系列由官员们发布或接受的指令（directives），这些官员凭靠组织性惩罚来实施这些指令。相反，道德诉诸良心考虑行为对他人的影响，这取代了正式渊源（official source）和组织性惩罚。与这两者相反，以威胁为后盾的命令既不是有组织的制裁制度的一部分，也不是合法性主张的题材，此命令的有效性完全依赖于所感知到威胁的可能性和严重性。对于大多数人来说，这些粗略的定义就足够了，正如农民只关心晚霜的可能性，对农民而言，宽泛的、不精确的雪的概念足矣。

当然，人们可以通过各种方式选择粗略的定义。例如，人们可以试图通过强调每个人在激励制裁中的相似性来表明，最初被认为是三种不同的现象，可缩减至一个。[7] 相反，人们可以向农民解释，为什么滑雪者在功用上发现了更精细的雪的定义。但在法理论中，谁类似于滑雪者？分析哲学家在法律、道德和强制力之间，还有在权威和合法性概念之间所做的更细致的区分，是为了服务谁呢？

倘若，我们为了迫切弄清楚这个问题的答案，而观察法理论家自己所宣称的目标，那么两种终极可能性浮出水面。第一种可能性否认上述假设，即公民和其他局内人可

---

〔7〕 把良心的责备，等同于被人戳脊梁骨谴责，等同于坐牢的痛苦，是一种普遍的方法，用来揭示道德规范、社会规范和法律规范之间的区别。参见 Shklar, *Legalism*, pp. 51 – 55. 更敏锐的分析参见 P. M. S. Hacker, "Sanction Theories of Duty," in *Oxford Essays in Jurisprudence*, 2d ser., ed. A. W. B. Simpson (Oxford: Clarendon Press, 1973), p. 121.

以仅仅借助法律的粗略定义，在他们自己所关切的领域内适当行动。但这种否定将把我们带回到我们开始之处——法理论根本不是局内人用来预测行为后果的工具之一。在某种程度上，哲学分析能产生关于法律是什么的更合理的答案。当不诉诸这种哲学分析就能得到答案时，依然坚持哲学分析，就是给所意图帮助的人强加哲学目标，从而重新定义问题。对这一事实的认识，可以解释为何最近的理论家在他们的主张中更加谨慎，并且表示只有某些局内人——法官和官员——需要理论家的工具。可以认为，法律的非反思性定义（unreflective definition），尤其是此定义高度重视局内人的预期利益，对于外行和律师来说可能已经足够好了，但这基本不适用于法官。毕竟，法官必须区分权威的法律来源和非法律来源，至少在疑难案件中，非反思性定义过于粗糙，用处不大。

在法理论中，无论对司法制度的核心地位的解释是什么，有一点是清楚的：它并没有解决动因性困惑（motivational puzzle）。当人们将当前法理论家的答案与法官的实际功能进行比较时，很明显，在疑难案件中，法官借助理论家的定义来确定法律，并不比借助非反思性定义更好。主要标准（master test）、承认规则、基本规范和自然法——所有这些概念过于抽象，以至于不能用来裁定实际案件。事实上，坦诚的理论家常常承认，即使在法官的密室里，他们描绘的法律图像也不具有代表性。[8]

这也不意味着法律图像的价值是象征性的，通过诉诸私人道德或其他主观见解，来提醒法官在案件裁决中的权

---

〔8〕 参见 Rolf Sartorius, "Social Policy and Judicial Legislation," 同上第 4 个脚注，第 155~156 页。

力是受限的。当理论自身不能指出这种有限的权力能触及多远时，这种提醒的作用甚微。仅仅纠结于这个孤立的问题，法官将察觉不到"填补"（filling gaps）与"推论"（extrapolating）之间的差异，即一方面，通过行使最佳判断，对语言的开放结构进行填补；另一方面，从简易案件到制度所要求的解决疑难案件的推论。从法官的角度来看，在当前空洞而又抽象的替代方案与恶性循环的法律预测理论之间，几乎没有选择。[9]

剩下的是最终的可能性。不考虑对其他人类活动的实际影响，努力标示出法律制度的显著特征，这可能被认为是一项出于其本身缘故而值得追求的事业。无论是在人文还是在科学领域，"为求知而求知"有一个让人安心的耳环，特别能宽慰学者们的耳朵，尽管有夸大之嫌。事实上，有一个假设认为理论分析有助于形成实践道德判断，另一个假设认为，哲学的清晰性本身值得追求；在本世纪大部分时间里，主导道德哲学的许多分析理论，似乎更青睐前一个假设而不是后一个。可以肯定的是，概念清晰与不和稀泥的裁判之间的联系经常被人提及；但很难证明这种联系，并且，即便不考虑哲学分析的实际价值，显然哲学分析都会继续，并且被认为值得思索。

作为动因难题的解决方案，为法理论的这种辩护显然没有吸引力。首先，它错误地将社会现象类比为自然科学的现象。纯粹研究的目的在于发现本身，例如，原子的本质是有意义的，无论一个人是否认为这套知识能产生实际后果。"有意义"我指的是这种探究是可能的，并且探究

---

[9] 参见 Rolf Sartorius, *Individual Conduct and Social Norms* (Encino, Calif.: Dickerson Publishing Co., 1975), pp. 201–202；参见 Soper, "Legal Theory and the Obligation of a judge," 同上第 4 个脚注，第 509 页。

行为背后的冲动在心理学上是合理的。可以描述这些客体，可以注意它们的相似和差异，不用停下脚步琢磨，到底是什么意图可以为探寻这些差异辩护。此外，这种没有利害关系的纯粹分析的动机——出于自身的缘故探索周围的环境——就是人类经验所熟悉的一部分：从婴儿式的好奇到实验室里的好奇都是这样的。相反，在探究社会现象时，保持没有利害关系的立场，且同时具有探究的可能性和心理学上的合理性是很难的。这种可能性是有问题的，因为社会现象和相互关联的概念本身，可能会受理论家的分析的影响。如果法律被揭示为强制力，对法律的态度也许会改变，之前对税务官和劫匪之间的区别可能会变得模糊。忽视这些可能性的理论家就陷入了这样的风险之中：昨天的理论不再能解释今天的数据。[10]

至于这项事业的合理性，即使假设某人可以控制理论与数据之间的相互作用，也很难解释为什么首先要进行这种没有利害关系的解剖。与物理世界不同，社会现实包括人们的内在态度以及其可被观察到的行为。在刻意忽略决定行为的基本态度——希望、恐惧、梦想和欲望——的情况下，促使人们研究这些行为的动机，就相当于人们做填字游戏和脑筋急转弯的冲动。在探索或操纵逻辑关系、先定关系（preconstructed relationships）时有内在乐趣，仅仅在这点上，填字游戏和脑筋急转弯是值得的。它们在心

---

〔10〕 指责内部不相关性和主张理论不仅能影响局内人的信念也能改变所研究的现象，二者不矛盾。当前的法理论不足以指引局内人，他们想知道法律是什么——也就是说，哪些指令实际上是有约束力的。一种理论解释了法律无法和强力相区分，局内人可能会对这种理论做出反应，这一事实支持了本书的前提：对于局内人而言，法理论的相关性在于法律概念的道德含义，而不在于其决定法律效力的有用性上。

理上是很合理的，因为在游戏本身之外，没有具有相关性
和有意义的玩游戏的借口。如果研究法理论的动机就是在
这个意义上为了分析而分析，那么接下来就不奇怪了，这
种努力与通俗目标之间缺乏相关性，并且很多人觉得这是
专业哲学家的自娱自乐。

　　不要试图从基于这一主题的既有文献中，推断法理论
的目标，而是直接叩问法理论应该或可能服务于什么目
标，这也许更方便些。有些理由超出了为概念分析而概念
分析的兴趣本身，且能激发对法本质的严肃探究，这些理
由是什么？很难寻找这个问题的答案，就像试图从既有文
献中推断目标一样。法理论是哲学的一个分支，自柏拉图
到康德以来，哲学的中心议题从未改变。我能知道什么？
我该做什么？我可以期待什么？每次试图严肃地面对人类
状况时，这些问题仍是思考的核心。如果法理论被视为试
图回答第二个问题——我应该遵守什么样的法律？——动
因难题得以解决：对法本质的探究与长久的人类关切相
关。此外，在法理学领域曾发生过一场错误转向，通过将
法理论视为道德哲学的一个分支，就可以解释这场错误转
向的本质。正如某些人所认为的那样，问题不在于法理论
家犯有本质主义错误——法本质主义在某种程度上假定法
律"在那里"，具有独特的本质，等待被人发现。[11]现代
理论家们都汲汲于否认这一指控，坚持认为他们的目标只
是描述法律制度的重要特征，而"重要性"则通过该特
征所服务的目的来衡量。问题在于，即使是这种更轻松的
描述性任务，也是由当前的理论家来承担，来衡量其重要
性，并因此怀着认识论目标而非道德目标来检验与法律相

---

[11]　参见 Shklar, *Legalism*, pp. 32–35.

竞争的理论模型。对那些可能最感兴趣的人——例如人类学家、律师、法官和诉讼当事人——而言，法理论对这个认识论问题的回答，即便帮助不大，也不是一个做什么的问题，而是要弄明白，主导分析法学的是什么。这个难题类似于，在手表制造商的大会上讨论这个问题：什么是时间？但可能最让出席会议的人感兴趣的问题是，如何更精确地衡量时间。幸运的是，有很多比喻来演示和捍卫这一主张。

法理论与政治理论

在哲学领域，最奇怪的事情乃是，目前分离政治理论与法理论所造成的鸿沟。政治理论的核心议题是合法律性（legitimacy）：我或者任何人，为什么都应服从国家？[12]我一直都认为这是道德问题，也应引导法理论家、政治理论家也直面这一问题。实际上，古典哲学并没有把它们区隔为单独的学科。忒拉叙马霍斯对正义之区分的挑战是柏拉图《理想国》的序曲，对每一位严肃探究法本质的现代人而言，都是一篇序曲。尽管在柏拉图的文本之中，序曲比现代法理论家通常讲述的故事更令人兴奋和精妙。现代法理论家调转了挑战的矛头，探究如何消除语言混淆。柏拉图接受了挑战，探究正义城邦的基础和本质，反过来在更广泛的意义上，探讨道德和政治哲学的实质议题时，讨论正义城邦的基础和本质是必需的。

方法上的差异更多地反映了讲故事的品味上的差异，也反映了人们在看待政治理论和法理论之间的联系时，有

〔12〕 参见 Anthony Quinton, ed., *Political Philosophy* (Oxford: Oxford U-niversity Press, 1967), p. 9.

不同的看法。这种联系的存在很难让人惊讶。政治理论家的目标是描述正义的国家，这似乎要求法理论家以两种方式来合作。首先，为了弄清楚什么构成优良法律制度，我们必须明白法律制度是什么。因此，在这个意义上，法理论和政治理论是相关的，一个成熟的法理论是成熟的政治理论的逻辑前提。其次，假如有人认为法理论是迈向成熟政治理论的第一步，政治义务的难题指导着法律的概念分析本身，这个核心难题也激发法理论家们，例如，"法律制度"是否正义，意味着这些有组织的社会制度是否能对我们提出合法的道德主张。

对比当下，现今政治理论与法理论之间的关系仍然存在。最近二十年的两个事件再次引起了这两个领域的兴趣。在法理论界，哈特《法律的概念》重启了对法本质的争论，也为那些挑战哈特所持的实证主义观点的人提供了反衬，持续至今。在政治理论界，一场非书斋的事件（nonliterary event）——美国所发生的一场不受欢迎的战争*——重新点燃了人们对政治义务难题的哲学兴趣，冒出了大量关于守法义务的性质及其基础的讨论。尽管这两个领域之间的联系，既具有传统，也显得富有逻辑，但是，匆匆一瞥发现，这两个领域彼此互不关注。首先考虑政治义务的难题。能随意地看到大量的理论，努力在解释为何以及是否存在守法义务，并发现类似模式（a similar pattern）。第一，作者提出了问题，并通过引言，赞同这一问题的历史重要性及其现代关联性；第二，伴随着区分初显义务（prima facie）和绝对义务，简短解释了义务概念；第三，检讨了政治义务的潜在基础。最近的结论是：

* 指越南战争。——译者注

甚至不存在遵守法律的初显义务，[13] 这个结论终结了上述努力，我将转而讨论这个明显违反直觉的主张。

其观点是，在对政治义务的整体分析中，即使是这些众多的细微进展也<u>丝毫不能</u>表明：为了判断是否存在守法义务，人们需要先知道法律是什么。相反，大量的法理论源自于解释法律是否以及如何与强力相区别，这个难题持续占据着法理论。哈特认为，奥斯丁用命令来分析法律是有缺陷的，并用这个独特而重要的解释开启了其著作。哈特认为，命令或者以威胁为后盾的号令仅仅是被迫（oblige），而不负有义务。最后，哈特的解释也没有说明法律和义务的联系，[14] 但是他的观点提醒我们，法律和强力的联系有很深的传统，并且要明确区分有效性（validity）的概念和义务的概念。解释这种观点的错误之处并非易事，但最近，对这些政治义务的阐释完全忽略了这个问题。如果传统是对的，那么守法义务的文章从一开始面对的就是一个稻草人。如果法律仅是强力，那么就无须费笔墨讨论守法义务的性质和范围：不存在这个问题。这种分析很快就会终结，正如哈特很快就驳倒了奥斯丁的理论模型一样，

9

---

〔13〕 一个评论者指出，这个结论"越来越流行"。参见 Joseph Raz, "Authority and Consent," 67 *Virginia Law Review* 103（1981）. 也参见 Raz, *The Authority of Law*（Oxford：Clarendon Press, 1979）, p. 233；A. J. Simmons, *Moral Principles and Political Obligations*（Princeton：Princeton University Press, 1979）；Anthony Woozley, *Law and Obedience*（Chapel Hill：University of North Carolina Press, 1979）；M. B. E. Smith, "Is There a Prima Facie Obligation to Obey the Law?" 82 *Yale Law Journal* 950（1973）.

〔14〕 当然，哈特声称法律必须包含义务的概念，这并不意味着它必须实际上将义务作为道德哲学的结论，而只是它必须蕴含义务；也就是说，法律和社会的义务规则一同被分类，依据道德哲学，社会的义务规则可能是错误的规则。在下一章中，我认为哈特的理论模型甚至没有做到这一点，但至少，对蕴含式观点的坚持，踏上了正确的方向。

奥斯丁的模型把法律看作是"更大的劫匪情形"。[15]总之,那些认为,不首先搞清楚法律意味着什么,就不存在遵守法律的初显义务的政治理论家,有被指责的风险,人们会指责他的政治理论既不完整也很琐碎。不完整是因为他严重依赖于尚未得到辩护的预设性法律观念（a preconceived idea of law）；琐碎是因为关于法律是什么的想法已经蕴含了守法义务。

　　法理论的情况也好不到哪儿去；实际上,它是政治理论中的问题的镜像。如果政治理论不能细致地深入探究义务的基础,并由此忽视界定法律的必要性,那么,法理论在阐释它所提出的法律制度时,就会忽略政治义务之现象。阐明这个观点的最好办法就是,考察自《法律的概念》问世以来法理论的发展；乍一看,《法律的概念》似乎是这个观点的反例。正如书中所言,解释义务是批评奥斯丁的关键,也是一个难题,哈特的探究始于这个难题。从那开始,哈特的探究越来越倾向于我所谓的认识论探索：重点是构成法律实体（规则）的种类、各类规则组

---

　　〔15〕 Hart, *The Concept of Law*, p. 7. 当然,像以威胁为后盾的命令那样的概念——并不蕴含义务——也许带有作为道德哲学问题的义务,这是可能的。例如,倘若这些命令总是恰好促进或带有道德价值,那么人们可能有遵守的义务。参见 Joseph Raz, *Practical Reason and Norms* (London: Hutchinson and Co., 1975), pp. 165-166。然而,以这种方式处理问题,使得更容易看出,想知道法律是什么,必须先知道法律是否蕴含义务。例如,我在第三章论证,普通劫匪和"更大且合法的"（writ large）劫匪之间存在道德上的相对不同。"更大"的劫匪（垄断武力的国家）是必要的,但不是说明义务的充分条件。在这方面,文中的主张被夸大了。人们确实需要进行一些讨论,以便从不能发布强制要求的普通劫匪,转向"更大"的劫匪也不能发布强制要求。观点就是,如果政治理论家在这里结束他们的分析,而不考虑即使实证主义者在法律的劫匪模型中期待做出的改变,是否可能影响对守法义务的结论,那么政治理论家的结论仍是不完整的。

合产生法律制度的方式。最后，追寻法律制度的描述性模型，追寻检验法律是否有效的理论判准，这种追寻主导了分析，而不是去探讨被官员们接受和实施的规则何以被认为是义务规则。

自哈特的书问世以来的发展，明显地导致了局外人的认识论上的关切，遮蔽了局内人的道德关切。两个例子可说明这点。遵循哈特实证主义脚步的约瑟夫·拉兹（Joseph Raz）曾对法律制度做出了一个阐释，这个阐释细致地改进了法律是何种实体（entity）的分析，也细致地改良了各种关系，这些关系描述了法律如何融入法律制度。哈特认为法律模型必须反映局内人对法律规则所强加的看法，拉兹似乎更坚定这点。〔16〕拉兹在完善此法律模型后，便转向了一个明显不同的问题，即这种对义务的看法是否正确。拉兹目前的结论是，法律甚至并不蕴含服从的初显义务。〔17〕认识论上的关切不仅在法理论中占主导地位，而且，当拉兹开始涉猎政治理论时，就道德问题而言，结果是人们可能止步于奥斯丁：命令和规则在事实上都不必然具有强制性。〔18〕

10

---

〔16〕 比较 Joseph Raz, *The Concept of a Legal System*, 2d ed. （Oxford：Clarendon Press, 1970），和他的 *Practical Reason and Norms*, pp. 147-148，与 *The Authority of Law*, p. 155.

〔17〕 Raz, *The Authority of Law*, chap. 12.

〔18〕 如上所述，拉兹似乎确实声称关于法律义务的声明意味着（道德）义务的声明，因此，从真诚地接受该制度的法官视角而言，这种观点具有一种奥斯丁那样的制裁理论无法捕捉的维度。参见 H. L. A. Hart, *Essays on Bentham*（Oxford：Clarendon Press, 1982），pp. 153-161, 264-268，其中哈特讨论了他在这个问题与拉兹的分歧；另见第二章，脚注32。哈特自己的观点是，在对法律的司法态度中，道德的要素是没有必要的——这种观点使得哈特的理论模型与奥斯丁的理论模型，在义务的涵义方面，无法区分。我将在下一章中更详细地考察这一争议。但是应该指出的是，当拉兹将法律与义

我对这种观点的反驳，不是驳斥具体的结论，而是驳斥方法。很可能法律并不具有强制性。有两种观点，一种认为法律等同于强力，因此法律无须义务；另一种替代性观点是在这项研究中发展出来的，所做的分析不能告诉我们如何在这两种观点之间进行选择。该方法的问题是双重的。第一，通过在一开始就分析法律概念，然后得出对义务的影响，就对下面这个问题做出了预判，即服从义务是否是理论构造中要考虑的一部分。从道德进路研究法理论的优势在于，它接受"义务和法律的长久联系"是法律制度的要素，而这个法律制度必须得到阐释。忽视这一特征，就是对法的本质及其与道德责任的关系作预判。

第二个问题又是动因问题。我应该做什么？结论性的分析（the resulting analysis）有助于此类道德研究，仅仅在这个意义上，探究法的本质才具有实践意义。一项研究认为，没有遵守法律的初显义务；这个观点肯定会对这个问题产生负面影响，至少，人们不再担心违法本身就是错误的。问题在于，试图捍卫这一主张的理论家最终将被迫

务感联系起来时，他可能意味着，义务感是具有道德约束之规则的内容。也就是说，法官认为他们社会中的具体规则是公正的，而不仅仅是因为它们是法律，所要求遵守。因此，当拉兹宣布法律在初显意义上不能要求遵守时，他不必然会破坏或削弱那种态度，其法理论宣称这种态度对法律是至关重要。拉兹的困难在于其他地方：他无法捍卫其关于法律与义务感之间有联系的看法，因为像哈特一样，他似乎把描述作为他的目标而不是他的定义。拉兹关切法律和官方对正义的信仰之间的联系，我的观点类似于这种更新又更犹豫的建议。参见 Philip Soper，"*The 'Acceptability' of Law: An Analysis of the Concept of Law Based on the Legal Theory of Professor H. L. A. Hart*," Ph. D. diss., Washington University, 1972. 但是，我认为，只有联系法理论和政治理论，才能辩护这种关于法律性质的主张。毕竟，对法理论之主张的最强支持是一种源自政治理论中的观点，它和拉兹就守法义务所形成的观点相反。

面对他自己对法律下的隐含定义。如果这种定义在认识论上有利于包含尽可能广泛的内容，将任何有效的制度纳入法律制度，但把义务作为一个必要的附随要素排除在外，那么，对所有的实践目的而言，这个定义依然毫无用处。对道德探究的唯一回应是，你是否负有义务取决于你所处的法律制度的类型。以此作为答案，研究者只能返回政治理论，而认为法理论家什么都没有告诉他。

> 我们的研究者问道："如果法律有强制力的话，11它应该是什么？"
> 理论家回答道："我回答不了这个问题，但我知道这点：假如特性X、Y和Z能描述法律，顺便说一句，如你所知，特性X、Y和Z构成了最低充分条件使得法律能被看作法律制度，那么，法律不具有强制性。"

在这场对话中，无人对此有实践关切就意味着"顺便说一句"。人们关心的是，法理论家所承认的他不知道的事情。

在法理论中，当前认识论强调的第二个例子考虑了罗纳德·德沃金的观点，至少在气质上，德沃金的观点与实证主义并非一路人，而是对立的。[19]德沃金的理论，最初关注规则和原则之间的区分，以及做出正确的法律裁决，对于占据法理论核心的"法律到底是什么实体"问题，他似乎提供了极好的例子。然而，这种认识论目标很快就在德沃金之后的著作中让位于与道德议题更紧密的议程：法律制度中法官的义务是什么？用司法裁量来表达，

---

[19] 参见 Dworkin, *Taking Rights Seriously*, chaps. 2-4.

这个道德问题应该成为德沃金理论的核心，完全超越了早期关于规则和原则的争论，这个道德问题进一步证明了此议题在任何成熟的法理论中的核心地位。但是，即使在德沃金的理论中，此议题依然模糊不清，因为道德议题与理论界在认识论上的错误起点有关。第一，针对实证主义者已经提出的对法律不切实际的理论检验，德沃金以法律效力（legal validity）来阐述司法义务之难题，其理论看起来只是进一步完善了实证主义。依据这一理论寻找法律的努力，所要求的能力远远超过普通人，甚至职业哲学家，更不用说法官，发现任何实践方法以区分德沃金提出的自由裁量权中的差异基本没有可能。[20]

第二，也许更根本的是，德沃金的理论中没有任何明确的答案比哈特更明确地回答，为什么法官有首先适用法律的义务。正如德沃金所言，在自由民主理论中，限制法官的自由裁量权可能会使司法判决更加合法，但接下来只要不能为民主理论自身辩护，这种合法性的主张依然是假设。简而言之，政治理论再次将法理论视为不可或缺的部分——这个观点是德沃金一直坚持的，但是，似乎对德沃金而言，只要政治理论依然是德沃金自己理论的组成部分，是法律效力更普遍的检验标准，他就永远无法解释这个观点。本书的命题是，德沃金的方法颠倒了马车和马。假如法官们有适用法律的义务，那么法律应该是什么样的？通过追问此问题，就可直面司法义务之难题，就像直面更具一般性的政治义务难题一样。在回答了这类问题之后，人们才可以考虑法律概念对法律效力和司法裁量之问题的影响。

---

[20] 参见前述脚注 9 的引证。

病灶与诊断

此时此刻,值得驻足回首反思当下法理论的条件的基础。什么能解释认识论难题的核心关切?是什么导致了经典的整体研究分化为诸多研究,而这些研究彼此视而不见?部分答案无疑在于分析哲学本身的性质。在本世纪,越来越多的人已经把此任务变成了假设价值中立的语言剖析,用以揭示意义、纠正错误的思考与谈话方式。人们无须鄙视这项事业,但要留心这个风险,即它会引起一些只针对哲学家们、不针对普通人的困惑。人们几乎可以在任何一点上,推移语言创建的地图边界,并发现界限很容易模糊。但大多数人不去推移。当他们为了回应特定问题而这么做时,足以使旧类别突然变得不那么有用。

在科学中,这些概念边界不断由一小撮专家团体交叉使用。在伦理学中,情况恰恰相反:人人都是专家(这意味着无人是专家),同时,用于做出实践判断的道德分类和概念,与两千年前古希腊使用的分类和概念几乎没有什么不同。在道德哲学中,没有类似于粒子物理学中概念的扩散。其结果就是,出现强大的推力,试图让哲学适应科学模型,把道德应该探究的东西转化成了科学探究的东西,尽管这一进程很艰难,但新分类、新区分的形式使这一进程得以可能。不幸的是,将道德进程转化为类似的科学进程的主张,是以牺牲与人类事务的关联性为代价的。

这些反思有助于解释当下法理论的一个更突出的特征。然而,当下法理论的研究不关切语言区分和疑难案件。有两类问题:一个是,法律是否可以被适当地描述为规则、原则、规范或命令?另一个是,如何在疑难案件中发现法律?这两类例子包含的问题在本书的研究焦点之外。

13

相反，我的焦点集中在我称之为粗糙的法律定义上——简易情形，有组织社会中的简单指令，如公民每次通过限速标示时不用思考所面对的指令。假如这些指令能产生义务的话，在这种简单意义上，这些指令应该是什么样的？

最后有两件事值得关注。一个涉及术语，另一个涉及定义问题。在本世纪，哲学家们投入了大量精力分析道德语言和伦理概念，著述汗牛充栋，使得法理论家们在过去曾写出的文献相形见绌。因此，有人认为，在发展法理论的时候，应心怀基本的政治义务问题，但这似乎是一个无望的任务，因为这要求在考虑法理论提出的难题之前，首先解决道德哲学中的棘手争议。"义务"与"应该"有怎样的关系？道德理由与审慎理由、美感理由或其他行动理由有何不同？什么是行动理由？以及将彼此冲突的理由调和为一个充分的行动理由的过程是什么？这些都是关于这些难题的例子，涉及大量文献，并且必然关涉政治义务的讨论。多数情况下，我将简单地指出这里所使用的道德术语的必然意义，并且，我还将尽可能使用非哲学家的普通人熟悉的术语。由于会导致出现职业上的天真浪漫（professional naivete），所以，我有两个托词：第一，那些发现道德语言的不足的人，可能在不偏离本书的基本框架的情况下，总是用更适当的术语来代替。我认为，融合法理论和政治理论，可以最佳地理解法律。如果我在此书中所做的融合证明我的看法是合理的，那么，应该鼓励那些认为法理论与政治理论有另外不同关系的人，继续努力以重新定位法理论。

我的第二个托词更像是一个信念，不像托词，我从未停止为这个信念辩护。在分析伦理概念的过程中，越坚持朴素语言的分析，就越不容易犯奇怪的哲学错误，哲学错误的技术用语就是"无意义"。以本研究的结构为例。因为所引导的问题是假定的——如果法具有义务性，那么法应该是什么？——又因为我相信初显义务与法律制度普遍相关，所以，我曾以这样的语言来描述本研究，在一些循环中，展现了深奥的气息。也许我曾说："我正在着手对概念框架进行先验演绎，使法律［完全（*überhaupt*）］成为可能。"但除了模糊之外，还有什么意义呢？ 14

然而，这个难题带有的假设性本质，迫使人们再次面对定义问题。即使一个人为了说明强制服从，而设法表明法律本应该呈现的样子，他会呈现什么？假如某人表明，为了飞翔，人不得不具有翅膀和不同的骨骼结构，那么他仅仅证明所描述的生物并非我们所说的人。同样，在对保留忠诚地位的法律进行分析之后，我们不认为这是法律，如何基于此回应彻底的反对意见？我已部分回答了这个问题。我们已看到其他人，例如哈特也采取了一个起点，他主张一个充分的法律概念必须至少包含义务。我只是更进一步：毕竟，法律在事实上有强制义务性，有比这更好的方式来证明法律蕴含义务吗？在这个意义上，由于坚持认为实际义务（actual obligation）是法律制度中的一个现象，理论必须对此做出解释，与那些强调其他法律指令等实体的人相比，这样的人在选择素材时也不那么专断。但是，这也不完全是社会系统所强调的那种专断式选择。本书的任务是表明：这里所给出的理论不仅仅牵涉义务，而且也要以一些方式解释各种其他现象，包括通常的法理学困惑，这些方式使得我们有可能把理论看作是解释法律概念，而不是单纯的规定性定义（stipulative definition）。

然而，这个问题可能没有最终答案。法律就是这样的一个概念，它在两种观点之间维持脆弱的平衡，一种观点认为法律就是强力，另一种观点认为法律远不止强力。针对接下来的下定义的任务，我没有选择盲人和大象的比喻，而是选择了绘图的比喻——画的不是鸭子就是兔子，不是少女就是老妪，不是上升的楼梯就是下降的楼梯——这个比喻是一种完全不同的解释，不能通过简单地绕着大象走等方法来调和。尽管在某种意义上它不可调和，但这些二选一的解释并不完全是随意的，它们显然受到现象之客观真实性的束缚。除非在精神病医生的诊席上，鸭子、兔子可能被视为女性裸体。一些事物诸如创造性、自我实现等选择决定了一个人会采取哪一种客观合理的视角。这种研究只能说明该选择的利害关系，也说明了，如何从另一方向融贯地观察法律制度中，让人熟悉的方方面面。就目前的情况而言，当代法理论中存在的唯一的图景是，除命令许可（fiat）外，无法区分法律与强力。法律和道德的协调一致是本人意图显示的命令许可，在命令许可保持缄默的情况下，法律何以可能包含更多内容。

那么，重建政治理论与法理论的关系，以一定的步骤构建**一套**法理论（不用注意太多，但注意对不定冠词的强调），这些都是本书的目标。我很乐意在此自命不凡的目标与观察中所包含的预防措施之间维持平衡，即"大多数哲学思想都很简单……当哲学家试图证明他们是正确的时候，困难就来了"。[21]这里提出的理论确实很简单，可以在下一章末尾的口号中找到。在下一章中，我检讨了当下法理论在勾连法律与义务时的失败之处，并且，从检讨中我归纳出了另外一些特征，若要建立法律与义务之间

15

---

〔21〕 Morse Peckham, *Beyond the Tragic Vision* (New York: George Braziller 1962), p. 148.

的联系，必须包括这些额外特征。在这个意义上，我认为，任何理论，只要试图区分法律与强力，此额外特征都是必要条件。在第三章中，我证明恰当的法理论所必备的类似特征（联合第二性特征），怀有此目标，我检讨了政治理论。在第四章中，我捍卫了道德哲学的观点和对法之本质的研究之间的联系。在剩下的章节中，我检讨了这种法律观对选择新旧法理学困惑的意义。通过回到定义的问题，回到在各种可替代的、平等合理的世界图景之间的选择，我最后将嵌在这项小研究中的这些问题与更宽广的论题建立了联系，在研究客观价值时，这些更宽广的论题，提供了希望，也带来了绝望。

第2章

法理论

无论我是否愿意，乞丐、劫匪、税务官和盗贼无一例外都试图取走我的钱。盗贼的秘密窃取行为给我带来的是，其结果直接违背我的意愿，但与之相反与劫匪带给我的愤怒相比，盗窃带给我的愤怒太小而不能对其发怒。即使在稍微平静一些的时候，或许是因为没那么敏感，我不会勃然大怒。有人认为，在某些意义上，要尊重与劫匪或盗贼的物质交换，和其他人一样，我认为这是荒唐的。

现在，对比我们对税务官的典型反应。他也当面发出一个命令，这个命令以武力为后盾。与劫匪一样，税务官仅仅关心我在他的管辖之内，一样得在真实意义上服从权力。考虑到回报（税务官或其体制为我所做的事情），同意的问题会涉及考量，这笔税款在国库里比在我的口袋里能发挥更大的用处，法律所要达到的效果就是我像服从劫匪一样服从，此种考量与法律无关。然而，普遍的反应不是愤怒，而是尊重。如何解释其中的区别？更重要的是，如果通过反应来证明，这还存在区别吗？或者对习惯的效果、观点与行为的条件稍微做一些普遍的观察，人们会更满意吗？

试图在现在的关于法本质的理论中，寻找这些问题的答案，是对法理论期待太多。正如我们所提到的，法理论家坚持认为，正如反对刻画和识别（characterization and i-dentification）一样，理论家所做的事情与证成具体的法律态度（legal attitudes）没有任何关系。至于法理论家所关心的问题，不应该是，是否有对法律更好的回应被证成，而应该是，这种回应在事实上是否必然刻画了法律制度。我将把这个证成问题留给下一章。但是，即使我们的探究转变成刻画人们对法律的内在态度（insider attitudes），在当下的法理论中，也不易发现满意的答案。

17

古典实证主义：认真对待奥斯丁

如果人们不考虑法理论，而是依赖常识意见，来探究法律与强力（force）之间的差异，那么毫无疑问地会有一些失望，因为法律与强力没有差异。此观点的合理性是基于上述对劫匪和税务官的描述：两种情况中，面对的都是以威胁为后盾的命令，完全不考虑命令接受者的意愿。除了对强力的描述还有什么？看起来唯一的差异是，不同的人似乎以不同的方式回应各自的命令。

这种对法律命令的反应或态度的差异，在现代法律理论中变得如此重要，以至于这有助于我们反思一些描述二者差异的常用方法。我认为，对劫匪的回应是道德上的愤慨或义愤。有一些指令仅仅或者主要依赖于惩罚威胁产生的恐惧，以此来诱导服从，对这些指令的直觉反应的描述是自然而然的事情。我将这些应用这些指令的制度称为强制制度。与此相反，我把对税务官的回应描述为尊重，这就意味着，这种服从有理由可循，这些理由与惩罚威胁没有必然联系。人们假定这些理由诉诸价值、欲望或个人利益，使得服从更自愿。

有些理论家使用术语"规范"（norm），这一术语包含两类指令：强制规范和自愿服从的规范。[1]毕竟，劫匪也指示了一定的行为进程，并且劫匪也诉诸人们避免惩罚性威胁这种审慎利益。所以，如果规范仅仅指人们有理由去服从的行为规定，那么，纵使是劫匪的命令，也能被称为规范。然而，在本书中，我将限制术语"规范"和规范性制度（a normative system）的观念，仅仅包括这些指令和制度，服从它们主要是出于理由，而不是对惩罚性威胁的恐惧。基于这个澄清，本章开启的困惑和本章的焦点就是这样一种更迷惑人的简单问题：法律制度是规范体系还是强制体系？

作为法之本质的强制

现代实证主义要大大地归功于奥斯丁。通过把法律刻画为命令，他干了两件事。第一，他提出了一个简单而优雅的法律模型，以此回答了上述问题，这个模型认为法律必然具有强制性，并因此反思和详尽阐述了常识观点；第二，使用"命令"之用语，他为后来的分析者们提供了一个美丽的目标，这些分析者的任务是描述法律是何种实体类型。事实证明，对法律来说，"命令"是错误的语言范畴。更好的范畴是规则、社会标准或某种特定类型的规范。

法律是何种语言上的实体（entity）？与此相关的一些批评，我称它们为分析性批评（analytical objections）。这些分析性批评旨在获得正确的语言范畴。有人纠正奥斯丁，正如有人可能会纠正小孩试图把方块放在圆孔里一样。在分配的位置和正确的位置之间寻找显而易见的区别，这些批评得以获得成功。奥斯丁认为法律必然具有强

---

[1] 参见 Joseph Raz, *The Concept of a Legal System*, 2d ed. （Oxford: Clarendon Press, 1970）, p. 128.

制性，人们也许对此持反对意见，我称此类批评为隐含式批评（connotational objections），因为它们引发了一个问题，即法律制度的观念是否暗含着比强力更丰富的内容。隐含式批评强调指称（meaning）和意义（significance），正如人们可以向孩子解释"圆"和"方"的含义。在这里，更难以详释成功的标准，并很快会引发一场关于定义的性质之争，我将暂时推迟这场争论。

针对奥斯丁命令理论的分析性批评广为人知。没有人比哈特更好地精炼了这些批评。尽管我强调税务官和劫匪的相似之处，但哈特提醒我们，法律不同于以威胁为后盾的简单命令模型。有两个不同：第一，有些法律似乎并没有命令人们做任何事情，只是简单地使一些事情得以可能，譬如订合同或立遗嘱；第二，即使法律命令某人做或不做某事，他们通常适用于制定法律的人或接受法律的人。因此，与劫匪不同，税务官或立法者也必须对缴税的要求做出回应。这些差异使得哈特认为，最好把法律视为官方接受的规则而不是简单的强制性命令。[2]除了对奥斯丁的理论进行分析性修正之外，哈特还着手补救他发现的更严重的隐含式缺陷（connotational defect）。命令理论意味着法律制度在本质上具有强制性（coercive）；但从凯尔森到哈特以来的现代实证主义者坚持认为法律制度具有规范性（normative）。哈特用一个修正纠正了分析性错误，他计划用同样的修正来纠正这个隐含式缺陷：用官员接受的规则来替代主权者的命令的理念。

现代实证主义试图解释和捍卫法律的规范性，在我检

---

〔2〕 H. L. A. Hart, *The Concept of Law* (Oxford: Clarendon Press, 1961), chaps. 3–5.

讨此理论之前，有一个重要的任务，就是探寻对奥斯丁理论的这些批评，何以被认为错失了法理论的要点——至少是奥斯丁这样的古典理论家所理解的法理论。这些古典理论的观点都是定义性的：揭示概念和揭示概念所反映的现象，来解释法律的意涵。在下一章中，我将更多地讨论这项事业的性质及其合理性，但是，现在我仅仅提出两个理由，来解释为什么此项定义性的观点，弱化了哈特的批评所具有的力量。

首先，对于执着于探寻法律是什么的人而言（认识论意义上的探寻），法律究竟是命令还是规则，并没有实践意义。把我们所讨论的法律描述为命令最恰当，还是规则最恰当，这会影响遗嘱的创立、合同的签订或者缴税吗？相信没有律师、法官或学者持肯定观点。简而言之，局内人并不赞同哲学家把法律指令描述为适当的语言范畴。在分析性事业中，这个结论或许具有实践兴趣，而这项分析性事业，在事业和事业暗含的意义之间建立了联系。命令和规则之间的区别是否具有道德意涵？

但现在，第二个理由使得分析性批评变得毫无意义。这个理由就是：法律最好被描述为一种命令或规则，这对法律制度是否必然具有强制性没有影响。在描述劫匪和纳税情形时，出于直觉断定这类情形具有强制性，用"命令"取代"规则"不影响这种直觉判断，这说明了隐含式批评和分析性批评之间缺乏联系。劫匪或恐怖分子会颁布一些命令，这些命令不违反劫匪团伙及其头领们所接受的规则，这些命令仍具有强制性。此黑帮遵守规则的图景，意味着在黑帮成员之间存在一种非强制性的态度，这是真的。他们至少是自愿地遵守规则，不是因为存在一个针对他们的威胁。但是，此特征并没有超越法律命令模型的强制特征。

可以假定，奥斯丁的主权者对其权威位置至少也具有这种相似的最低"规范性"态度。出于这样两个理由：简单的自我利益或无私的服务他人的意愿；主权者不受人威胁，他只是接受他的位置（或接受他发布的规则）。

以纳税情形为始点，我们得出了同样的结论。正如碰巧遵守规则的匪帮不会看起来不像匪帮，对规范性态度也是一样的，现代实证主义者相信，典型的法律并不依赖于是否把法律指令视为规则。在奥斯丁式的主权体制之下，发布的命令可溯源到个人的意志，纳税情形在这种体制中也是有效的。也就是说，通常认为，奥斯丁的主权学说是有缺陷的，不是因为它牵涉逻辑矛盾，而是因为它没有考虑到所有的情况。我们可以设计或想象法律制度的具体例子，而不需要有单一的可辨识的主权者。但是，任何特定社会是否存在这样的主权者是个经验问题。[3]如果我们现在想象这样一个社会——在这个社会中，把法律看作命令的理论**确实**是合适的，正如现代军国体制或古代君主制——现代实证主义者们发现在其法律中，至少，在社会的统治者或命令者之间，仍存在规范性态度。主权者及其下属接受其地位，不必然是因为害怕惩罚。如果接受某人是主权命令者的态度，足以构成对法律来说是必然的规范

---

〔3〕 对奥斯丁的主权学说的批评常常认为，如果不牵涉权威性规则的话，从经验上认识主权者的努力，会陷入逻辑矛盾或循环中。参见 W. L. Morison, *John Austin* (Stanford：Stanford University Press, 1982), pp. 82-83, 106-107, 183. 哈特在《法律的概念》第四章中提出了类似的反驳。但在其他地方赞同，法律制度存在，在其存在之处，排他性法律渊源是最高立法者的意志或命令。参见 H. L. A. Hart, *Essays on Bentham* (Oxford：Clarendon Press, 1982), p. 144. 哈特认为，问题在于这种理论模型并没有精确地描绘法律标准的典型情形，即使这些法律标准不可追溯到可识别的个人或团体的意愿，但仍是可接受和可实施的。

性态度，那么，也不需要添加一些奥斯丁的理论所不包含的东西。[4]

---

[4] 哈特对奥斯丁的学说提出了四个分析性的反驳（在《法律的概念》第77页中进行了总结），其中我认为文本中最明显的两个反驳——主张强制模型既不能说明其种类，也不能说明其适用范围。哈特的另外两个反驳是：①强制性模型不能解释某些法律的"起源模式"，即习惯；②当一位主权者继承另一位主权者时，该模型无法解释法律的连续性，出于这点，也无法在许多现代国家中确定主权者。关于习惯法地位的第一个反驳假设了，人们可以在司法之前识别习惯——罗纳德·德沃金指出，这种假设要么让法实证主义者承诺一种法律模型，这种模型不再区分法律与（实证）道德，要么使得法实证主义者对法律的检验变得微不足道（无论什么被接受为法律，都是法律）。参见 Dworkin, *Taking Rights Seriously* (Cambridge, Mass.: Harvard University Press, 1977), pp. 42-44. 只有当哈特把"习惯"描述为一种不假思索的行为模式时，例如"周六晚上去看电影"，第二个反驳——人们不能用习惯性服从的简单观念来解释法律的连续性——才有说服力。参见 Hart, *The Concept of Law*, pp. 54-56. 但强制性模式不是不假思索的服从，而是由于避免制裁的审慎利益所激发的理性服从。在这方面，拉兹正确地注意到，在理性地引导行为这个意义上，以威胁为后盾的命令也是规范。参见 Joseph Raz, *The Concept of a Legal System*, p. 128. 因此，哈特的反驳使奥斯丁的术语（"习惯"）丧失了信誉，而不是其基本模式：以威胁为后盾的命令可以解释法律体系的连续性。（当雷克斯一世驾崩后，且雷克斯二世继承王位，人们不必等待服从雷克斯二世的习惯出现；劫匪头子被枪杀之后，也不会有人等着看枪口下的人质是否会服从下一个端起枪的劫匪。）

这个结论只留下了对奥斯丁理论的一个反驳：确定和解释现代国家中主权者的法律地位的问题。但是，哈特和其他人对奥斯丁的主权理论，所提出的所有分析性反驳，似乎都没有影响基本的隐含式主张：制裁是由选定的一群人以某种方式强加于别人的，这种方式与主权者发布强制命令的方式无法区分。哈特只是用"官员"作为选定人群取代奥斯丁的主权者。识别奥斯丁主权者（其意志是法律的关键）的问题，只是转变成了识别官员的问题，在官员所接受的规则中能证实他们的集体意志，他们的意志也是法律的关键。诚然，像奥斯丁的主权者那样，哈特的官员并没有直接表达他们实施的规则的内容。但官员们确实愿意接受特定的规则（规则的内容已然固化或根深蒂固）来管理制裁的实施。即使这种间接控制内容的行为，可以区别于为了某些目的的直接控制（谁是这里的幕后指使？），这种区别也不会影响隐含式主张：法律必然具有强制性（某人或规则就是这里的幕后指使）。要消除这种强制性面向，需要人们更多地考虑接受的态度，如本书所示。

定义是法理论的本质

奥斯丁理论的解释力源自这个看法，将其理论视为试图去下定义——去探寻法律制度到底是什么。[5] 在解释如何使用术语时，人们会通过选择和辩护某些更显著的特征来描述客体，定义促使人们去超越于仅仅描述客体。定义也引发了一些问题，假如……我们会说这是什么……（假如它不能摇，或没有垫子，它还是靠椅吗?) 正如第一章所说，对定义是什么的完整解释会迅速导致对法律和道德理论的超越，步入形而上学的泥淖。我们要勇往直前，让我们通过一个简单的例子来说明问题中最常见的元素。

前分析性现象。如果你和我正在讨论是否将情人座（love seat）称为靠椅（而不是沙发），我们必须首先就我们试图定义的东西达成一致。如果你不知道情人座是什么，我可以指出来，或者我可以用你我共享的语言来描述它（是一件家具，大小足以容纳两个成年人肩并肩坐着）。但法律情形中的前分析性现象是什么? 显然，我们不能指出这个东西，或者像情人座情形中那样，把它带到房间里来分析或描述。并且，几乎所有的法理论家都同意，在日常语言中意指法律的每一个东西，不能简单地都被当作前分析性现象，因为这将涵盖自然规律（laws of nature）和其他明显非意图的所指。我们在一开始就面临着危险，而随后的争议可能根本就不是争议，因为我们可能在讨论不

---

〔5〕 甚至奥斯丁最强大拥趸者之一，他要求一场在其他方面“回到奥斯丁”的运动，Morison, *John Austin*, p. 142. 赶紧将自己从奥斯丁理论的定义方面解脱出来。同上，第57~58 页、第146 页。在 Morison 的情形中，这种从定义中撤退的结果导致了一种法律观点，被认为没有反映专业的或日常的理解，而反映了社会科学家的特殊利益。同上，第180~181 页。

同的事情——就像盲人摸象的情形中那样。

在法律制度的情况中，前分析性现象的粗略近似物，是有组织的社会制度（organized social systems）。人们需要增加一些限定词，以某种排除社交俱乐部和类似的松散的社会制度的方式，来强调该制度是有效的，并且声称是全面的、至高的。但是，就这些限定而言，仍然不清楚此现象关涉的定义和描述是否是法理论家们所争议的。例如，一些理论家想要排除某些社会组织——比如部落首领的专制统治——即使这些组织像更成熟的社会一样全面和至高。其他的理论家认为，在这些可分析的素材中，要包括这些原始的组织。〔6〕我们试图描述的每件事物都存在这类分歧，鉴于此，后续的分歧仅仅是起点上的差异的结果，我们该如何防范这种可能？

描述抑或定义。回避这个难题的一种方法是从另一端，以靠椅的概念、而不是棘手的模糊情况开始。因此，我们应选择一个每人都同意的例子，像法律制度，看看我们能就此谈点什么。针对专制部落社会这样特别模糊的情形，我们用来认定法律制度的理由，是否有助于我们决定我们应该谈点什么。最后，我们应该认识到，总会有模糊情形，理论事业的目的不是为术语的使用提供必然条件和充分条件，而是去解释正常情形的特征。〔7〕

但是，在我们描述了一个标准的社会制度和部落酋长制的社会之后，第一章中隐藏的问题显现了：接下来要做的、具有智识兴趣的是什么？有一些描述能揭示两个社会

〔6〕 对比 John Finnis 的 *Natural Law and Natural Rights*（Oxford：Clarendon Press，1980），pp. 5-6，267，和 Hans Kelsen 的 *General Theory of Law and State*（New York：Russell and Russell，1961），pp. 19-22.
〔7〕 参见 Hart，*The Concept of Law*，chap. I.

彼此之间相同和不同的范围，为什么不满意这些描述呢？尽管我们可能为了方便，使用间接用语"法律制度"作为近义词，表示一系列描述性特征，但是，说一个社会制度是法律制度而另一个不是，这没有贡献新知识。

定义的合法律性。 在这点上，留给理论家的一个可能 22 就是，着力甄选出社会中的某些描述性特征作为法的本质要素（the essence of law）。通过诉诸人类目标（human purposes）来检验定义。问题中的现象和语言所提供的预先的主题归类（the prior classification scheme）是两件事，诉诸对这两件事的目标的影响，也可检验定义。我们为什么会在一开始就分开定义靠椅和沙发，而不是单一定义为家具？对这个家具的概念进行多样化的描述，一种可能性就是，我们碰巧需要一个东西去靠和坐，其所服务的目标常常足以证成概念的区分，使得我们不需每一次都重复冗长的描述。假如这就是对"指引我们使用语言的潜在原则"的最合理的解释，[8] 那么，我们就能以我们的方式很好地描述一些模糊情形，如情人座是靠椅还是沙发。假如其长度不足以容纳平均体型的人斜躺，那么，最好就把它归为大靠椅而非沙发。假如，两人座大靠椅对我们来说很重要（或者对像情侣这样的团体很重要），我们着手区

---

〔8〕 同上，第 14 页。文中描述的定义方法在很多方面类似于哈特的方法，但在这里的主张中有所不同，即主张我们正在寻找"指导我们使用（'法律制度'一词）的潜在原则。"哈特拒绝这种可能性，因为他认为，没有更广泛的属或"法律是其成员的熟悉的、易于理解的一般类别"。同上，第 15 页。相反，文本认为存在更广泛的属——即有组织的社会制度——通过能把社会凝聚在一块的社会纽带的类型，我们将这个一般类别划分为可区分的组成成员。该属的组成成员及其相关类型的社会纽带主要是：①强制性制度（强力）；②法律制度［初显性（prima facie）道德义务］；和③道德制度（终极道德义务）。

分两人座大靠椅所服务的目的时，也许就觉得确实需要一个新概念："尽管'情人座'和靠椅或沙发既像也不像，但它既不是靠椅也不是沙发。"[9]

从定义的视角，很容易发现像奥斯丁这样的古典实证主义者能回应如下的批评：法律命令模型无法解释很多人所持的规范性态度。这个回应也许是这样的：垫子和摇晃是靠椅的必备要素，与此相比，对于法律来说，这种规范性态度没那么必备。许多人持有这种规范性态度，这仅仅是他们性格的偶然，或者是他们对特定法律制度的兴趣的恰巧重叠，此规范性态度不是法律的必然特征。毕竟，有些人也许会积极回应劫匪，怜悯特定匪徒的遭遇，或者同情恐怖主义事业的正义性。然而，这种可能性不导致人们改正他们的判断：一般来说，劫匪情形具有胁迫性。此外，正如我们之前所认为的，假如所有人都认为"规范性"就是"不受胁迫"，那么，劫匪也许对他们的权力地位具有最低限度的规范性态度。所以，即使社会的官员中广泛存在这种规范性态度，这与法律制度必然具备强制性

---

〔9〕 对于为什么将靠椅与沙发区分开来，可能还有其他似是而非的解释。文本主要侧重于功能，但即使有此侧重，"靠椅"可能主要指一人座椅，而大一点的情人座是"小沙发"。人们也许还认为，为了回应某些感知事物的自然方式，人们在语言上描述世界，这可能使相对的大小或形状与功能一样重要。因此，尽管凳子也是一人座椅，但它既不是靠椅也不是沙发。这个观点甚至用到了现代认知心理学理论，来支持自然本质的"老式"观念。无论如何解释，当人们捍卫"真实"定义时，人们所尝试的理论模型仍是相同的。参见 Richard Robinson, *Definition* (Oxford: Clarendon Press, 1954), pp. 16, 62, 149-151。人们通过考虑现有分类方案表面上所服务的人类需求（在功能和对环境的人性自然反应的意义上），来寻找该方案的潜在原则。在法律制度概念的情况下，大多数现代理论家都认为，法律制度的概念的功能是提供潜在原则的线索。参见 Finnis, *Natural Law and Natural Rights*, pp. 6-7.

的观点并不抵牾。

尽管，针对奥斯丁理论的分析性批评，缺乏实践意义，但从定义的视角看，这种分析性批评似乎丧失了它们所具有的描述力（descriptive force）。假如奥斯丁的目标是成功说明威胁性惩罚是法的本质，那么，奥斯丁对如下主张做出了简单回应，该主张即对于各种法律适用而言，强制模型（coercive model）并不正义。从奥斯丁的观点来看，除非某人像发布命令那样订合同或立遗嘱，否则，其欲望或意愿将会在交换或转移财产过程中受挫，在这个意义上，授权性法律是有益的。在订合同、立遗嘱这些情形中，无效（nullity）是潜在的惩罚，它与其他惩罚措施一样真实，以至于这些法律符合以威胁为后盾的命令模型。[10] 类似地，如果某人用"官员"取代"主权者"，

23

─────────

〔10〕哈特似乎承认，欲望的潜在挫折使得，强制模型可能容纳授权性法律。参见 Hart, *The Concept of Law*, pp. 33-34. 哈特依据另一个论证揭示了，无效不能被视为制裁。与刑法不同，在刑法中，可以删掉制裁，并仍然留下可理解的行为标准，但哈特声称人们不能同样删掉无效之制裁，仍然留下有意义的行为标准。"但是在逻辑上，我们却不能区分要求遵从特定条件的规则，例如，有效遗嘱的证明，和所谓'无效'的制裁。就这个情形而言，如果没有遵从必要的条件，也不导致无效，此规则本身不能被理解为是不带制裁地存在，即使是非法律规则，也是如此"。参见 Hart, *The Concept of Law*, p. 34.

这似乎不正确。即使没有必要数量的证人，也可以支持一个遗嘱，同时批评立遗嘱人在证明其意图方面造成了额外的问题，这可以通过规则所规定的证人来避免。简而言之，授权性规则确立了行为的可理解性标准，甚至删掉了无效之制裁，只要规则要求行使权力的特定方式，存在一些理由或实质目的：为什么合同需要对价（Consideration）、遗嘱需要证人、司机需要通过上路考试等理由。即使我们决定支持遗嘱或合同（即删掉无效之制裁），这些理由也为批评提供了标准和依据。

能适用哈特的批评的唯一规则是纯粹构成性规则——像游戏规则一样。（不允许主教像骑士一样移动，同时仍然保留关于主教如何移动的规则。）一些法律规则可能是纯粹的构成性规则，例如定义法院管辖权的规则，哈特也

那么，法律约束主权者和臣民之类的批评的力度会减弱一些 *。因为，在某种程度上，官员也能忽略既存规则，"所有的继承者都是成功的"，在这项事业中，官员恣意地接受或实施新规则。[11]奥斯丁的观点必须做出让步：不是法律，而是那些游离在奥斯丁视野之外的东西，将约束掌权者。

法律制度的定义。奥斯丁也必须捍卫他的主张：把某个制度归为法律制度的决定性特征。比较而言，椅子的例子似乎相对简单。对椅子的其他重要方面的所有内部态度（internal attitudes）似乎与定义难题无关，因为很容易地看

认为这是强制模型的反例。但是，正如哈特所承认的那样，强制模型以另一种方式，容纳纯粹构成性规则：它们成为实施制裁的定义性条件的一部分。参见 Hart, *The Concept of Law*, pp. 35–38. 哈特现在唯一的异议是，这种模型扭曲了规则的运作方式——例如，通过显得法律是发布给法官而非市民的，也通过让区分税收与罚款得以不可能。然而，这些异议似乎并不适用于纯粹构成性规则的情形，正如那些定义法院管辖权的规则，这些规则毕竟是针对法院发布的，而且是纯粹构成性规则，只能是定义的一部分（正如关于主教如何移动的规则只能是主教移动的定义）。正如在税收和罚款的情况中那样，异议确实适用：在描述法律的本质时，认为存在扭曲的主张引出了争议：关于这是否是个扭曲以至于忽视了除了坏人视角之外的任何视角。参见 Hart, *The Concept of Law*, p. 39.

* 在《法律的概念》第三条中，哈特对奥斯丁的其中一项批评是：主权者发布的法律不能约束主权者自身。此处指的是这个批评会减弱。——译者注

[11] 参见 Hart, *The Concept of Law*, p. 149. 哈特认为，法院有权让其（集体）意志决定法律，此权力仅限于"先前不能面对的问题"。但他的模型中没有任何内容限制法院的理论权力，在无争议的规则的情况下做同样事情的理论权力。即使根据哈特的说法，在"已确立的可能性"的情形下也是如此。参见 Hart, *The Concept of Law*, p. 142. 如果官员接受违反宪法的新规则，并且能够实施他们的决定，我们将有一个新的法律制度。可能存在一些经验性约束，妨碍了官员接受任何规则，这个事实并没有基于这个理由将哈特的官员与奥斯丁的主权者区分开来。另见上文注 4。

出，椅子主要用于坐，但颜色或舒适度等是额外的可识别的其他方面。但是，法律制度主要是为了什么？前分析性现象认为，是和我们利益攸关的社会控制（social control）。这是"种"（genus）或一般类别。正如我们对坐或靠的明显兴趣就能解释，我们何以能把家具这一种划分为椅子和沙发，因此，某人现在能寻找目的和兴趣，这些目的和兴趣能解释我们可以能进一步区分有组织社会制度的一般种类。一种可能性是，我们对不同的社会控制方式感兴趣——依据纽带的性质来区分社会团体，这种纽带使得社会是有效运转的（effective），也使得社会是一个系统，而不是行为的偶然一致。

现在很容易解释古典实证主义者的诉求。强力（force）或强制力（coercion）是用来刻画法律命令的纽带，是避免组织性惩罚的普遍的、审慎的关切，为捍卫此主张而激发的关切。我们使用术语"法律的"一词来标记某些社会制度，是否有有效的武力威胁为后盾，区分了法律社会制度和非法律社会制度——正如我们创设了"沙发"用来指称我们能靠在上面的家具一样。不管人们欲求其他什么，道德哲学家把"首要善"（primary good）定义为每个人都欲求的东西（从而避免此难题：列举人们可能或应该想要的全部东西），因此奥斯丁、边沁以及霍布斯，可能会捍卫法律具有强制性的观点，或者捍卫坏人视角：无论其他任何人的兴趣是什么，每个人都至少想知道违法导致的审慎后果。一些东西是法律，或者从社会的期待角度看某些东西是法律，如果某人对前述判断的道德相关性也有兴趣，就让他去找牧师或道德哲学家或社会学家，而不是找法理论家或律师。

假如某位现代实证主义者回应古典实证主义者的主

24

张，那么，他必须解释，为什么反思自愿服从（voluntary allegiance）（至少是官员们的自愿服从）观念的分类计划是重要的，这种自愿服从的观念与强制的观念一同被称为社会法律秩序（social order legal）。在不考虑所接受的社会标准的强制性维度的情况下，能解释尊重这些社会标准的一般人类目的或人类关切，它们是什么？哈特对这个问题的唯一答案是，在不考虑惩罚的情况下，困惑之人（the puzzled person）或无知之人（the ignorant person）可能想符合社会期待。[12] 但是，使得这些自诩的符合主义者（conformist）的关切如此重要的事情，似乎与普遍期待不一致。每个人都有避免组织性惩罚的关切，但是，很少有人真正地把他们自己当作为了服从而服从的符合主义者。目前为止，被看作是失礼的担忧，低于担忧被惩罚，就对分类问题（classification question）的尊重而言，迫不得已在奥斯丁和哈特之间选择的话，更倾向于选择奥斯丁的观点。[13] 困惑之人最多像那些认为椅子的主要功能就是使人舒适的人：即使困惑之人在选择椅子的时候，把舒适作为主要的、排他性的功能来考虑，但困惑之人又不依赖于这个功能"定义"椅子。由此，自诩的符合主义者也许主要关切的是反映官方期望的法律，但这并不是我们认为符合主义者反对下述观点的理由，即决定法律**是**什么的主要功能（main interest）是奥斯丁所识别出来的那个。

---

[12]　参见 Hart, *The Concept of Law*, p. 39.

[13]　必须注意不要混淆对法律而言，什么是重要的，这一问题，和在决定是否将某些事物归类为法律而言，什么是重要的，这一问题。每个人都可能会认为，对靠椅而言，舒适是最重要的，但这并不意味着，某物是否是靠椅取决于它是否舒适。有关这一点的进一步讨论，请参阅 Philip Soper, "Legal Theory and the Problem of Definition," 50 *Chicago Law Review* 1170, 1188-1190, (1983).

考虑一下，某人如何对以下情况中的"假如"问题做出回应：假如一个特定的有组织的社会制度没有展示规范性态度，而现代实证主义者相信规范性态度是法律制度的典型特征？假如无人在法律陈述中使用义务性语言，而仅仅说某人被迫做什么，这样的社会仍有法律制度吗？有一种观点认为，规范性态度是法理念的核心，可以看到，为这个观点辩护的任务是何其艰巨。

这个问题的关键不在于，假定每个反对理由必须符合现有的语言方案。人们使用模糊性案例，不在于相信每个术语的应用都有必要和充分的条件，而是作为一种方法，来测试特定特征是通常或典型案例的重要部分。例如，如果被问到一件只有三条腿的家具是否仍然是椅子（而不是凳子），我们可能不知道该怎么说，因为我们的语言可能不会如此精确地绘图。但是，如果询问物体是否应该摇晃或有垫子，才可以成为靠椅，我们知道该说些什么。同样，如果有人向奥斯丁提问，某个社会中，指令不附带惩罚，该如何作答？很容易理解奥斯丁的假想性回答：此制度不是法律制度。如果我忽略惯例，如果没有任何事情发生在我身上，那么，就不能将此制度与道德标准或其他社会标准区分开来。因此，首先要提升奥斯丁辩护类似问题的力度：现代实证主义者坚信法律的典型特征是规范性态度，如果特定社会中并不存在此态度，人们会如何回答呢？有四种可能的答案。

1. 有人可能会声称，这样一个社会在逻辑上是不可能存在的。行使权力的观念至少意味着一些不服从制度的人是不被强制的，并且自愿接受某人的位置就是存在规范性态度。但是，如果这就是法律制度中的规范性态度，我们已经看到，它远未违背强制性模型，仅仅有此端倪。

2. 也许有人认为纯粹强制性体制在经验上是不可能的，并认为，只有具有足够程度的自愿接受的体制才会幸存。但是，法理论家不会进行调查来检验那些人观点的正确性，那些人认为规范性态度是法律的典型特征。此外，那些人的观点在经验上似乎是错误的。没有自愿服从的强制性体制可以而且确实存在，但这超出了主要官员自愿接受其角色这一想法的含义。[14]最后，所有的天鹅看起来都是白色的，证明白色是"天鹅"的必要特征，即使关于强制体制的经验性主张是对的，这个经验性主张也不能比"天鹅"更好地回答我们所探究的问题。

3. 有人可能会承认，有组织的强制性制度可能存在，并可能仍是法律制度，这符合折中观点：在绝大多数正常的法律制度中，我们所说的规范性态度是重要的附加特征。不幸的是，这个回答过于折中以至于不能完全算是回答。它回避了这个观点：法律必然具有强制性，这个描述替代了作为法理论目标的定义。但是，假如某人仅仅描述正常法律制度的各种重要特征，而不坚持认为某些特征对于法观念来说是必备的，那么，他也并没有提出一个例子反对奥斯丁的理论主张。此外，某人也许有合理主张认

---

〔14〕 在 Michael Polanyi, *Personal Knowledge* (Chicago: University of Chicago Press, 1958), pp. 224-226. 中，"没有一些自愿性支持，就无法行使权力"这一普遍假设遭到了攻讦，Polanyi认为，尽管我显然没有进行过实证调查，但纯粹的强制性制度能够存在并且确实存在，对我而言这是正确的。在任何情况下，法实证主义者主张法律与自愿（官方）忠诚的观念之间，存在概念性联系，法实证主义者似乎并不否认纯粹强制性制度在经验上的可能性。在这种情况下，法实证主义者，要么必须解释这种强制制度为什么不被视为法律制度，要么必须承认，他只描述了大多数正常法律制度中的各种重要特征——一项事业，这项事业使得增加道德理想对它而言是合理的，大多数正常法律制度也声称含有此道德理想。另见下文注21。

为，鉴于绝大多数正常法律制度倾向于体现某些最低限度的道德标准（minimum moral standards），所以，正如法律和规范性之间有联系一样，可以在法律和道德之间建立稳固的联系。然而，现代实证主义者常常迫切地把大多数法律制度体现道德标准这一事实，仅仅作为偶然事实而加以忽略。[15] 如果对法律的规范态度可能是许多特征中的其中一个，而这些特征恰好在大多数成熟的法律体系中存在，那么，它也可以被视为仅仅是偶然的而加以忽略。

4. 最后的可能性是，承认纯粹的强制性制度或许存在，但否认它是法律制度。此主张直接挑战法律必然具有强制性的古典观。但现在必须为这一主张辩护，人们必须证明法律概念的含义是什么，使得该法律术语延用（extend）到非强制性制度是合理的。

总而言之：①奥斯丁法律模型在定义上进行了尝试，它声称法律的本质是强制性，其他特征不是本质特征；②这种法律具有强制性的主张与人们的规范态度兼容。事实上，甚至以威胁为后盾的命令理论中，在那人发出命令时，也至少需要一个（非强制性）规范性态度；③为了超越强制模型，必须满足两项要求：第一，必须以一种方式描述作为法之本质的规范性态度，这种描述的方式能把规范性态度，从行使任何事实权威所蕴含的东西中区别开来；第二，人们必须作为定义问题来捍卫这种观点，即这种特定态度是法律制度的必要部分。

现代实证主义：探究规范性

在应对奥斯丁的挑战时，现代实证主义者面临一个困

---

[15] 参见 Hart, *The Concept of Law*, pp. 199-200.

境，通过对比哈特和凯尔森的理论，能寻觅到关于这个困境的最佳例子。哈特和凯尔森这两位理论家都发展出了法律的非强制性模型，这些模型试图抓住法律中的规范性要素。鉴于刚才所描述的成熟理论的要求，这两位理论家都不符合上述两项要求，但方式不同。凯尔森符合第一个要求，他真的有些神秘，他认为对法律的特定规范性态度不仅仅是任何种类的非强制性态度（uncoerced attitude），甚至在匪徒们之间也可能存在这种态度，凯尔森认为这种态度应该是类似道德性认可的那种对规则的强烈认可，而这种道德性认可显示了个体对最基本的价值体系的态度。但是，凯尔森没能设法满足第二个要求，假如某人说他所说的是法律制度的话，第二个要求解释了此强烈的道德性认可的态度为什么必须存在。哈特对第二个要求所蕴含的定义问题过于敏感，通过代之以法理论的目标这一描述，哈特似乎完全抛弃了定义的事业。这导致对法律的规范性态度不能把法律从强力中区分出来，也导致了凯尔森与哈特在如下观点上相抵牾：在法律模型中，保有义务的观念是重要的。

纯粹性的代价

正如凯尔森自己所言，其"纯粹法理论"有个恰当的名称。他认为劫匪和税务官之间的差异在于，税务官的背后是法律，法律的背后是宪法。如果我们假设我们应该尊重宪法，那么这解释了我们为何尊重税务官。

"如果你妈有车，那么……"，孩子们玩这类型游戏，总是这样开始。凯尔森的理论毫不掩饰其假设性本质，不仅丢下证立性难题不管（因此该理论的"纯粹性"），而且丢下可想到的其他难题，包括法律和强力之间的区别，此难题可能具有智识上或实践上的兴趣。凯尔森没有试图

通过诉诸劫匪与法律命令之间的客观差异，来解释或描述
规范性回应方面的差异，更不用说证立规范性回应方面的
差异，凯尔森仅仅告诉我们，如果某人预先假定法律制度
基石的规范有效，那么，这种融贯性（consistency）将使
得这种规范性的回应，也扩及于和法律制度有逻辑联系的
部分*。事实上，回应任何外部强加的要求或强加的行动
理由，都面临描述时的难题，人们恰好遇到了对此难题的
类似分析。乞丐的要求提供了施舍的道德理由吗？"只有
宗教创始人制定的一般规范是有效的，它命令'爱你的
邻人'。只有假定人们应该按照宗教创始人的指示行事
时，后面的规范才是客观有效的。"〔16〕我养的植物需要水
是否引发了我的尊重性回应？如果有，那就确实如此。公
牛或母牛是否值得尊敬？如果你这么认为，那你就这么认
为。是否需要崇拜月亮？如果它是你的规范结构的一部
分，那么你会如此看待它。对于任何有意义的研究而言，
这些回应都是答案，但它们既没用又啰唆，这应当是显而
易见的。

　　凯尔森对法律共同体和犯罪团伙之间的差异进行了简
明扼要的讨论，这最接近于说明，法律情形中那至关重要
的规范性态度的产生原因。犯罪团伙不能发布法律命令，
"因为没有预设基本规范，而根据基本规范，人们应当遵
守命令。但是，为何没有预设这样的基本规范呢？因为，
离开了基本规范的预设，犯罪团伙的命令就没有最后的效
力……与构成匪帮的强制命令相比，把强制命令认定为法

---

　　* 会以层级的模式扩散，例如假定了基石是有效的，那么对法律的规范
性态度会扩及对法律背后的宪法的规范性态度等。——译者注

　　〔16〕　Hans Kelsen, *The Pure Theory of Law*, trans. M. Knight（Berkeley: U-
niversity of California Press, 1970）, p. 8.

28 律命令更具有实效性（effective）。"凯尔森继续说："让团伙针对特定区域树立有效的统治"，并且，"强制命令确实会被认定为法律命令，由此构成的共同体可能会被认定为'国家'"。[17]

至少这里具有融贯性（consistency）。假如某人无法解释规范性回应的差异，那么就必须着手承认劫匪也可以得到适当的规范态度。所需要的只是一点调节（conditioning）。行凶行为也许偶尔会得到规范性态度。但是，让劫匪像税务官那样，有组织性地定期造访街坊邻居的商店，或者最好将他们看成是勒索保护费的组织（protection racket），或许人们希冀看到规范性回应发生了适当的变化：从道德愤怒变为道德尊重。

贫乏（*sterility*）。在这里，凯尔森似乎提出"公民守法心理的社会科学激励"，这种激励好像"超出了纯粹法理论的关切范围"，[18]这也是此方法中问题最少的。更严重的问题是，因为前面章节给出的原因，从一开始就注定了法理论是贫乏的。想知道是否存在好的理由以区分规范性回应的局内人，做好准备，挑战自己，调节（conditioning）一下，会发现凯尔森的理论对他们没有丝毫用处。即使经验上也认为，如果认真对待人类经验，规范性回应与强制性命令之间的有效链接也被歪曲了。无论多么具有实效性，勒索保护费的组织（protection racket）毕竟是黑帮。哪怕团伙维持了多年的有效统治，小喽啰们依然把整个体制视为法外之国，也不会比犯罪团伙拥有更多的统治正当性。

---

[17] Ibid., pp. 47-48.

[18] Graham Hughes, "Validity and the Basic Norm," 59 *California Law Review* 695, 702 (1971).

不仅局内人发现他们的忧虑被匪夷所思地忽略了，而且，如此对待法律和强力的差异，也引不起局外人的兴趣。法律制度和纯粹强制制度之间的差异变成了这样一个差异：仅仅用作标签，用于指明哪些权威性关系以无法解释的方式依赖所声称的规范性基础（the asserted normative basis），哪些权威性关系不依赖所声称的规范性基础。在任何实际的体制面前，人们必须放眼去看是否存在适当的规范性态度。经验调查能发现人们的规范性态度，标签和分析性练习徒费工夫。

前面讨论了奥斯丁提出的挑战，那些讨论使得我们很容易看出凯尔森理论中遗漏的内容。为了超越法律的强制模型，凯尔森满足第一个条件：即他从自愿接受的最低态度中，区分了对法律的规范性态度——一种道德态度——即使在匪帮中也能发现这种自愿接受的最低态度。但是，凯尔森没有进一步为其表面上的语义性主张辩护，这个主张认为法律制度的概念必然蕴含这种态度的存在。即使冒着赘述之险，也要重点指出凯尔森理论的鸿沟。凯尔森主张，鉴于继任这个事实，无论是对于团伙成员，还是对于所控制的市民，继任的匪徒将对其所发布的规则产生新的规范性态度，我们假定，凯尔森在这么主张时的前提性**预设**（arguendo）是正确的。最好把这一主张当作经验上或心理上的概括，它才看起来正确。但这一主张不具有语义上的正确性，正如单身汉是未婚男这样的主张，又或者全称经验真命题，例如所有的天鹅都是白的。所以，人们能顺利地设想一个有效的体制，这个体制具有纯粹强制性，但是包括统治者在内，无人在凯尔森的意义上对规则抱有

29

或预设那种规范性。[19]如果凯尔森打算将他关于规范性的观点视为语义性观点——关于"法律"意义的观点——他必须捍卫此观点，像定义事件那样来解释，我们为什么不应该把这些纯粹强制性体制看作法律体制。

凯尔森试图弥补这个鸿沟，他论述说，纯粹强制制度并不是法律制度，这给实证主义者带来了两难困境。当提议限制"法律"以排除道德上邪恶的制度时，不抛弃实证主义明确的敌对立场，就不能捍卫此观点。在后一种情况下，为了选择更广泛的而非狭隘的概念，实证主义既有理论上的原因又有实践上的原因。至于理论原因，实证主义者坚持认为，把对恶法的探究丢给"另一个学科"，只会导致混淆，"并且，其他研究形式确定不能从对恶法的研究中得到好处"。[20]但是，有一些体制，没有包括官员在内的任何特殊团体的规范性认可，完全依赖强制来实施其指令，把研究这些体制的任务交给其他学科也导致同样的问题。毕竟，在当下的研究中，社会控制的具体方式中最显著的特色就是组织性惩罚。在某些社会中，根据批判性道德，其体制可能正确，也可能错误，对这种体制的基本规范的官方规范性态度，也许能补强这种控制形式。正如我们所见，在其他社会中，可能完全没有官方的规范性态度，只有有效的执法，最好的情况下，还伴随着消极默认所施加的规则。在这两种情况下，社会体制的有效性，使得社会运转、也使得研究具有看似可行的对象。排除对这些不道德体制的研究是人为的，但是排除对那些依靠强力、恐惧和惯性而运转的体制的研究，就不是人为的，实

---

[19] 参见前注14。

[20] Hart, *The Concept of Law*, pp. 204-206.

证主义者的理论不能解释其原因。[21]

实证主义对排除恶法（iniquitous law）的实践性批评，源自此主张中的法律概念，这种主张认为，道德义务问题与法律义务不相关。由此，能安全地把不道德的制度看作法律制度，而不影响可以做什么的终极难题。事实上，这种观点塑造和澄清了道德研究。但是，此论证能更清晰地适用于那些在强制体制中的个体们：他们也必须把可以做什么的道德难题与所面临的"法律"要求分开。那么，把纯粹的强制制度从法律的定义中排除，其实践上的好处是什么？如果有任何好处的话，那就是这么做能混淆道德研究，因为，比较对强制制度的道德义务与对规范性制度的道德义务后，有不同的结果。但是，实证主义从没主张过这个命题，事实上，鉴于实证主义对实质道德研究的自我限制，他也不能这么主张。

————————

[21]　在这一点上，有必要注意实证主义法理论中的一个模糊性，即关于纯粹强制性制度——仅通过以威胁为后盾的命令而运作的制度——是否是法律制度。当然，哈特拒斥这种"奥斯丁式"模型，因为像凯尔森一样，他坚持认为接受制度之态度所需的额外的规范性要素的重要性。但拒斥强制模型要么意味强命题，要么意味着弱命题。强命题是，任何纯粹的强制性制度都不能算作法律。（参见 Raz, *The Concept of a Legal System*, pp. 128-137, 149-150, 在那几页中，拉兹说，以胁迫为后盾的命令是规范，但不像法律那种的意义一样施加义务。）弱命题把强制制度解释为法律，但会强调接受规则的附加特征，因为它是大多数复杂制度的流行特征。鉴于文本中有充分地解释过的理由，只有强命题才有意义。毕竟，如果纯粹的强制性制度是法律制度的话，那么修正奥斯丁的理论有什么意义，仅仅因为它忽略了某些额外的、但在假设上是非必要的特征？倘若像哈特这样的法实证主义者拥护弱命题——强制性制度是法律制度，但缺乏一些重要的附加特征——那么人们可能会继续在理论中添加尽可能多的能识别的重要特征，例如，包括本书所强调的特征。另见 Finnis, *Natural Law and Natural Rights*, pp. 13-14. 无论哪种方式，在解释法律时，选择采纳和排除某些特征方面，当前的实证主义法理论显得具有随意性。

简要概括这里的困境。实证主义坚持保有其理论的纯粹力，无论是规范性裁决（normative judgments）的基础，还是规范性裁决的本质，实证主义都不予置评。然而，实证主义同时坚持认为，法律是一套规范性制度。坚持第一个立场导致这套理论既不能给局外人也不能给局内人提供一个解释或证立规范性态度的标准，而其所坚持的第二个立场又假定规范性态度是任何法律制度的典型特征。结果，第二个立场本身——法律具有规范性——开始显得有些武断。

不融贯性。和避免任何两难困境一样，避免这个困境也不外乎两个方向中的任何一个。一个方向是，抛弃法律必然具有规范性的主张，并由此承认税务官和劫匪的区别仅仅在于实效性和组织性的程度和范围不同。或者是，以一种方式提供一个刻画显著法律态度的标准，旨在鉴别并解释法律和强力之间的差异。

哈特选择后一个方向，凯尔森改写了哈特的理论，其理论完全由更琐细的描述构成，更细致地描述了法律命令和刻画义务规则的规范性态度。应注意的是，所描述的特征仍然仅仅是这类：外在观察者、局外人能用这类特征鉴别出合适的规范性态度。为了便于局内人证成规范性态度，创设了判准，由于政治哲学或道德哲学，这个判准被当作一个事件给回避了。同时法理论的区分力（differenti-ating power）据说变大了*，但由此保存了实证主义理论的纯粹性。导致了对不融贯性的关注。

---

* 这里的"区分力"指哈特发展出来的法理论，因为有了判准，更能清楚地区分法与非法了。——译者注

哈特理论中的不融贯性能被迅速发现。[22]像凯尔森那样，哈特开始道：命令以受胁迫（oblige）的威胁为后盾，相应地，法律以负义务（obligates）为后盾。他以一个理论来结束，此理论旨在维护法律制度中的义务特征。如上所述，这个理论用官员接受规则的观念，取代了以胁迫为后盾的命令的观念。然而，哈特一方面对社会中的义务规则的描述，大大不同于另一方面官员接受法律规则的描述。行动受到社会压力的极大影响，以一种和自利相冲突的方式，这种压力刻画了义务规则，对于社会生活的珍贵特征而言，此方式也是必然的。[23]相反，对规则的官方接受（official acceptance）"也许是基于许多不同的考量：长期利益的计算；对他人无私的关怀；不经反省的习惯或传统的态度；或者只是想要跟着别人走。"[24]对义务

31

---

〔22〕 在 Roscoe E. Hill, "Legal Validity and Legal Obligation," 80 *Yale Law Journal* 47（1970）中，可以找到对《法律的概念》中文本矛盾的罕见而出色的分析。Hill 正确地指出，哈特对第 5 章中对"义务的观念"的描述，证明与最终出现在书中的"法律义务"之图景完全无关。观察这点最好的方法是将哈特在第 5 章第 2 节（"义务的观念"）中的讨论与他在第 8 章第 2 节（"道德和法律义务"）中的讨论进行比较。后一部分的讨论在区分法律和道德方面，收回了第 5 章中关于如何识别"义务规则"（法律不再必须"重要"，它们可以由人类法令产生，它们不一定意味着道德谴责，压力的显著形式是有组织之制裁的威胁）的所有观点。结果是留下了一个法律描述，其显著特征与奥斯丁所识别出来的相同：有组织的制裁。当人们考虑哈特对接受承认规则的理由的描述（参见 Hart, *The Concept of Law*, pp. 198, 226）时，只有一个结论是可能的：哈特的官员的规范态度与奥斯丁的主权者无法区分。毕竟，奥斯丁的主权者（可能是一群人）也有同样的理由接受他（他们）作为权力持有者的职位，在官员们对他们所接受的规则的态度中，哈特也同样要求他的官员。在 David Lyons, H. L. A. Hart by Neil MacCormick, 68 *Cornell Law Review* 257, 262（1983）. 中，Lyons 也简短注意到了哈特理论中的文本矛盾。

〔23〕 Hart, *The Concept of Law*, pp. 83-85.

〔24〕 Hart, *The Concept of Law*, p. 198.

的第一次描述，是描述为强烈的规范性态度，非常类似道德感，在凯尔森那里，似乎被假定为支撑法律制度的基本态度（basic attitude）。对接受规则的第二次描述是，描述为最弱意义上的规范感（the weakest possible sense of normativity）：与隐含在强制模型中的态度相比，没有区别。事实上，比解释自愿服从强不了多少。假如，接受规则无非是出自利己的理由而服从某一制度，那么，很明显，纵使在官员们所接受的法律制度中，强的义务感及哈特所说能鉴别法律制度的特征，也不是法律制度的必然特征。在陈述法律的用语中出现的规范性术语，无须反映审慎用语"应当"的力度，"你应当服从税务官"在规范性上和劫匪的话"你应当交出钱"变得平等。[25]

当然，这是奥斯丁的结论，法律义务的宣称，在含义上等同于如果某人不服从则可能遭受惩罚的断言。如果哈特的模型产生的义务观念并不强于此，则要么意味着，哈特对奥斯丁的隐含式批评（connotational objection）是无根据的（unwarranted），要么意味着，必须为模型添加其他特征，以赋予不同的法律义务感。我将在本章中的下面一节探讨第二种可能性。但值得在这儿考虑第一种可能性。为什么现代实证主义者如此相信奥斯丁是错的？又为什么如此相信，与某人被迫（obliged）去做什么的断言相比，法律义务的宣称意味着更多？

对此问题的标准答案依赖于这样的例子：据称，即使不可能受到惩罚，但某人仍会认为负有法律义务——

<hr>

[25] 对哈特理论中的此困惑的富有启发性地分析，参见 Gerald J. Postema, "Coordination and Convention at the Foundation of Law," 11 *Journal of Legal Studies* 165, 169-171 (1982).

如因为某人贿赂法院或逃离这个国家。[26] 但这些例子是错的。奥斯丁的理论所说的是，无论惩罚发生的概率有多小，这都不同于我们说，**有可能**（*likely*）受惩罚。因此，贿赂法院、逃离国家，或在定罪后没有判刑而免于处罚（因为有关法律仅规定最高刑罚但没有最低刑罚）都不带来预期的效力。这些情形中的任何一个，都存在一定的经验性概率来实施惩罚（或可能已经实施）。行贿有可能会被发现，逃亡可能会被遣返和意外或自愿归来，在授权的最高限额内，法官可能会判刑。每一种可能性都符合如下观点：存在（或者曾经存在）一项法律义务，仅仅表示存在（或曾经存在）处罚的概率（a chance of harm）。

如果某人检验奥斯丁的观点，他所想象的应该是这样一个情形，在这个情形中，绝不存在惩罚的概率。但是，我们所能想到的唯一这种倾向就是死亡（或者在诉讼时效的情形中，法律自身的死亡）的涉入，在这些情形中，我们也许**不能**说依然负有法律义务。简言之，如果人们牢记正确的例子，当说某人尽管没有受罚的任何机会，但负有法律义务时，就会合理地得出矛盾的结论。奥斯丁的看法过于流行，以至于不能诉诸语言实践予以反驳，划分法理论家时存在一些不确定性，语言实践可能用来反思类似

[26] 在 Hart, *Essays on Bentham*, p. 135. 中，哈特讨论了法律义务之陈述与惩罚的可能性之陈述的关系，认为这些陈述不具有相同的含义。在 Hart, *The Concept of Law*, p. 83 中，哈特对法律义务之陈述和这种陈述（"不存在那一丁点被逮到或使其受到伤害的机会"）之间的关系，提出了类似的论点。正如文本所示，哈特在后一种情况中（逃避管辖权或贿赂法院）所使用的例子，并不是除了死亡之外，所有遭受痛苦的机会都可以在经验上排除的例子。如果通过假设将其排除在外，那么认为仍然存在法律义务的矛盾主张是合理的。

的不确定性。

奥斯丁的观点不可能区分税收和罚款，[27]类似的矛盾结论适用于奥斯丁的这个论断。此论断也引出了问题，即事实上，我们是否确实在收税和罚款之间制造了一个**法律**差异。罚款情形中的额外性惩罚的可能性并没有反映收税和罚款之间的这个差异。假如某人决定把停车票看作"税"，并且，为了避免参加重要会议中迟到，停在了残疾人专区，什么东西能有助于解释这种像"纳税"一样不受赞许的行为？这个信息不意味着"坏人"，更不意味着告诫说：城市委员会已经通过一套解决方案以表明城市的立场，即人们不能在残疾人专区停车，但如果他停了，针对此行为没有增加处罚。奥斯丁认为这些不附带惩罚的法律没法和实在道德（positive morality）相区别，因而不是法律。引发罚款的行为是要受谴责的，而引发税收的行为不受谴责，留意这点依然不能反驳奥斯丁的上述观点。问题在于，这是否是**法律**上的谴责，并引起一项**法律**义务。事实上，社会不想澄清收税和罚款之间的差异，这使得故意（deliberate decision）把罚款当作"税"将会有风险：遭受附加处罚。为了追求打人的乐趣而实施了加害行为，侵权法中的惩罚性赔偿（punitive damages）阻止人们故意为加害行为交"税"。藐视法令之条款（scofflaw provisions）同样可以从重处罚那些蓄意违反停车场管理规则的人。这些事实凸显了奥斯丁——霍姆斯式的观点。社会不支持把罚款从收税中区分出来，不愿意仅仅依赖于这种做法，我们反思社会的这种不支持，针对故意将罚款转化

33

---

[27] 参见 Hart, *The Concept of Law*, p. 39, 提出了对凯尔森观点的反对意见。这一观点也被提出了，作为对哈特在《论边沁》中第133~134页提出的义务的概率论的反驳。

为税收的行为，这种不支持（从法律上）留下了附加处罚的可能性。

对奥斯丁理论的第三种驳斥是，哪怕对处罚的预测（predictions of harm）向许多人阐明了"法律义务"是什么，但是，对处罚的预测不能借助那几个词阐明法官是什么。法官援引法律作为施加惩罚的理由，不是作为预测惩罚概率的工具来援引法律。[28]这种驳斥的缺陷在于其没有提供任何替代性说明，以向法官解释义务**到底**（*does*）意味着什么，不同于这个观点——义务的语言仅仅是以另一种方式言说法律有效性（legal validity）——依此观点，说某人负有义务去登记汇票（register for the draft），仅仅是表明，在法官所接受的规则中间，有一条规则具有这种效果（to that effect）。但是，这是完全不具有规范性的"义务"的一种用法。假如，这就是哈特的理论模型中义务的意思，那么它有助于阐明其理论中的矛盾。哈特认为，法律规则能被归类为社会中的基本义务规则。这个看法似乎不符合这种法律理论模型，在这种理论模型中，仅当规则是有效的情况下，规则才是法律规则，其有效是指官员出于任何理由而接受规则，并且，正如在其他义务规则的情形下，官员接受的理由不必然反映重大社会目标。（在除了有效性的任何意义上）人们能从此理论模型中推

---

〔28〕 参见 Hart, *The Concept of Law*, pp. 10-11, 82, 143. 从法官的视角，法律的预测理论必须具有逻辑循环性，这个普遍假定受到了 Anthony D'Amoto 的强烈挑战，Anthony D'Amoto, "The Limits of Legal Realism," 87 *Yale Law Journal* 468, 495-505（1978）. 哈特的主张似乎只是说，预测理论对法官视角做了不准确的描述，而不是说它们在逻辑上是循环的。

出有关义务的任何结论，这样想就错了。[29]

总之，假如关于法律责任（legal duty）的宣称仅仅是说明，接受的是什么规则（比较国际象棋的**描述**），这就完全不是规范性宣称。假如这些宣称是对处罚概率的预测，那其含义就无法和以威胁为后盾的命令相区别。仅仅剩下两种可能性。第一种可能性是表明，法律义务的宣称如道德义务的宣称那样，具有相同的基本含义；第二种可能性就是，与某些事情相联系的"法律义务"是完全不同的：不是道德义务，也不是责任的惩罚理论。

与第一种可能性相对应的第二种可能性似乎有些奇怪。第二种可能性认为，哲学家们就法律义务与道德义务的联系有争议，形成了至少两种观念：相联系或相区别，没有形成一个义务的本源观念（root idea）。然而，当某人谈论允诺性义务或家庭义务时，不会认为他谈论的是义务的新形式，而仅仅是守信或赡养家庭的道德义务。因此，正如某个与法律有效性不同的概念一样，谈论法律义务时，不误人子弟的方式也是谈论遵守法律的道德义务。

34　本书为此常识观点辩护。不过，纵使辩护失败，替代性观

---

〔29〕　这是希尔在上文注 22 中《法律效力和法律义务》一文中提出的观点。另外也注意 "H. L. A. Hart on Legal and Moral Obligation," 73 *Michigan Law Review* 443（1974）. 有人认为希尔的批评过度混淆了"本身能决定义务的规则，和出于一些理由有义务遵守的规则，"据此，希尔不融贯地对待义务。MacCormick, *H. L. A. Hart*（Stanford：Stanford University Press, 1981）, p. 59. 如果 MacCormick 的意思是将法律置于出于一些理由而有义务服从的规则范畴内，那么法实证主义者就不能告诉我们，他们属于那个不参与实质道德哲学的领域，就像在本书中那样。但如果 MacCormick 只是为了捍卫哈特的观点：法律应该被列为人们认为存在一些理由去服从的规则，那么当哈特如此微弱地描述接受法律的必然态度时，他就会遇到文本中提到的矛盾。另见 Hart, *The Concept of Law*, p. 226，在那一页，他声称法律制度不必然依赖于遵守法律的可感知义务。

点似乎不能主张，某人必须设想一种不同（但令人费解）的义务观念（sense of obligation）；替代性观点似乎认为奥斯丁是对的。当然，阐明道德义务本身的意涵并非易事，并且，许多哲学家认为，道德语言也能被化约成基于惩罚的责任理论。[30]但是，因为很难精确地说道德责任的意涵，所以，说另一个更晦涩的义务概念有存在空间的见解，显得奇怪。假如法律义务的宣称，像道德义务的宣称那样，不共享相同的本源指称（root meaning），那么，法律义务的宣称可能仅仅是对法律有效性的说明，或者是对惩罚之概率的预测。[31]

定义的消亡

用来阐明法律中规范性要素的现代性意图中，有一个终极循环（a final round），在哈特和约瑟夫·拉兹之间的

---

〔30〕　参见 P. M. S. Hacker, "Sanction Theories of Duty," in *Oxford Essays in Jurisprudence*, ed. A. W. B. Simpson, 2d. ed. (Oxford: Clarendon Press, 1973), p. 131.

〔31〕　奇怪地认为一类独特的法律义务和道德义务截然不同，在下面事实中也能见到这种奇怪性，这种事实就是，此种观点似乎暗含这种结论：可能存在不守法的法律裁量权。即法律自身可能提供了某种可能性：仅仅因为某物是法律义务，并不意味着某人（在道德上）应该遵守法律，仅仅意味着某人（在道德上）应该遵守。Mortimer R 和 Sanford H. Radish 似乎提出了此观点。Mortimer R. and Sanford H. Radish, *Discretion to Disobey* (Stanford: Stanford University Press, 1973). 在 M. B. E. Smith, "Concerning Lawful Illegality," 83 *Yale Law Journal* 1534, 1539–1546 (1974) 中，这种观点被质疑是不融贯的。拉兹声称法律为行动提供了"排他性理由"，并且从法官的视角来看，拉兹还声称法律义务与道德一致，拉兹这么声称的大部分力量源自思想的奇怪性，这种思想认为，对法官的声称而言，可能存在其他意义（除非它只是一个关于法律效力的陈述）。那些发布法律的人已经决定，通盘考虑后，法律义务在道德上是恰当的，并且法律义务旨在阻断他人对这种判断进行二次推测。因此，法律既被视为"排他性"，也被视为具有义务主张，此义务主张与道德义务分享相同的意义。一般参见 Joseph Raz, *Practical Reason and Norms* (London: Hutchinson and Co., 1975), chaps. 1, 5.

讨论中能发现这个循环。拉兹曾在哈特的指导下学习，并原创性地发展了和哈特很类似的理论。以和我们所见过的凯尔森相似的方式，拉兹完善了哈特的观点。拉兹认为，至少在接受且施行法律制度的法官或官员那里，对法律的规范性态度是强烈的道德变种。[32]至少在宣示我的法律责任的意义上，针对我的法律责任的某个法官裁判，是对我道德责任的宣称，法官暗示他相信责任要与道德相合，或者道德要求责任。相信或宣称法律是正义的，其与法律之间的联系是恰当的，我打算将这种联系当作法律的必然特征来辩护。基于拉兹和凯尔森的这种尊重，我们认为，无论人们发现法律制度是什么，人们都能发现官方对法律制度正义性的信仰，这为此处所提出的理论主张提供了强有力的经验支撑。接下来的难题就是去证明，法律和对正义的信仰之间具有这种联系，而这种联系不仅仅是经验上的偶然现象。

　　为了考察必须捍卫的主张和拉兹、凯尔森的主张之间的差异，要思考一个类比。假设一个人正在调查社会组织的本质，这个社会组织的规模比国家小，如社交俱乐部。此俱乐部也有些规则，其成员必须遵守，否则会被开除或受其他惩罚；在任何自愿性组织中，至少假定那些颁布规则的人，对规则怀有弱的接受态度（the weak attitude of acceptance）。现在，假设某位观察者一心想要分析社交俱

---

　　[32] 这里所讨论的拉兹理论的那些方面，一般可参见 Raz, *The Authority of Law* (Oxford: Clarendon Press, 1979), chaps. 4, 8。在如何描述法律的规范性方面，哈特和拉兹之间有具体的分歧，进一步地跟进，最好参见: Hart, *Essays on Bentham*, pp. 153-161, 262-268 (引用了 Raz, *Practical Reason and Norms*, pp. 123-129, 146-148, 162-177; Raz, *The Authority of Law*, pp. 153-157; Raz, *The Legal of a Legal System*, pp. 234-238)，在这本书中，哈特反驳了拉兹，辩护了自己的观点。

乐部的理念，宣布了一个发现：他已观察到那些颁布规则的人也相信规则是正义的。因此，他总结道，对规则之正义性的信仰标定了社交俱乐部的理念。

其所宣布的这个发现的问题在于，只有在微不足道的意义上，此发现才是真的，并且，此发现与社会俱乐部或组织是什么的问题无关。假如人们认为行为不合道德，他们就不会从事任何非欺诈性行为——影响他人的行动——从微不足道的意义上而言，这是正确的。但是，人类心理学这一事实，并没有告诉人们关于社交俱乐部的任何特殊性，当然也没授权某人得出结论：此俱乐部的理念必然意味着其成员，对俱乐部规则之正义性的信仰。毕竟，俱乐部可能与道德或正义无关；譬如，俱乐部的存在，只是为了让狄更斯的粉丝能够去追求他们的兴趣，或让国际象棋爱好者追求他们的爱好。没有人认为这样的追求是不正义的，在这个意义上，某人有权推断，该俱乐部的成员相信其规则符合道德。但同时没有任何必要性，主张这些社交俱乐部的规则超出了简单的被接受。也就是说，就文学俱乐部而言，没有人必须为狄更斯比其他作家更好进行辩护，或者把国际象棋辩护为更好的游戏。狄更斯或国际象棋是组织的选择基础就足够了。此外，形成或加入俱乐部的动机的范围也许会变化，正如哈特曾描述过的，从自利或不假思索的传统，到狄更斯是世界上最伟大的作家这一看法。简言之，社交俱乐部非常适合这种模型，其唯一必备的规范性态度是弱接受态度。尽管这种模型也许在微弱意义上才是正确的，但这就够了，俱乐部的成员会产生分歧，但很快会认识到，他们从没有过从事任何不道德行为的念头。

法律意味着对正义的信仰，对这种主张的回应实质上是替哈特回应拉兹。诚如我们所探讨过的，这符合哈特自己的法律模型：法官可以出于各类与道德不必然相关的理由而接受规则。此外，虽然我业已指出，作为一个经验问题，社会组织不相信他们所做的是不道德的，这可能是正确的，但不是必然正确或普遍正确。可以想象，俱乐部成员坦承他们的入会规则或他们在俱乐部中的追求是不道德的，但因为强烈的自利所驱使，又或因为成员们不关切道德，他们却依然继续这项事业。哈特愿意说，法律也同样如此，法官们可能会承认他们所接受的规则是不道德的，但却继续适用这些规则，这是有可能的。[33] 如果是这样的话，法律与对其正义性的信仰之间所声称的联系，就像对行为和心理之间联系的经验性概括：通常情况下，人们劝说自己不做不道德之事。纵使这个概括在绝大多数情况下是正确的，但是，也没有理由认为，我们为了讨论法律制度就必须说这是正确的。

留意这场争论的重要之处在于，如果不是首次了解，而是再次了解，这是否是目前讨论的觊觎可及的概念或描述，试图做出谁对谁错的判断是不重要的。哈特指出，法律与对其正义性的信仰之间所谓的联系，是作为反例的经验性事实，此事实很难被否认。统治者能创建和维持有组织的社会制度，其动机多种多样，就像哈特所描述的那样，甚至可以被领导人（those in charge）公开承认是邪恶的。甚至拉兹也坦承，这种经验上的可能性暗示那些不相信他们所接受的规则是道德的法官，将被迫假装是道德的。[34] 但是，假如必须承认这些经验上的可能性，那么，

---

〔33〕 Hart, *The Concept of Law*, pp. 198-199.

〔34〕 参见 Raz, *The Authority of Law*, p. 155, n. 13.

仅仅在这个定义层面上，能继续这场争议。我们必须解释，排除了官方对其正义性的信仰的制度，为什么不是法律制度。人们不是去反驳各种司法态度的经验上的可能性，而是必须捍卫这个概念性主张：法律与对其正义性的信仰之间具有联系。

要考察此概念性论证（conceptual argument）如何逃脱目前为止所考虑过的经验性论证的影响，就要对比另一个类比：守诺制度。人们通常同意，承诺的指称（meaning）的部分内容就是这种观念：某人承诺自己在将来以某种方式行动，其不能从事其他行为。假如这就是承诺的指称，这就超越了作为指称类别（the kind of meaning）的例子，建构法律必需此指称类别，之前所考虑过的全部经验性命题也需要此指称类别，在不影响对指称的看法的情况下，能承认此作为指称类别的例子。因此，能想象这样的人，他除了做承诺之外，事实上并没有去做什么的意图。* 人们可能会说，那些人被迫假装。无论何时使用承诺的语言，社会都明白假装者所知道的内容，事实上，假装的全部意思在于利用假装者所知道的东西。下面这种看法也是对的，即许诺的东西也像哈特所描述的那样是多种多样的，其动机范围从自利到这种见识：盟约本身就是高尚行为。但是，即使动机仅为自利，许诺也是严肃认真的：人们知道（或假装知道）假定了一项道德义务。最后，即使有人认为不存在守诺的道德义务，甚至不存在初显意义上的道德义务，他仍然承认，承诺的意义就在于，其他人相信有这么一项随之而来的道德

---

* 仅仅是做出一个承诺，并没有意图去做承诺内容所要求的事情。——译者注

义务。

那么，这就是概念（承诺）与相信道德主张（守诺的义务）之间的概念联系。此外，即使在下面三种情况下，概念性指称仍然完整无缺：①某人认为道德信念是错的——即承诺并非真正的义务；②某人无意守诺；③某人纯粹出于自利性理由而许诺。人们不能在许诺的同时，否认任何守诺的意图或不相信有守诺的义务。在这种情况下，承诺人知道没有做出承诺，但最多只是向未来陈述了一个意愿。

把上面相同的类比运用到，法律与对其正义性的信仰之间所声称的联系上去，也会得出类似的结论。某人也许坦承存在这种经验上的可能：法官可能不相信法律是正义的，然而，他也注意到，他所实施的制度假定了法律是正义的信仰。这些法官将被迫假装。他们所不能做的是公开承认自己的冷嘲热讽，因为，就像在承诺情形中一样，那时他们就会发现，这不再是一个法律制度，仅仅是一个替代性制度——强制制度（a coercive system）。现在也应该很清楚，凯尔森的理论所遗漏的内容，在拉兹的理论中也同样缺乏：拒绝把任何要做某事看作是一项承诺，也不认为强制制度是法律制度，至多是表明要去做某事，在凯尔森和拉兹的理论中，缺乏依据这种主张的指称和定义所做的辩护。

从概念上主张法律的规范模型的法理论中，为什么没有这样的辩护？人们已给出了一个原因。假如法理论的目的是描述，那么哈特就是对的：没有理由坚持认为，这类特殊的规范性态度仅仅出现在有组织的社会制度中。但同样明显的是，如果描述就是目标，在理论中，就没有理由不包括其他常见的经验事实：这种制度的一般趋势是反映最低限度的道德要求。简言之，实证主义的核心原则是法律与道德之间缺乏联系，这与描述性目标不兼容。然而，假如哈特和拉兹之争是定义性的，和凯尔森观点一样，拉兹的观点仍然得不到辩护，哈特的观点也不曾超越奥斯丁的观点。

我相信，还有另一种解释来说明实证主义者不愿进入定义性领域，不愿参与论证以在法律和任何特定的规范性态度之间建立必然联系。再次考虑承诺的观念与社交俱乐部的观念之间的区别。在第一种情况下，为什么可以合理假设概念和道德信仰之间的联系是必要的，而在第二种情况下它至多是偶然的？据推测，这是因为，通过说一些守诺及其对人们的重要性等事情，也说一些道德义务的本质之类的事情，就能证成这些假设。这意味着，为了捍卫法律和对正义性之信仰的概念性主张，人们必须同样能解释，这个对法律的特别态度应该存在，这为什么对人类是重要的。在这样做时，人们可能发现会不可避免地陷入评价之中，也陷入到了实质道德论辩中，偏离了实证主义的纯粹性，仅仅以一种言之有理的方式——从局内人自身的观点——实证主义才能说明对法律之态度的重要性。

崭新起点：认真对待义务

实证主义者费劲地捍卫法律的规范性模型，稍微反思一下实证主义者的努力，产生了两种关于规范性态度的竞争性描述，而这个规范性态度是法律的独特特征。弱规范性态度仅仅就是对权力组织的非强制性接受的态度，这种态度典型地体现在任何自愿性组织中。强规范性态度类似于对道德义务的态度：官员们因为权力组织是正义的而接受。假如融贯性是哈特理论的唯一目标，那么就可修改哈特的理论，删除这些区分性理念中或此或彼的理念，而这些区分性理念说明了规范性态度的必然性。正如所讨论过的那样，哈特反复坚持弱接受态度，这必然意味着，在法律模型中应该抛弃义务的观念，尽管这也要求撤回对奥斯丁的隐含式批评（connotational objections）。现在的讨论框架要求第二条路。人们坦承，在必然具有强制力的制度中，有动机各异的追随者，官员是唯一的死党，在人们坦承之前，值得信奉这种隐含的观点，即坚持捍卫哈特最初认同的义务的那个更强的特征：①服从规则的严重社会压力，被认为②能提升社会生活的可贵方面，并且③这种社会压力常常与自利相冲突。对那些想弄清楚法律为什么值得尊重的局内人而言，这种对法律的官方式规范性态度意味着什么？

内在视角

为了回答这个问题，人们必须更准确地界定局内人——他们是谁，他们如何研究合法性（legitimacy），回应这种研究要求什么。对法理论而言，与阐释法的规范性相比，这些问题反而引向了更基础的难题。这个难题超出了法理论的范围，法理论包含几乎所有经验科学的现代范例，而这些经验科学仅仅旨在从外部描述，也从外部系统研究人类生活的价值王国（the realm of value），而没有注意到此价值王国的主观特征，正如这些主观特征看起来像某些人那样，他们兢兢业业地创造了这一王国，并生活于其中。

不屈服的臣民。与其他法理论一块，哈特的分析也倾向于把局内人分为两类群体：从事统治的人和不从事统治的人，依据目前所讨论过的实证主义者，仅仅前者需要表现出规范性态度，此态度是法律制度的标志。尽管后一群体可以有规范性服从，但对于某制度成为法律制度而言，不是必要的。此外，哈特甚至认为，不接受制度的那些臣民，仅仅认为法律强迫（obliges）他们，但是不倾向于认为负有义务（obligate）。因此，对于所有人而言，至少对于那些不接受制度的人而言，区分法律和强力的努力是徒劳的。[35]

　　法律制度要认真考虑统治者与被统治者之间的规范性隔阂（estrangement），对于思考其为什么要尊重法律的异见分子（dissenting citizen）而言，关于这个法律制度的图景所终结的内容比这要多。它也终结了两千年来提出这些问题的政治哲学。是否有遵守法律的义务？这一问题的整个要旨在于，寻找什么东西使得法律是作为法律而值得尊重，而不是基于法律孜孜追求的目标而建立起来的规范性态度而被尊重。例如，假如某人已经相信谋杀在道德上是错误的，就不需要有一项遵守禁止谋杀之法律的独立义务。总之，对基本的政治义务的探索始于，此法律制度的图景所终结的地方：对所施加于其身上的规则，公民没有官方的规范性态度，但尽管如此，也能说他有服从的合理性基础（rational basis）。此服从的合理性基础是否存在是另一个问题，将在下一章予以讨论。要点在于，法理论曾迷失了方向，对异见分子而言，法理论的内涵忽视了一种可能性，而政治理论在认真探讨这种可能性。

　　不难看出法理论的迷失之处。我们假定统治者和臣民是分离的，每个群体对联合他们的社会结构的规范性态度都很尊重，我们能以此开始。针对社会基本规则的品性

─────────

〔35〕　参见 Hart, *The Concept of Law*, pp. 112–113, 196–198.

（merits）产生了实质分歧，加剧了分裂。免除异见分子的服从是正当的，以此方式，来描述对规则的规范性态度。假如法律制度仅仅基于统治者的自我利益，甚至基于这种观点：统治者公开承认"从道德上，他们不应该接受"制度，但是"出于各种理由而继续这样做"，[36]在统治者和异见分子之间也没有进一步对话的可能，剩下的唯一能论证服从的就是枪了。

40　　这个理论解释了人们为何偏离现有的法理论，得出了一个似乎抛弃政治理论之关切的结论。但是，推测为何发生这一偏离？从推测中，人们可能会受益。把大量的、可识别的群体放于社会不利地位，在历史上，人们熟知这种社会结构现象，奴隶社会是最明显的例子。法理论家的志向，不是让实质道德判断来决定，如何把"法律"这一术语应用到定义中，此定义容纳了这些制度*也容纳了那些更开明的社会制度。但是这个定义太松散了：它不仅仅能把奴隶社会判定为合法的，而且，如果有公民刚好不赞同统治者对法律制度的品性的判断，这个定义也认为此公民是合法的。

　　假如某人要求，统治者的规范性态度要反映义务的更显著特征，应如何改变？必须待到下一章反思政治义务的基础时，才有对这个问题的完整答案。在这点上，留意这些就够了，义务的更强观点要求，持这种观点的人群，依据社会生活的宝贵特征，来持有这种观点，此观点认为，官员们坚持认为，他们所实施的法律制度值得异见分子和忠实支持者同等的服从，据此，这种观点对统治者与被统

---

［36］　参见 Hart, *The Concept of Law*, p. 199.

　　* 这些把大量的、可识别的群体放于社会不利地位的社会制度。——译者注

治者之间的关系，做了相当不同的理解。这种主张不是社会秩序的普遍伴生现象。社会可以建立一种，相对于其他群体而言的主导关系和纯粹强制关系——最明显的是奴隶或被征服领土的臣民。事实上，这些群体与异见分子的不同之处在于统治者的态度，在奴隶情形中，除了武力或权力之外，什么态度都没有。也不能发现其他隶属群体的服从，因为人们没有兴趣建立互惠的姿态，而服从要求这点，一种主张认为，从所施加的组织性规则中能实现互惠共利。

这些因素表明，针对法律的道德态度，成熟的法理论必须留有余地，即使对于那些反对社会基本价值的臣民，也要留有这样的空间。在那样的社会中，统治者不需要假惺惺地说法律制度兼顾了任何人的利益，而不仅仅是统治者的利益，企图在异见分子中为义务奠基，可能是徒劳的。但其他情形中，即使人们相信正当统治的企图是失败的，也要确保尊重这一企图，通过尝试解释为何要尊重正当统治的企图，来处理政治理论的本质问题。在这一点上，实证主义者可能这样来回应：没有一致的规范性态度，就不存在义务；实证主义者也承认这个回应相当草率。但是，为义务奠基不是实证主义的目的。官员接受的各种理由可能与部分臣民的各种道德态度有关，这依赖于政治理论。实证主义的核心主张是，官员对基本社会结构表现出的适当的规范性态度是存在法律制度的唯一必要条件。为了检验这个主张的影响，必须考虑，官员们对义务和责任的疑惑，也要考虑，假如即使在这种群体里也能发现义务，官员们的疑惑要求什么类型的回应。

不实施统治的统治者（*unruly rulers*）。对官员来说，核心难题不是官员为什么应该遵守法律，而是为什么应该

41

实施法律。官员充任公民角色时，可能面临前一个问题，但是充任官员角色时，至少对官员自己来说，他需要去辩护，辩护对他人施加所给予的组织性惩罚的正当性。此辩护也许采取了一些类似于辩护遵守法律时的形式，但无须如此。因此，法官可能相信，尽管公民不服从是合理的，但是他也有义务实施法律，直到法律被修改。

这种可能性意味着，官员义务的起源不同于一般意义上的政治义务的起源。其实，法理论苦心孤诣努力解释，官员们的规范性态度是法律制度成为法律制度的关键；人们越是对此反思，就越难明白这种努力的必要性。政治理论的任务是解释异见分子为什么有遵守法律的初显义务（a prima facie obligation），与政治理论的任务形成对照的是，解释为什么法官应当像小孩子玩游戏那样适用法律。人们不需要指出，这是仅仅接受就可以的神秘法学假设，也不需要指出，这是仅仅接受就可以的复杂社会实践。人们唯一需要认识到的是，那些官员们，他们自愿担任附有某些责任的岗位，就由此，明示或暗示地认可担负某种角色，依据规则来履职，简言之就是适用法律。

法官当然会认为，规则太邪恶以至于不能去实施，并因此而同样面临责任之间的冲突，这些责任是公民不服从难题的典型特征。尽管，关于法官**如何**适用法律和履行适用法律之义务的问题的文献汗牛充栋，而守法义务之问题得到了广泛地讨论，但在文本上，实际不存在法官适用法律之义务的问题。使得官员得以和臣民相区分的东西，恰好也是让政治义务问题如此棘手的原因。在臣民们能发现自我的制度中，在关于这个制度的任何本真意义上，臣民不必然同意和支持此制度。但是官员们会同意和支持。如果人们能在官员自愿担任职务的情形中，找到自愿行为，如果政治理论家认为，这种自愿行为等同于公民情形中的自愿行为，那么，所有煞费苦心（且最终不成功）的努力大可不必，这些努力试图构建默示同意形式，其形式有参选决定或者决定留守国家。那么，为什么法理论为了解释官员义务的基础及其特征而采取如此迂回的策略？

请注意，此种基于同意的义务观的一个推论就是，与之前讨论过的游戏或社交俱乐部类似，法律制度是必要的，社交俱乐部中的成员或玩游戏的人自愿参与并由此同意遵守规则。此同意给予了初显义务，这个初显义务使得法官不能依据对规则的独立价值评估，来决定其责任。与游戏一样，[37]对法律的这个看法，甚至可能有助于协调哈特理论中的文本矛盾。在弱的意义上，各种接受的理由类似于各种玩游戏的动机。一旦同意，他就负有团体义务（group obligations）。在强的意义上，这种义务相当明显，对偏离行为的批判性反应，提醒他曾经同意过。但是，假如这就是法律所说的规范性基础，那么，将会认为这过于简单。此外，这个解释与哈特和凯尔森的理论设想，形成鲜明对照，他俩认为，批判性的规范性态度是对规则本身而言的，不是对决定依规则而玩游戏的同意而言的。

有些法理论家们，不愿意把法律中可观察到的规范性要素，与玩游戏的规范性基础直接类比，此解释会危害整

---

[37] 参见 Philip Soper, "Metaphors and Models of Law," 75 *Michigan Law Review* 1196, 1205-1209; John Noonan, Book Review, 7 *Natural Law Forum* 169, 176-177 (1962). 文献中常常类比法律与游戏，也常常讨论此分析的局限性。参见 John Ladd, "Legal and Moral Obligation," in *Nomos XII: Political and Legal Obligation*, ed. J. Roland Pennock and John W. Chapman (New York: Atherton Press, 1970), pp. 3, 17-24.

个事业，但对那些法理论家而言，这是一个非常好的解释。与俱乐部成员和玩游戏的人不同，法律制度中的官员必须依规则而行动，而这些规则适用于俱乐部之外的成员和不玩游戏的人。那些不曾同意或参与的人也会受惩罚、罚款、剥夺财产、生命和自由——完全是因为法官同意去实施的那些规则，要求这样的结果。因为法官们知道，这些就是他决定担任法官的结果，这是允诺概念的滥用，这意味着，相对于既存的道德责任——例如，不进行不合法伤害的责任，他基于许诺进行不法侵害，创设了一个对抗性的责任（countervailing duty）。我们知道，契约或许诺所要求的不合法或不合道德的行为，不能超越义务，无论是初显义务或其他义务。因此，对于法官而言，规范性态度，必须是相对于他同意实施的规则而言的。这就是基础规则（basic rules）为何必须被假设或被接受的原因。

请注意这种解释的后果。首先，依据默示同意，人们忽略了对官员义务的相当成熟的外部解释，而支持另一种解释，这种解释强调，局内人决定同意的理由。其次，与自利或仅仅模仿其他人去做等理由相比，这种解释似乎需要更有分量的接受理由，因为不这样的话，玩游戏的类比将完全合适。最后，这种解释能说明官员义务的给予，通过忽视这种解释中的默示同意，在理论上，能邀请每位法官来重新质疑问题：为什么他应实施法律制度的基本规则。如果涉及我们所接受的信任的条件，就不再能回答这个问题。通过直接指出，基础规则被当作义务规则来认识，这个问题必须被代之以另一种回答。并且，这就把我们带回到了我们开始的地方：试图寻找和刻画法律制度中官员们的义务。

我们已经发现，义务不能仅仅源自这种事实：其他人接受规则仅仅是因为这些规则满足他们的自利。在这样的体制中，官员和臣民一样，只有服从的审慎理由：对于臣民来说是惩罚，对于官员来说是剥夺特权身份（preferential status）。假如人们要求，对法律制度的规则的官方态度是各种理由中的强理由，对偏离行为的更严厉的反应，标志义务规则的存在，也刻画了这种官方态度，那么事情会如何变化？这种实验认为，针对抗拒服从，官员预测到的是两类主要的反应：来自同侪的严重压力，和对他的提醒：规则满足社会生活的珍贵特征。这些反应诱导我们误以为，第一种解释仅仅是另一种像枪一样的威胁形式，其本身只能提供服从的审慎理由。其实，假如不曾存在对义务的这种解释，仅仅涉及对服从的社会压力（social pressure），那么这与劫匪情形就没有本质区别。

但是，还有更多的意涵。对比劫匪情形，无论社会压力从长远来看如何精巧有效，但不足以提供即时性威胁。社会压力依然诉诸个体的自愿默许（acquiescence），社会压力仅仅是一个唤起注意力的装置。解释义务时的批判性特征是一种群体信仰，相信规则满足了社会生活中的宝贵特征，这种信仰高于社会压力，也增加了社会压力。尽管哈特看起来很满意于让社会压力和压力伴随而来的价值主张（the claim of value）平等，内在观点强调后者，因为前者至多是偶然的副产品。[38]

---

　　[38]　哈特对鉴别义务性规则之特征的描述，和对规则之内在观点的一般描述，受到了相当多的关注。例如，麦考密克强调义务性规则背后的社会压力的定性和定量方面。参见 MacCormick, *H. L. A. Hart*, pp. 65~70. 麦考密克还强调，构成规则接受态度的"内部观点"具有认知和意志元素。认知性接受涉及欣赏或理解规则所要求的内容；意志性接受包括愿意支持该规则。同上，第 34~40 页，第 43~44 页。另见 MacCormick, *Legal Reasoning and*

局外人对义务的描述显示了一幅刻板的画面：像老虎钳一样被迫性的社会服从，在这种服从中，个体慢慢受到挤压，开始心满意足地谈论规则的独立价值。从内部视角来看就相当不一样，除了个体的自我意识之外，不存在老虎钳。人们扭曲自己以回应群体性反应的两个特征：第一，认识到价值主张的可能品性，这种价值主张可能与自利冲突，在利己与利他之间制造紧张；第二，即使说服人们接受该群体的判断是错误的，但是归属的需求和欲望，以及认识到自己犯错误的能力，使得人们下决心去偏离群体是痛苦的。这两种压力都是内部产生的，其产生方式中没有枪支或老虎钳，通过自己的忠诚和勇气所赋予的力量，人们有能力释放自我的压力，这种能力证明了先前从内部产生压力的方式。异见分子对其内心正确性信念的自信，也不在乎被群体疏远，在这种情况下，尽管他依然能听到价值主张，但感受不到压力。

无论从何种方向，人们都在努力刻画义务——无论是从法官的视角，还是从公民的视角，法官试图搞清楚他为何应当实施法律，公民试图搞清楚他为何应当服从法

44

Legal Theory（Oxford：*Clarendon Press*，1978）pp. 275 - 292，以及他的"Legal Obligation and the Imperative Fallacy," in. *Oxford Essays in Jurisprudence*，ed. A. W. B. Simpson, 2d. ed.（Oxford：Clarendon Press，1973），p. 100.（Roscoe Hill 似乎已经预见到认知和意志成分之间的这种区别，参见他的"Legal Validity and Legal Obligation," note 22 above，p. 57.）（如果不是每章重新脚注的话，这个脚注引用要修改）该文本遵循麦考密克的论述，即义务性规则背后的社会压力的定性方面比定量方面更重要。事实上，后者寄生于前者。我还假设，意志上的接受是官方对法律体系之规则的态度的关键组成部分。但与哈特不同，显然也与麦考密克不同［参见 MacCormick，*Legal Reasoning and Legal Theory*（Oxford：Clarendon Press，1978），pp. 288 - 292］，我不相信人们可出于任何理由而自愿支持规则，并且仍将法律与强力区分开来。必须接受这些规则，因为相信它们是公正的。

律——人们最后都得出同样的结论。两个视角都要求做出响应，至少主张系争规则具有价值，两个视角都似乎可以被降为极不相关的事实：这种主张伴随有强力或压力。如果不从道德哲学中完全抛弃法理论，人们能说出比这更多的话吗？人们可以刻画价值主张的本质吗？这种价值主张直面官员或公民的偏离行为。特别是，该群体简单地重复说这就是他们的价值，这就足够了吗？或者他们是否必须至少在理论上做好准备，以证明这些也是异见分子应拥趸的价值？

最近对这个问题的研究表明，这些替代方案源自相互竞争的义务理论：一种实践理论，这种理论将规则的正当化溯源至社会实践或惯习（convention），而对社会实践或惯习又说不出个所以然来。什么可能被称为目的论？这需要一个声明，即声明某一群体认为规则是强制性的，这意味着，此群体准备揭示，在可辩护的群体利益方面，该规则服务于某些目的。[39] 一位局内人问"我为什么要做这件事"，从回应这个问题的角度来看有两种回答，其间的差异就是这两者之间的差异："因为这就是我们所有人在做的事"* 和"因为，做此事能实现某些重要的功能，这就是我们所有人为什么做这件事的原因，也是你为什么应当做的原因"。**

从目前为止的讨论中可以清楚地看出，从局内人的角度来看，成熟的义务理论回应了目的理论。"因为我们所有人都在做"是一个回答，这个回答可以创造出各种各样的动机去服从——从其他人那样做所以我也那样做，到更迫

---

[39]　一般参见 Raz, "Kelsen's Theory of the Basic Norm," 19 *American Journal of Jurisprudence* 94, 103（1974）.

*　这是实践理论（a practice theory）的回答。——译者注

**　这是目的论（a purpose theory）的回答。——译者注

切的归属需求。但是，寻找一个合理性基础，以便于管理冲动和本能对行为的影响，带着这种观点来抗拒冲动和本能，对应该做什么的严肃探究始于这种抗拒。社会惯习这种未加工过的事实，似乎单独提供了这种合理性基础，因45 为，服从极可能是这样一种情况：在这种情况中，抛开惯习本身，惯习仅仅是隐晦地提及服从的其他理由。要求群体和谐的协作难题（coordination problems）（例如，在马路的哪一边驾驶）是熟知的例子。游戏也排除了对玩游戏过程中的惯习性规范的价值评估，不是因为"这是我们玩游戏的方式"，而是因为先前的默示同意。甚至礼仪或仪式也是协作难题的例子，在庆祝和团结社群中，当其他人也参与时，礼仪或仪式的价值依赖于我们参与进去。不是所有服从性行为的例子都能实现礼仪性价值。决定该做什么要求独立的判断，并由此再一次地涉及一些超出惯习事实的东西。

我并不是在暗示，那些坚持法律和政治理论相分离的人，在逻辑上陷入关于义务的错误观点之中——实践观点。相反，尽管仍在纠缠目的是什么的难题，但是，人们也许同意目的理论更好地解释了义务。鉴于此，把异见分子约束在群体之内，如何引导这场内部对话，人们坚持局外人的视角，把此难题留给了道德哲学。但是，无论此事的逻辑是什么，法律理论家都倾向于选择表面上的义务实践理论，这是不可否认的经验趋势。对这种趋势的解释也许依赖于这种努力，努力在法律制度的概念中，安置两个功能社会的极端例子：非常原始的社会和高度整合的社会。实践中的原始部落社会，以奇怪和荒唐的方式约束我们的礼仪，证实了某一社群中行之有效的目的理论，我们不能分享这一社群的价值观和世界观。然而，也有可能，这样的社会处于道德发展阶段，与支撑他们图腾禁忌的

"科学"一样原始。皮亚杰（Jean Piaget）的研究表明，孩童的道德推理的发展，遵循一条路径：从无思维地专注，到因惯习而惯习，到显露认知并接受人们评估和修改惯习的权威。[40]也可能社会组织从未进展到这种程度，以至于可以对质疑和评估既有的禁忌进行想象。在这些情形中，局外人将看到的仅仅是一场实践，此实践不附带任何辩护，即超越于通过指出离经叛道者曾忽视的规则来辩护。相反的极端是完全顺从的社会，其中，辩护基本组织结构的理由是如此众所周知，并且如此完全内化，以至于从来不会出现辩护的难题。我们所有人都发现，在某些场合中，自己陷入这种状态，假如每跨出一步都不得不事先反思基本的规范性承诺，那么我们很难行动。在任何时间跨度，某个社会发现自己陷入了这种境地——其成员没有机会持异议、发难或质疑——此社会能用来观察的除了实践外，什么都没有。但这都是不寻常的情形。在现代社会中，不能从尚未觉醒或从又昏沉过去的社会中，提炼出能刻画义务的典范情形的特征。

46

假如这是某人追求的悖论，而不仅仅是倾向，那么，对于局外人而言，对于法理论的更基本的承诺而言，人们必须超越于在这两者之间进行选择：选择实践论，或选择义务的目的理论。前面提到过的，就是这个承诺引发了我讨论过的融贯性问题，我现在转而要讨论的就是这个问题。

外在视角

到目前为止，我们已经看到，当前法理论中企图区分法律和强力的任何尝试都面临以下难题：

[40] Jean Piaget, *The Moral Judgment of the Child* (New York: The Free Press, 1965).

1. 法律具有规范性，由此与强力不同，此主张仅仅断言二者的不同，没有提供解释说明，也没有为此辩护。

2. 实证主义的反驳使得法律制度的概念取决于，对法律的规范性态度的正确与否，其反驳也使得法律制度的概念同样依赖于此规范性态度的存在与否。

3. 成熟的法律模型必须蕴含义务的观念，这种主张要么倾向于完全不描述义务，像凯尔森那样；要么描述对法律规则的规范性态度，但这种描述又与对义务性规则的规范性态度的描述相冲突，像哈特那样。

4. 仅仅当臣民像统治者那样接受规范性看法（normative outlook）时，臣民们才会承认义务，这种观点忽视了悠久的传统，面对规范性分歧时，这个传统的全部要旨就是为义务奠基。

5. 用于确定某个群体形成义务性规则的判准，以某种方式凸显了服从的压力，这些义务性规则的形成和维续，都需要得到正当性辩护，上述方式模糊和歪曲了这种辩护的核心功能。

每一个问题都是充满张力、彼此矛盾或不融贯的例子，这种判断使用了逻辑词汇，而从探究此问题的道德维度来看，逻辑词汇不合时宜。例如，人们通常认为，局外人不共享局内人的规范性态度，只要人们注意区分局内人与局外人发表的关于规范性态度之存在的表述，就可以避免纯粹的逻辑不融贯。[41]但正是这种外部和内部视角之

47

---

〔41〕 P. M. S. Hacker 认为，哈特对社会规则和法律义务的分析引发了一些混淆，未能对群体义务的描述（仅仅报告事实）和群体义务的断言（做出规范性宣称）进行区分，是大部分混淆的原因。参见 P. M. S. Hacker, "Hart's Philosophy of Law," in *Law, Morality, and Society*, ed. P. M. S. Hacker and J. Raz（Oxford: Clarendon Press, 1979）, pp. 153-157. 另见前引注38。

间的区别，导致了逻辑词汇的道德类比：为了解答对人类事务具有意义的问题，而寻求法理论的那些人，等来的却是勉强、贫乏（sterility）和混乱。有些特征使得局外人觉得，群体存在义务性规则，也有一些特征使得群体内的成员自己认可和支持义务的主张，越是调和这两类特征，就越难以证明局外人和局内人讨论的仍然是同种现象。将这两种观点结合在一起的共同话语，确保了外部观察者（external observer）只能以这种方式保有纯洁性，即自己远离上述的共同话语，以便于自己不再观察并且变得观察不到。[42]

信念和行动。通过对比两类人的性格：一类人半信半疑（in part through mind），另一类人不这样，人们可以说明和捍卫这些主张。通过反思、考量和对话，前一类人会形成、修正、抛弃和重新塑造规范性态度和价值判断。冷漠之人和狂热信徒不会这样。后一类人受发现条件、替换条件的影响，这些条件能引出规范性态度和价值判断，但是，后一类人除了在身心失调的情况之外，不能通过推理得出这些规范性态度和价值判断是不存在的。

既能观察，也能体验这两种现象。"当某人变得面红耳赤、体温异常等时，你可以告诉他在发烧"，"当某社群对偏离行为的反应是批评、施压等时，你可以告诉社群，相信某些行动具有强制性"，二者可以进行观察性类比。这种纯粹描述性陈述最明显的例子，就是字典解释具体语言的使用。无论外地人自己是否已经知道生病是什么、强的承诺是什么，他现在都可以识别并适当地标明发

---

〔42〕　关于规范性对话的描述性和评价性方面的区分的不可能性，有同样观点的有力论证，参见 Finnis, *Natural Law and Natural Rights*, pp. 357-359.

烧和规范性态度。实际上,人们认为,这种纯粹描述性方法的优点,恰恰在于不必然涉及主观情形,也不涉及观察行为所伴随的内在经验的问题。

从这里,我们开始感受到努力保持类比带来的张力。有了理论家的词汇,我不仅可确定其他人是否发烧,而且,因为诊断标准是相同的,当我发烧时,也可以判断自己是否发烧。唯一的变量是放温度计的嘴巴不同。在义务或其他价值判断的情况下,不能这样。我可以使用词典词汇来猜测,我周围的人是否相信某些东西具有强制性,但我不能同样用它来判断,我是否接受相同的信念。我不能检查我的行为的外部迹象,以便找出,假如我发烧时赖以判断的那些要素。为了解释观察到的行为,有些心理学模型能探查隐藏的动机,这些心理学模型假定,这些隐藏的结构一旦进入意识,就切断了和行为相连接的那种自动性。事实上,这仅仅是假定,所有的价值形成都是潜意识的,就像诱发催眠一样,整个过程不受心灵控制,完全可以和生理现象类比。但是,这种假定植根于决定论(determinism)之中,也依赖于行为主义的现代品味,这种假定很难兼容于观察者的企图,在描述其他人带有的主观态度(commitments)时,观察者企图保持一种不带任何态度的状态。

个体真实的状态——个体在价值形成过程中的无行为性(behavior-free)——就是群体真实的状态。通过观察他们的行为,每个人都可识别他周围的人显现出来的信念。但是,如果某人承认信念和行动之间的区别,这种承认就使得他上述的识别是不靠谱的。也正是这个信念和行动之间的区别,最后决定了后者不能自动检验前者,后者就是行动,就是观察者所能看到的全部。强烈的道德信念

48

也不能足以确保行动带有道德信念，至多只能确保，群体性报复的强制形式，能被证明有其合理性基础存在。[43]由此，证明矛盾的趋势。对于离经叛道的行为而言，施以社会报复的最明显形式就是法律制度，并且，对局外人而言，看起来就可以通过这点单独验证规范性制度的存在。但是，局外人也恰好使用规范性语言，意味着局外人知道，局内人对该术语的使用，十分明显地区分了命令和理由（reason）、强力和说服力、行动和信念。试图来回穿梭于内部视角和外部视角之间，就好像，某人简单地把帽檐转到后面，留下了明显的矛盾迹象：（因为不可观察）与价值之间说不清道不明的关系，会影响来自外部视角的描述；对内在的、接受法律制度的诸动机的描述，不再为局内人提供区分法律和强力的基础。

信念与现实。与信念和行动的混杂引起的矛盾倾向相比，局外人的困境更深。没有什么能阻止法律理论家承认这一点，哈特确实将此作为自己理论的核心特征，在对社会规则的纯粹的外部性、预测性视角，和内在视角之间，有巨大的差异，从内在视角来看，偏离行为就是报复的理由。难题在于，一旦承认这个差异，就对法理论有严重的影响，此法理论打算放弃这个琢磨不透的实质问题：形成信念的好理由是什么？法理论的贫乏（sterility）的原因是，对于规范制度的鉴别和规范制度的存在而言，承认局内人的视角是关键的，但同时又拒绝去考虑，在面临质疑时，如何发展和维续这种局内人的视角。这构成了法理论的观点，即法具有规范性，这要么是武断的，要么是空乏

49

---

[43] 参见 MacCormick, "Legal Obligation and the Imperative Fallacy," note 30 above, p. 119, 他认为，对群体义务而言，强社会压力既无必要也不是一种充分的检验。

的，假如某人不得不发表关于诚信的断言，就是武断的，假如某人指望法理论帮助他来决定，他所处的制度是否包含恰当的规范性态度、并由此将这套制度判定为法律制度，那就是空乏的。在回应后一种探究中，当下法理论最有发言权的是，例如，假如官员群体相信某制度是正义的，那么该制度就是法律制度。但是，局内人会问，这套制度是否正义的？官员群体中的每位成员也会潜在地、持续地有这样的问题。现在，这就是信念和现实之间的区别，而非信念和行动之间的区别，局外人视角扭曲了信念和现实之间的区别。

当然，从某种意义上说，即使在事实的世界，我们也总是可以分析信念。尽管事实上他没有发烧，但我们知道，相信他发烧意味着什么。同样，局内人都知道这两种说法之间的差异：一种说法是，他所属的群体相信，某些东西是有价值的，另一种说法是，它事实上是有价值的。实际上，事实上有价值，这就是形成义务性主张，以及在为此辩护的关键这一点上，信念者和非信念者之间有交叉。尽管法理论家依然坚持认为，法不同于强力，但在这个特殊的交叉中，法理论家决定保持中立，这种保持中立的决定造成了一种法律观：信念与现实是平等的，在恰当的法律意义上，一套制度具有规范性，就是说，官员展现合适的规范性信念，哪怕是错误的、甚至虚假的，对此而言，这些都是必要的。

不难发现，这种混淆价值信念和价值现实的冲动。各种可能的信念与思维能力一样，都是无穷无尽的，思维能力可以充满激情地想象各种事态或对象。生活在树上的巫师、魔鬼和灵魂、洞穴中的神谕和上帝指定的国王、多数选民的决定和奇迹般地刻在石头上的碑文，都能够作为信

念的基础和承诺某种态度的基础，据此，精心构建规范性
组织，据此，形成法律独有的组织性制裁。如果某人处理
事实领域，就会着手区分迷信和理性信念，但价值领域是
另一回事。在理性可触及的地方，无论传统有多强大，价
值判断和这个强大传统同样都强调，这些判断必然具有的
恣意性。无论法理论家形成信念的意愿显得多么不理性，
识别法律制度的关键似乎就来自一个态度，这个态度既
怀疑又依赖这种观点：价值判断必然具有恣意性。正
如，为了识别规范性制度，当纯粹局外人在构建判断标
准时，最满意决定论（determinism）的哲学思想，所以
承认内在观点（internal view）具有重要性的法理论家*，   50
认为内在观点是规范性判断的显著特征，但是对如何引
导内在观点，不提供任何理性判断标准，这样的法理论家
最满意相对主义伦理学。

  然而，人们绝对不能夸大这个指责。我不是说法理论
在逻辑上拥护相对主义，甚至也不认为，在对法律制度的
内在规范性态度的实质争辩中，道德相对主义者是唯一一
种具有极好理由而不陷入这种争辩的人。道德相对主义和
某人对法理论的选择，这二者之间的逻辑关系只有一个方
向。假如某人是相对主义者，凯尔森被认为曾是这样的
人，那么，那个人就可能认为，没有什么在程序上能超越
基于信念的理论，因为相对主义的本质就是，否认价值领
域真实存在，而这个价值领域可以检验和评估信念。尽管
在鉴别法律制度的时候，人们仍然急于摆脱道德争议，但
正如哈特和边沁所做的那样，人们还准备评估其他语境中
的道德判断。毕竟，在精确意义上，这就是各种意识形

---

  * 例如哈特。——译者注

态，这种意识形态在考察古今社会时就会遇见，这些社会加强了理论家保持理论纯粹性的决心。把某些制度鉴定为法律制度，当他们对规范性判断的评估，能从上述鉴定过程中独立做出时，无论他们的基本规范性判断多么愚蠢或错误百出，这些来自法律制度中的制度为何被判定为不合格？

理论家将其视为分开的问题，局内人视为一个问题，局内人的信念，和他对法律的服从和接受一同，总是潜在地屈服于挑战和理性辩护，除非他也是一位相对主义者。那些不进行价值辩护的理论家，就是局内人的视角，此视角和相对主义无法区分。并且，当法理论家们旋转帽檐，变成道德哲学家而批评局内人的规范性结构时，他攻击的不是局内人的信念，而是批评理论家依据自己的定义把某些制度识别为法律制度。

努力使法律的概念更宽广，以便于包括各种为功能社会奠基的意识形态结构，在此努力的过程中，人们不必否定实证主义者之方案的品性。错误就在于，认为实现他们的方案的唯一方式，就是在价值批评中形成信念，并且把价值的现实性当作对法律的考察一并消解掉了。有另一套方法，可以实现他们的方案，但无须诋毁局内人坚持区分这二者：什么是被当作有价值的来接受，什么是事实上有价值的。我们所需要的就是，怀有目标地直面政治理论的实质议题，这个目标就是揭示，无论局内人和其他人的信念有多错误，但是都能为他们提供真正义务（real obligation）。这些选择不限于这种观点，即认为法律以规范性态度为基础，无论规范性态度是什么；也不限于这种观点，即仅仅把法律限定为道德上正确的制度。还有另一种观点，尽管会抛弃局外人立场的纯粹性，但通过揭示其他人的错误信念何以能推出义务，辩护了法律的规范性基础，并由此回答局内人的基本道德问题。

第三章论述了政治理论的这一基本问题。但首先，我要更仔细地描述，我已经得出的替代性观点，并追溯一下这种替代性观点与几种法理论的联系，我几乎没有讨论过这几种法理论。

自然法和其他诸种非理论

熟悉文献的读者会想起，我一直在使用一种特定的法律观——实证主义的法律观——作为前面讨论的基础，以及用来说明法理论问题的具体例子的来源。尽管我说得很清楚，我不指望批评，即使主要是来自实证主义的批评。关于作为替代品的自然法，我尚未过多地讨论，自然法的传统如何融入我一直在描述的图景里。对此遗漏，我有充分的理由，那就是自然法理论很难说完全是理论。自然法之名所带来的，至少与法理论相关，至多继续强调法律制度的特定特征，而非企图构建一种整合各种特征的理论，并且最坏的可能就是，在歪曲自然法洞见的最初之处，实证主义者们发明了一个口号。

我从口号开始：说不正义的法律不是法律，就是用一句话开启和终止一个理论。至于所关涉的法律的概念，这个口号开启了，对道德哲学和政治哲学的彻底研究，丢下了这些问题：即道德研究中附带产生的法律制度的结构问题和鉴别问题。此口号也由此真实地反映了，实证主义努力反抗贫乏（sterility）的场景：尽管实证主义旨在鉴别法律，但不能解释法律如何与强力不同，自然法口号提出了强力和义务之间的区别，但不能把法律从对正义的实质道德探究中解脱出来。什么是我应该服从的法律？在上述两种情况下，此问题都得不到解答，因为在实证主义者看来，它无解，在自然法的拥趸者看来，它唯一的答案会陷入同义反复之中。

52　　在不融贯性问题上，也存在类似的场景。冒着曲解规范性的内在观点的风险，实证主义努力坚持局外人的视角的纯粹性，而自然法口号忠于内在视角，但风险就是容易忽略，任何局外人能直接看到的东西：社会秩序能对独立于制度的实质品性的局内人，施加官方惩罚。事实上，自然法口号对自己的矛盾之处洋洋得意，为了进行实质检验，说不正义的法不是法律，这要求对实证主义的那类法律的有效性进行正式的检验。

　　这个矛盾非常明显的地方，曾经应该足以警醒早期的实证主义者们，他们乐此不疲地攻讦自然法口号，将此作为一种表达不同思想的努力，不同于另一种提供鉴别法律判准的思想。现代实证主义者关切法律有效性的理论模型的精确性，他们的这种关切从不困扰古典自然法学家们。古典自然法学家们和普通公民类似，满足于粗糙的定义。一开始的理论问题就是道德问题，相应地，自然法口号代表着一种企图：不定义或分析法律，而是解释法律引发的道德问题。[44] 正如阿奎那所处理的问题一样，具有双重面向。首先，阿奎那解释，尽管法律是人为的，无论法律如何能增强义务，但是法律还是排他性地植根于道德法和宗教法之中。凭借立法者的决议，**禁止性恶**（*mala prohibita*）变成了**自身恶**（*mala in se*）。立法者将自己的意志变成了义务的来源，应该对立法者的权力施加限制，并

──────────

〔44〕 参见 P. T. Geach, *The Virtues* (Cambridge：Cambridge University Press，1977)，p. 128，他写道，"你是否称他们为法律并不重要：问题是结果是什么"。

且，当人的意志违背上帝的意志时，这个限制就会出现，也就是说，依据道德法或宗教法，这**自身就是恶**（*malum in se*）。因此，不正义的人为法不是上帝的法，不需要服从。〔45〕这就是所有自然法口号所说的，并且以这种形式，在不违背实证主义者划清法律和道德的立场的情况下，即使实证主义者，也拥护自然法口号所说的。

在本世纪的文献中，除了作为实证主义自身文献中的攻击对象外，很少发现自然法口号。人们所发现的是一种持续的关注，即实证主义者忽视了法律意义的重要方面。然而，一般从实证主义者的回应中看到的是，在关切的表达中，无论多么间接，仅仅存在一种努力，去重复不可信的自然法口号。

富勒的著作列举了最恰当的例子，例证了不满的本质，也例证了实证主义不理会这个关切的倾向。富勒最痴迷和热爱的是，发展和维护法律规则中出现的推理（reason）、目的和证成的角色，这主导了他的学术生命。这个魅力采取了几种形式。在其描述性形式中，他强调目的推理（purposive reasoning）的角色在盎格鲁撒克逊法，特别是普通法的发展中所具有的作用。在这儿，在富勒所描述的法律推理的过程中，以及来自普通法的例证中，人们能发现富勒最优雅和最有影响力的著作。〔46〕

推理在法律程序（legal process）中的角色，也在规范性方面起作用，这体现在富勒的信念中，富勒相信

〔45〕　在 Finnis, *NaturalLaw and Natural Rights*, pp. 363-366 中，这种对阿奎那的解释在得到了很好的发展。

〔46〕　例子参见 Lon Fuller, *Legal Fictions*（Stanford: Stanford University Press, 1967），和 Fuller and William Perdue, "The Reliance Interest in Contract Damages," 46 *Yale Law Journal* 52, 373（1936-19-37）.

"当人们被迫去解释和辩护自己的决定时，其效果通常把这些决定推向了善好"。[47]最后，很可能富勒也宣称其观点在某种意义上是概念性的，是对法律本身意义的宣称。[48]正是在概念宣称上，实证主义才得以突破。"他的一生……热衷于……目的，"但人们当然应该知道，目的既可能是邪恶的，也可能是善好的。[49]到此为止，从法律具有目的性这一全然事实中，就可努力推出法律和道德之间的联系。此外，富勒观点的规范性方面，被解释为关于推理与善好之关系的经验宣称，也成了现代怀疑论者的目标：我们必须记住，一些极邪恶的体制，试图借推理的甜言蜜语掩盖他们的暴行。因此，为了反例，人们无须去考察邪恶体制，而是要考察人性本身以及面对激情时理性的无能，并且，也要考察可合理化目标的角色，这个目标是完全贯穿道德可接受性的目标。[50]纵使富勒的描述性宣称，现在也面临着新一代的怀疑论者，他们渴望揭穿目的，认为目的就是各种狭隘利益——经济、社会、阶级——的脆弱伪装。[51]由于富勒的持续关切，人们可能会这样推论。

---

[47]　Lon Fuller, "Positivism and Fidelity to Law—A Reply to Professor Hart," 71 *Harvard Law Review* 630, 636, (1958).

[48]　参见 Fuller, *The Morality of Law* (New Haven: Yale University Press, 1963), pp. 145–151.

[49]　参见 Hart, Review of Fuller's Morality of Law, 78 *Harvard Law Review* 1281, 1286–1287, 1296 (1965).

[50]　对于富勒这些批评的深思熟虑的评价，以及最终赞成他关于理性与善的关系的观点，参见 Rolf Sartorius, *Individual Conduct and Social Norms* (Encino, Calif.: Dickerson Publishing Co., 1975), pp. 169–173. 并参见 Soper, book review, 75 *Michigan Law Review* 1539, 1551–1552 (1977).

[51]　参见 Morton Horwitz, *The Transformation of American Law* (Cambridge, Mass.: Harvard University Press, 1977).

　　然而，针对富勒试图描述过的现象，存在另一种观点，该观点避免了这些攻击，并同时将其关切与我一直在讨论的法理论问题联系起来了。对富勒的概念性攻击和对推理价值的规范性分歧，都针对这个观点，这个观点试图从概念上或从经验上，建立法律制度与实质善好之间的联系。简言之，他们的攻击基于这样的假设：对推理和目的的强调，及推理和目的与善好的关系，就是陈旧的自然法口号的变体。但是，人们无须让自然法口号的概念性宣称，察觉到对目的和推理的强调，在当下的法理论模型中，忽略了目的、推理等要素。这不是说所涉及的、对法律至关重要的目标，实际上是不正确或不正义的，而是说一个事实，即完全引出了目的——推理和证成，而非命令和意志主导模式，在此模式中，形成、辩护、修正和重塑规则。概念性宣称所需要的仅仅就是，法律和证成规则的特定程序之间存在联系，而不是法律和任何特定的、可能来自这一程序中的实质结果有联系。

　　关于对富勒所描述的这个程序的攻击，有一些公开目的促进了司法发展和法律学说的转化，需要寻找藏在公开目的之后、隐秘不明的利益，即使是那些最渴望寻找的人，也不太愿意认为是法律心灵（legal mind）意识到了，实际目的和表面目的之间所声称的差距。[52] 这最多是，程序的参与者自欺欺人和充满幻想的指控，却又相信这受推理引导。这种指控根源于法律现实主义（legal realism）（讽刺的是，法律现实主义的鼎盛时期也是富勒最有影响力的时候），这种指控原封不动地遗忘了一个现实，我曾把这个现实看作是法理论所忽略的维度：价值主张，在支

54

〔52〕　参见 ibid., p. xvi.

119

持某些需求的准备中体现了这种价值主张，这些需要忠于某些论证，这些论证是为了证明法律制度满足全体人的利益。

当下，对实证主义不满的第二个例子来自德沃金（Ronald Dworkin），[53]这个例子既没有采用古典自然法口号的形式，也没有采用成熟的、可替代性的概念理论的形式。眼下还不是时候去重估德沃金的法律观所激发的争论，特别是因为，我曾经觉得许多讨论似乎走进了认识论上的死胡同。尽管德沃金的观点在风格上别具一格，但与富勒的观点类似，值得费点笔墨。第一，德沃金最熟悉美国法律制度，其理论被看作是描述美国法律制度时的最强理论。假如其理论被看作是关于法律指称（the meaning of law）的概念理论，则是最弱的。

第二，该理论的描述性方面最突出的特征，是那些对推理过程的强调，依据这些推理，法官最终证成其决定，远远超出当前惯习所意欲的原始现实以及证成惯习的终极政治原则。事实上，德沃金所提供的、用之描述的经验性证据，几乎囊括当事人、法官、律师所表达的观点，这些观点坚持认为，实施组织制裁必须被正当化（be justified），而不仅仅是接受其权力地位的官员强加的。当然，德沃金走得更远，同样的证据可以揭示出，正当化（justification）必须采取某种形式——需要司法介入，并始终保护可确定的、先存性权利（preexisting rights）。但具体的观点是，独立于正当化所要求的描述，独立于正当化要求所激起的回应，而我的目标是次要的。

第三，与富勒的情况类似，勾连此正当化程序的外在

---

〔53〕 Dworkin, *Taking Rights Seriously*, chaps. 2-4 and pp. 291-369.

努力，再次导致了概念性宣称的缺陷，因此法律带着特定的结果：此结果符合最健全的政治或道德理论的要求。尽管通常认为，德沃金是在他最矛盾的地方才表明，他谈论的到底是实证性道德（positive morality）还是批评性道德（critical morality），那个矛盾之处也许反映了上面讨论过的难题，局外人和局内人的区分难题（这个区分相当于实证性道德与批评性道德之间的区分），这人为地扭曲了正当化程序的本质。正如局内人所见，这个正当化程序被认为受批评性道德原则的引导，以至于从局内人视角来看，实证性道德和批评性道德，从来不会自觉地产生分歧，无论有多少理论分歧，都可能引发更多地逻辑论证，此逻辑论证使得流行道德不断被重估。

法理论

通过回到阿奎那，并将阿奎那的法律定义（常常被看作是自然法的古典定义）与从富勒和德沃金那里淬炼出的定义相对比，人们可以将这串学说捆在一块。阿奎那说：法律是"照管共同体的人，为着共同善所颁布的理性命令"。[54]此定义陈述对通常的理解做了些微修正，表达了我渐渐在勾勒的法理论的本质。不是把限定"法律"的定义解释为，事实上服务共同善的命令（ordinances），而是将其解释为，仅要求法律指令旨在服务于共同善，无论它们的范围有多宽广。[55]法律制度的本质特征是对价

---

〔54〕 Thomas Aquinas, *Summa Theologica*, pt. II, first part, quest. 90.

〔55〕 法律仅仅意欲、而非实际去实现共同善的主张，明显区分了这里所发展出来的理论与菲尼斯的其他类似理论。菲尼斯还根据阿奎那的定义，发展出了法律定义，但菲尼斯要求法律实际上符合实践合理性的基本要求，尽管（它们）不必然或者通常不必然是法律，是公民在他有机会时，自己会制定的

55

值的信仰，以及那些为了全体人的利益而施行统治的人的善意宣称。正是这种对正义的宣称，而不是事实上的正义，其在概念上与法观念联系起来了。[56]因此，各种强力（force）和价值信念代表法律、道德和强制力（coercion）之间的不同。法律把组织性惩罚和惩罚实施者对正义的宣称融合在一块。道德也有同样的宣称，但缺乏惩罚。强制性制度单独依赖惩罚，不附带任何对正义的关切。

　　另一个自然法口号呢？也许是从法理论的悠久传统中提炼出来的，包括自然法的关切和实证主义者的方案的精华。对于实证主义者，人们可能会同意，规范体系的实际正义或不公正，并不能决定该制度是否是法律制度；对于非实证主义者，人们共享这样的信念：法律比这套规范包

法律。参见 Finnis, *Natural Law and Natural Rights*, p. 289. 菲尼斯的大部分研究，致力于以一些方式发展这些实践合理性的诸要求，在菲尼斯自己看来，这些方式使得这项工作，主要是道德理论，而不是法律制度的概念理论。见 Finnis, *Natural Law and Natural Rights*, pp. 18, 25, 276-281. 此外，关于本研究的核心问题，菲尼斯总结（未提出论据）认为，不符合实践合理性要求的法律，不具有遵守的初显义务。见 Finnis, *Natural Law and Natural Rights*, p. 359. 与此不同，本书得出的结论是，努力去符合实践合理性的真诚性，就可以要求至少微弱意义上的义务。(Soper 提前发表了自己的观点。——译者注)

　　[56]　法律蕴含着官员相信正义，在回应拉兹的这个类似观点时，哈特声称这种理论在很大程度上仍然是一种实证主义理论。参见 Hart, *Essays on Bentham*, p. 153. 由于文本中所强调的原因，该结论来自一个适当的视角。我对哈特的描述所做的表面修改是很轻微的：他的"接受态度"构成了承认规则的基础，我把其"接受态度"限制在，承认和捍卫规则是正义的范围之内。但从另一个角度来看，这种修改意味着，对理论的严重抨击，且否定了法律与道德之间的任何概念性联系。为了捍卫对正义的真诚信仰，法律官员会发现，规范性命题既是法律原则的一部分，也是人类（立法）行为的描述，而且，像德沃金所说的，为了证明判决是合法的，必须深入到政治和道德理论中去。参见 Dworkin, *Taking Rights Seriously*, p. 67. 实证主义者试图在描述和评估法律之间，划清界限的紧张局面，反映了试图在对规范体系的内部和外部视角之间，划分界限的张力。

含更多的内容，这套规范是有效的、可实施的，被官员们自愿接受，随时施加给臣民。正如制度服务全体人利益一样，对制度的美好辩护也确保了，在统治者和被统治者之间至少存在互惠性纽带。为了支持这一观点，目前我只证明，缺乏此特征的任何理论，将不能把法律从强制制度中区分出来，也会扭曲对法律的规范性态度的许多持续性特征，这样的规范性态度既能在臣民之中，也能在统治者之中，发现从这个意义上说，官员对正义的宣称，就是法律的规范性模型的必要特征，即便这个描述本身就是目标。我所说的更有意义的目标是定义。因此，仍需去解释为什么这个特征对法观念而言是必不可少的。据此，第三章将表明，官员对正义的宣称是必要的，并且与第二个条件相结合，足以说明政治义务。第四章展示，这种道德哲学的结论，如何与这里得出的结论相联系，从而使得下面这种观点看似合理，即某些制度是"法律"制度，不仅是因为接受了基本的基础规则，而且因为这些规则也被论证是可接受的。[57]

56

---

〔57〕 可以在以下的总结中能最清楚地看到，这里所描述的理论与本章所检讨的理论之间的对比，以及对下一步任务的指示：

1. 哈特在《法律的概念》第五章中描述了，法律必须蕴含义务的观念，我很严肃地对待这种观点。

2. 在法律制度中，经常或有时或总发现各种各样的规范性态度，这是经验性事实，我不是通过观察作为经验之物的这些事实，以在法律的概念中定位这义务的观念；而是通过表明存在守法义务之观点作为道德理论的问题是有效的，以在法律的概念中定位这义务的观念。

3. 我把这种分析辩护为法律的定义，是因为它更好地满足了人们的利益，这些人想要了解，他的道德义务是什么，这比这种定义要好，它仅关注受处罚的概率。（为什么是道德人，而不是坏人，应该成为适当法理论的检验标准？对此问题的回答，请参阅本书第六章的结论部分。）

第3章
政治理论

57　　我上一章提出但搁置的问题，是本章的中心问题：对劫匪的反应和对收税官的反应的不同，如何加以证成？当然，说存在不同，不是说人们相信他们应该总是遵守法律，也不是说人们应当如此推论。公民们认为，良心要求不服从而非服从，这就是熟悉的例子。还有一种观点认为，人们总是有服从的道德义务——并带有这个结论：市民不服从的记录也是不道德行为的记录——这种观点违反常识：义务能相互冲突，也会相互冲突。为了服从挽救生命这样更重的责任，能合理地不遵守承诺。为了履行更紧迫的、不可预见的义务，也能合理地拒绝家庭责任。与仁慈和怜悯相比，诚实并不总是更好的。

当然，人们能设计一项研究去追问，假如法律就是绝对地负有义务，那法律应该是什么？但是借助这种理论，这种研究能得出结论的唯一方式是，其定义仅仅把法律看作是一些指令，在发生责任冲突的所有情形中，这些指令就证明了存在道德优越者。这种理论迫使人们首先进行道德算计，法律被当作标签，表明道德算计的结果。出于这个理由，古典自然法口号毫无用处。古典自然法口号被解释为一种法理论，假装给法律奠定道德义务的基础，事实上，鉴于平等对待法律义务和道德义务，仅仅是道德义务得到奠基或实际上得到加强。

初步准备

这些考虑解释了，为什么绝大多数最近的理论家更 58
倾向于讨论初显义务，而不是绝对义务（absolute obliga-
tion）。从这个角度而言，在其他情况一样时，人们有义
务服从税收官而不是劫匪，这大体上能描述对税收官和
对劫匪的不同反应。尽管仍假定了对税收官的最初的道
德反应，而在劫匪情形中缺乏这个道德反应，（在其他
情况不一样时）这个焦点的转变，为证成不服从留下了
空间。[1]

术语学

义务之语言引发的问题，超过了区分这一术语的初显
意义和绝对意义所引发的问题。例如，一些人认为，相对
于道德正确性而言，义务是个更狭窄的概念。因此，有一
种论证揭示，某人应（ought）遵守法律并不必然确立遵
守的义务（obligation）。考虑我的四人组中的另一位成员
（乞丐）紧急需要钱，事情就会变得复杂。我们将用什么

---

[1] 初显义务和绝对义务之间的区别，通常可以追溯到 W. D. Ross,
The Right and the Good (Oxford: Oxford University Press, 1930), chap. 2. 在政
治义务的背景下，适用和改善这一区分，参见 Smith, "Is There a Prima Facie
Obligation to Obey the Law?" Chapter I, note 13 above. 正如将要清楚显示的那
样，我使用的"初显义务"，在赞同遵守的道德理由方面，比罗斯要弱得多。
今天很少有作家捍卫这种立场：存在绝对义务。

虽然苏格拉底有时候被认为持有这样的观点，参见 William Powers,
"Structural Aspects of the Impact of Law on Moral Duty within Utilitarianism and
Social Contract Theory," 26 *University of California (Los Angeles) Law Review*
1263, 1263-1264, n. 2, 但是他指出苏格拉底在《克力同》和《申辩》中传
达的观点不一致。

语言描述对乞丐乞求的合理回应？面对这个问题，人们能发现，在当代道德哲学中至少如下几种回答：

1. 一些人会说，假如所乞求的数额很小，并且这笔钱对乞丐的用处巨大，那么在道德上，人们应该（ought）施予所乞求的救济，尽管人们没有这样做的义务（obligation）。

2. 其他人拒绝区分义务和道德正确的结果，例如，他们会推出，利益增强了源自施惠的满足感，这使得施惠既是义务又是道德正确的事情。

3. 其他人仍然认为，人们也许有责任去帮助那些需要帮助的人，但是没有义务这么做，因为义务源自同意或其他自愿性行为，反之，责任自然源自个人无法选择的环境。

4. 最普遍的观点可能是，人们没有施惠的道德约束——义务、责任或其他约束。施惠是慈善行为，超越于责任要求之上。给予道德颂扬是合适的，但是进行道德谴责就不合适。

5. 最后，人们会一块回避"义务""应该"和"责任"之术语，代之以行动理由（reasons for action）。可能会强烈主张，人们有帮助乞丐的道德理由，但没有帮助他的其他理由（自利理由、美感理由）。那么，仅仅剩下的问题就是，解释道德理由何时、何以重于其他类型的行动理由。

这些术语的各种变体表明，人们面临一个棘手任务，即解释政治义务是什么，更不用说去证明政治义务的存在。幸运的是，为了当前目的，在这些语言方法中进行选择是没有必要的，理由很简单，即道德语言的精致分析，貌似可信地传达了一些难题，而我们试图解决的困惑，比

59

这些难题的任何一个都更基础。对税务官的收税要求的通常回应，被我描述为值得尊重、值得留心的。无论多么无力，绝大多数人都勉强承认，法律具有道德合法性（legitimacy），在劫匪情形中，完全缺乏这种道德合法性，这是日常经验的事实。人们也许会通过反思认为，道德宣称是虚伪的、软弱的、容易被其他更强的宣称压倒的，但是，所有这些描述都指出了实践推理的过程，而在劫匪情形中完全没有这个过程。劫匪所关心的是，实践理性仅仅权衡威胁性惩罚的分量及其实施的可能性。就是此种对比提出了指引研究的难题：和法律相关的什么东西，能证成任何程度哪怕十分微弱的道德尊重？

关于这种提出问题的方式，有三个井然有序的评述：第一，我不相信任何真实的事情取决于术语的选择。上面所描述的任何回答，都能很好地同等表达问题的意义。因此，人们能轻易发问：法律必须是什么，才能蕴含无论多么微弱的道德理由，或者蕴含无论多么微弱的遵守法律的初显义务或责任。这种看法是必要的：即使是道德上尊重法律的最弱态度，也要努力为其奠基。接下来，我将带着某种理解，继续讨论行动的义务或道德理由，这种理解认为，那些看法认为彼此交叉，也认为他们与最低程度的道德敬意的概念上交叉。

第二，与之前归因于自然法口号的问题相比，这儿提出的问题在另一个极端，这不值一提。与其定义法律以确保法律总负有义务，人们不如积极寻找一套理论，以解释为什么法律有服从的倾向。与道德截然不同，在此方法中，要保留独立的法律概念，但同时，要给直觉留出空间，即直觉法律具有某些道德权威，尽管这不是绝对的。

第三，所描述过的美德可看作反驳意见，我预期此反驳意见也是一个老虎钳，在这种钳制之中，试图谋求对法律的道德权威的温和解释。反驳意见继续指出，与最低程度的尊重相比，政治义务是更强的约束，由此，能巩固最低程度的尊重的解释，不能解决巩固政治义务的问题。对此，有两个有力的回答：一是为法律的道德权威提供哪怕是最薄弱的基础，这是一种成就，现在的法律和政治理论家忽略了这种成就。[2]二是一旦承认政治约束不是绝对的，我们唯一担心的问题就是，给予义务的分量有多重，就像对术语本身的选择一样，细微的差别就会被忽视，正如它曾从绝大多数传统文献中溜走一样。毕竟，就像道德哲学不愿刻画生活的规范性要求的基础和形式一样，道德哲学是出了名的没有能力去衡量生活的规范性要求。

例解难题

为了避免有人认为，我轻易推脱责任把任务简单化，在此我将以一个论证开始，这个论证没有成功，但旨在树立对法律的最低程度的尊重。解释为何没成功，就是论证我所承担的看似温和的任务，何以对政治理论提出了疑问。

各位理论家以各种方式构想过这个失败的论证。例如，史密斯（M. B. E. Smith）认为这个论证是对义务的功利式辩护，其步骤如下：

1. 与完全没有法律制度相比，有法律制度更好，因为法律制度对生命、财产和自由提供了最低程度的保护。

2. 出现广泛的不服从时，法律制度无一能幸存。

3. 所以，人们有遵守法律制度中的法律的初显义务

---

〔2〕 例子参见 Joseph Raz, *The Authority of Law* (Oxford：Clarendon, Press, 1979), p. 235, 他认为服从的义务不仅仅意味着有服从的忠诚理由，而且，即使在这种"最温和"的意义上也没有这样的义务。另见第一章脚注12 的引用。

（a prima facie obligation）。[3]

结论并不源自前提，这种方式太明显了，以至于不值得投入大量的注意力，该论证已得到大量关注。此前提声称，在广泛不服从和法律制度带来的利益损失之间有联系，鉴于此，结论就是有遵守任何法律制度中的每个具体法律的义务。对这个结论的证成，要求一个不同的、尚未说出的前提：要假定任何不服从的行为都威胁法律制度。但是，违反法律和有规律地违反法律，并不意味着广泛不服从，也不意味着法律制度的整体瓦解。

该论证的失败，不仅仅是这个尚未说出的前提不具有真实性而导致的结果。在考虑相同论证时，沃尔夫（Robert Paul Wolff）指出了一个更基本的问题，沃尔夫的论证依赖这样的类比：在即将淹没的船上，船长发布命令决定救生艇的人选：

> 在这种情况下，我也许会决定我最好按他说的去 　61
> 做，因为不服从他而引发的混乱将会产生普遍的损
> 害。但是，就我做出这一决定而言，我不是**服从他的**
> **命令**。即我不承认他拥有在我之上的权威。假如，在
> 混乱中，其中一位乘客开始发布"命令"，并且得到了
> 遵守，那么，我将基于完全相同的原因做出决定。[4]

正如此段所说，该论证不成功的原因，给政治义务难题的任何解决方案，施加了一个极大的限制。我们所要求

---

〔3〕　Smith, "Is There a Prima Facie Obligation to Obey the Law?" Chapter 1, note 13, p. 965.

〔4〕　R. P. Wolff, *In Defense of Anarchism* (New York: Harper and Row, 1970), p. 16.

的是，证成遵守法律的普遍义务——不仅仅因为它是法律——不因为某些对遵从的独立论证，这些遵从仅仅是对具体法律或在具体语境中的遵从。毕竟，环境可能表明，最好在整体上遵守特定劫匪的指令，但很少有人会由此推出，存在普遍遵守劫匪指令的初显义务。所以，在法律中的情形也是一样的，不服从有时导致完全不合意的结果，但有时又不会。有些结果决定了适当的回应，而不决定法本身的某些特征，只要是对这些结果的独立算计。那么，人们就没有想出解决政治义务难题的方案。〔5〕就假设性研究而言，法律应该是什么才具有义务性？仅当把法律定义为包括那些指令，在特定情况下不服从这些指令，造成的伤害大于善好时，所描述的功利性论证才能成功。给我们留下的这个定义和自然法口号的定义极为类似，并且也一样恣意。

功利性论证的吸引力，也许来自其解释的倾向，对劫匪与对税务官的回应为什么存在不同？功利性论证将其解释为心理事实的问题。支持税务官的那个体制，远远多于单独发布交钱的命令。在整体上，人民能从复杂的规则和制度中受益，法律制度也提供了保护和服务。一般来说，对法律制度的这些实证态度，容易导致经验规则（a rule of thumb）的内化，经验规则抑制人们反对特定法律的倾向，以此方式，就不会发现万一在街头遇到陌生人使用武器的类似状况。需要强调的要点是，这种心理学解释无论多么

---

〔5〕 对任何成功解决政治义务之问题的这种限制的承认，是普遍存在的。见 Smith, "Is There a Prima Facie Obliga tion to Obey the Law?" Chapter I, note 13, pp. 951-952；Raz, *The Authority of Law*, pp. 233-234；A. J. Simmons, *Moral Principles and Political Obligation* (Princeton：Princeton University Press, 1979), pp. 30-35.

有效，都不是理论研究所需要的解释。政治义务的难题是，某人面临一种情况，在这种情况中，通过假定所有其他的遵从论证都是无效的：在任何事件中，正如在法律禁止谋杀的情况中，法律所要求的行为，不是那种能产生最佳结果的行为，此行为也不是其他道德理由所要求的行为。在这种情况下，功利性论证没法区分税务官与劫匪：把所面临的任意一种强力威胁拿掉，就不再存在服从的任何理由。这就是我所发现的：除了惩罚外，法理论还提供服从的一般性道德理由（a generally applicable moral reason）。

62

　　这个曾经称为对功利性论证的反驳，证明了对于政治义务难题而言，没有功利性解决方法是可行的，但得出此结论是错误的。所有已经证明的内容是：假定在无论多么微小的任何单个不服从行为，和法律制度整体瓦解带来的负面后果之间，有一种联系，依赖这种联系，没有功利性论证能成功。这种联系在经验上不具有可信性，无论经验性论证采取什么形式，都站不住脚。因此，规则功利主义者不能主张，在从不违背法律的情况下，规则优于更精确的规则，这些更精确的规则排除了这些情况，即不服从不引发灾难甚至还有好处的特殊情况。类似地，对于泛功利主义者而言，相关的问题不是，假如每个人都不服从法律会发生什么，而是如果仅在某些仔细限定的情况下，每个人不服从法律，会发生什么，在这些情形中，不服从不会带来灾难，还可能带来好处。

　　把个人不服从的效果，和普遍不服从的效果等同是不可信的，只要人们为政治义务发展出来的论证，不依赖于这个不可信的等同，就能证明是与功利主义的分析是相符合的。事实上，我将发展出的理论本不应该严重依赖，人们在以下两种争议中采取的立场，一种是后果主义者

(consequentialists) 和道义论者 (deontologists) 之间的争议，另一种是后果主义者内部之间，对功利主义的正确形式的争议。此外，在一般情况下，我将避免这些刻画道德理论的通常方式，但唯独承认它们所表明的东西，一旦发展出理论，如何使得理论要么符合道义论框架，要么符合功利主义框架？

除了普遍性方面的约束 (the constraint of generality) 外，有时会认为，政治义务的问题也必须满足具体性的要求 (a requirement of specificity)。普遍性指的是义务的起源，在自然法自身中能发现这种要求，与此对应地，具体性指的是义务的对象——例如，政治纽带把人和国家绑在一块。在这种意义上，这种观点可能意味着，政治义务难题存在具体性的要求，要求向自己的祖国证明特别义务，这种特别义务截然不同于，某人旅行时或临时居住在某国家时，对那个国家所负的任何义务。或者，这也许与这种思想有关，即使在一国之内，人们也必须从政治义务的目的角度区分公民和其他人——例如，游客或外国居民——其结果便是，政治义务难题在逻辑上变得与定义公民资格的难题有关。最后，只要某论证导致这样的结果：向超过一个国家或一个法律制度同时创设义务，上述观点也许就是要把这种论证，排除在政治义务难题的解决方案之外。例如，某理论旨在证明，存在一项支持正义制度或正义政府的义务，此理论就不能被看作是解决方案，因为，此理论意味着，一项义务去支持给定时间内存在的所有正义政府。[6]

---

〔6〕 参见 A. J. Simmons, *Moral Principles and Political Obligation* (Princeton：Princeton University Press, 1979), pp. 31-32.

　　如果不把具体性要求提升为，对政治义务难题的独立约束，上面最后那种解释就是可接受的。正如例子所演示的，有一种理论认为，义务源自支持正义制度的责任，而不是源自自然法自身，这种理论会破坏普遍性的约束。上述这种理论在本质上，不同于另一种基于宣称的功利主义义务的理论，这种功利主义义务理论宣称履行最优可能行为，正如我们讨论过的那样，这并不总是意味着一项遵守法律的义务。

　　前两种解释认为，人们必须证明国家和其公民之间有特别的纽带，这两种理论也能被反驳，最好的情况是，被认为与中心议题无关来反驳，最差的情况是，被认为相当具有误导性。解释守法义务的努力始于与强力、与税务官或劫匪这样的事实（de facto）权威的特别对抗，假如某人不服从，税务官或劫匪能用惩罚让他屈服。也许最后的结果是，仅仅在某些语境中，例如在国家及其公民之间，这种事实权威具有合法性。但是，在努力把那些具有实效的强力但是合法的情形，与那些不具有合法性的情形区分出来之前，不需要通过坚持具体性的约束来预判上面的争议。事实上，普遍的直觉可能就是，对于游客而言负有一项遵守外国法的义务。这里发展出的理论的一个优势在于，它解释了这个直觉，同时也注意到了一些要素：这些要素可能使得对外国的义务在分量上，而非在类别上，不同于其对自己祖国的义务。

方法难题

　　方法的问题是间接的证据问题。什么能被看成是，人们解决了政治义务的问题？或者在那种意义上，什么能被看成是也许没有解决方案？"深思熟虑的判断（considered　64 judgments）"是道德论证中的关键角色，[7]当最近的道德哲学向"深思熟虑的判断"让步时，他们以最坦诚的方式回答了上述问题。不证自明的命题最好限于逻辑领域，人们只能依赖道德论证，这样的道德论证依靠人们的常识所普遍共享的结论，常识都普遍关切正义和伦理争议。在这方面，我们的研究与政治理论都有一个趋势：为什么允诺在一开始就被认为具有约束力？在不离题陷入此问题的情况下，在其他语境中——例如允诺或同意的概念——开启研究义务的理论范式。

在我们的研究中，有部分内容伴随着最近的政治和道德理论，这些内容就是，我寻找理论范式和共识的根源。为了论证这些令人心安或不安心的深思熟虑的判断，道德哲学家做了一些假设，他们很少超越自己在假设时的聪明才智。例如，在政治理论中，同意理论和公平游戏理论是研究义务的理论范式，他们主导了讨论。某些论证试图证明，为什么通过将这些在政治语境中失败的理论范式的必要特征，与刻画法律的那些必要特征对比，就能发展那些在政治语境中失败的理论范式。得出的结论就是，那些对范畴情形必要或不必要的观点，其说服力成为政治抗辩（political confrontation）的最终依据，而此政治抗辩忽略了理论范式的必要特征。到头来，这些必要特征与从其他渊源发展起来的特征极为类似，例如，普通法在其几个世纪的历史中，发展出了一些原则，能规范社会中的陌生人，并在他们之间创设法律义务。

专业化曾经导致联系紧密的学科领域彼此漠视，正如

---

〔7〕 参见 John Rawls, *A Theory of Justice* (Cambridge, Mass.: Harvard University Press, 1971), pp. 34-49.

法理论与政治理论那样，由于这种专业化，哲学家漠视法官和律师所使用的理论范式，对此也不以为奇。其实，人们甚至会同情哲学家的怀疑主义，特定文化会发展出法学，以化解和规制普通公民之间的争端，特定文化的法学原则具有时效性，其应成为解决伦理基础问题的权威资源。毕竟，必须证实法律结果的是道德哲学家，**反之不然**。但是，当这种证实依赖于共识时，对哲学上毫无经验之洞见的故意忽视，就接近于傲慢了。无论普通法可能是什么，存在足够的证据佐证这种观点：普通法代表有天分的和善良的人的努力，努力寻找社会中，公正行为的理性一般原则，也努力证明普通法的功能就是洞见道德难题的资源。

通常范式的失败

在接下来的几小节中，我将反思奠基政治义务的通常方案，这些方案都使用了律师们熟悉的理论范式：允诺（promise）、信赖（estoppel）和不当得利（unjust enrichment）。法律义务的每一个这类渊源都对应在政治理论中论证政治义务的渊源。此外，为什么这些理论范式不能为守法义务奠基？针对这个问题，政治理论家给出的解释到头来就是，直接应用法律的陈述（law's statement），对提出法律主张的范式而言，法律的陈述是必需的。那么，一方面来看，这种方法为政治理论家独立得出的结论，提供了另一种确证。另一方面来看，这种方法使人们能避免烦琐的独立论证，其中，有的论证对义务而言是必要的，有的不是。最后，这种方法的优势是，我能以某种不熟悉的形式预演，对于我发展出的关于义务的替代理论和范式而言，这些不熟悉的形式是作为背景的熟悉故事。

65

允　诺

当约翰以严肃的表情同意，以谈妥的价格购买卡夫卡的白菜，约翰所作出的允诺使其负有义务，无论他有没有说过负有义务。[8]当约翰允许卡夫卡的送货员，卸下一定数量的主动送来的（unsolicited）白菜，约翰也负有付款义务。在这样的环境下，接受送货的行为，表达了与言辞同等的意思，非言辞的同意性指示与言辞指示有区别，我们称前者为默示允诺。[9]假如，当约翰不在家时，这批主动送来的白菜被卸在了门口，仅仅当约翰在能轻易不食用白菜的情况下而食用他们时，他才负有付款义务。不能仅仅因为约翰没有采取特别方式，甚至没有采取稍微严肃的手段做出不同意的表象，就认为约翰做出了同意。所以，对主动送来的（unsolicited）商品的要约，人们无须大声明示拒绝受约束，无论拒绝有多么微小，都是拒绝。[10]简言之，允诺自由要么导致某人在事实上做出同意，要么导致某人的行为方式，能被合理地推出暗含着同意。

不难看出，为什么允诺范式无法为政治义务奠基。例如，一些人以正式宣誓的方式，明确承诺遵守法律，但大多数人没有。因此，倘若法律制度要求每一位成员进行忠

---

[8]　对比 Lucy 诉 Zehmer 案［196 Va. 493（1954）］，与 Armstrong 诉 M'Ghee 案（County Court of Westmoreland County, Pa. , 1795, Addison 261）。文本陈述针对确立法律诉求所要求的东西，这些文本陈述是大多数法律命题的乏味入门书。权威性的引用都是标准的教科书案例，或者大多数美国法学院学生熟知的基本论著。文本之中，并非所有的法律陈述都会通过引用权威来记录。我在本节中的目的不是讲授法律，或记录有关特定法律规则的每一项主张，而是指出，通过独立的方法，在确证判决或确立其他研究涉及的直觉时，关于义务的法律推理的范式渊源如何得以应用。

[9]　参见《合同法重述》（1979 年第 2 版）第 19 条，第 69 条第 1 款 a 项。

[10]　参见《合同法重述》（1979 年第 2 版）第 69 条。

诚宣誓，但此宣誓计划不能解决假设性问题：法律应该是
什么样才具有服从的义务？因为在这种情况下，强迫会侵 66
犯允诺自由。这就使得政治义务仅仅剩下几种以默示方式
表达合意的可能性：

1. 因为某人选择待在某国，而非出走，就视为他同
意。仅仅因为在文献中经常提出和反驳这种观点，就确保
了这种观点会被提及。首先，法律制度不能给居民普遍性
地提供明确选择，而这是允诺类比所需要的；其次，假如
某社会突然提供了这种选择，移民的负担也许足够强大，
以至于侵犯"选择"居住之合意；最后，即使对于那些
选择移民的人而言，也有一些难题，至少，其困难就像高
呼不受拘束一样，假如不能高呼不受拘束，就不能为推出
合意进行辩护，**更不用说**为离开祖国辩护。

2. 上述各种观点的变体都认为，那些不仅留下而且
接受了国家给其带来的好处的人负有义务。但是，假如只
能以离开祖国的方式来拒绝好处，那么此论证与之前的论
证，没有本质不同。回到主动送来（unsolicited）商品的
情形中，这种情形足以创设一个令人生厌的许可使用，并
由此在大多数司法案件中，不负义务而可以接受好处。[11]
至于那些容易被拒绝的好处，例如附表利或其他社会服
务，在提出这些好处时，不附带这样的意思：接受就意味
着遵守法律的允诺。假如附带这个意思，那么，就视为那
些在此条件下，故意接受的人做出了允诺。但是这不意味
着，其他不在此处境下的人有类似义务。

3. 政治理论家们试图从民主投票行为中推出对政治

---

〔11〕 参考 39 U. S. C. § 3009（1976）. 此结果无可否认地代表了普通法
应对现代消费者保护之要求在法条上的变化。参见《合同法重述》（1979 年
第 2 版）第 69 条第 1 款 a 项和 e 项的评述。

义务的允诺性解释，他们面临的任务十分艰巨。假如选举的意义重大，并且是公民之为公民的权利，那么，就不能把选举看作为守法的默示允诺；另一方面，假如选举明确附有忠诚宣誓的限制（或者从惯例上能做如此理解），那么，选举的"权利"就不再是自由民主理论所通常预设的那样，是无条件的。此外，即使附有此条件的宣誓，也不能被认为是"强制的"，决定放弃选举而不宣誓的人，仍不负有服从的义务（当然，那些生活在非民主政制中的人，也不负此义务）。

针对任何政治义务的允诺理论，从上述例子中能总结出以下几个结论：

1. 几乎没有人做出事实上的同意。

2. 由此，人们必须依赖，对人们有约束力的协议的类比，因为这些协议提供了同意的客观指示，理性人能从此同意中推出事实性同意。在这种意义上，禁止反言而非同意，开始作为义务之基础而出现。

3. 允诺性语言如果不是来自窘迫处境和表面意图，那就是推出事实同意的合理基础。但是，绝大多数人没有进行忠诚宣誓。

4. 可以推出，同意行为仅仅剩下非言语行为。但是，这些非言语行为必须是这样的行为，即某人在从事此行为时，知道行为所显现出来的意义，并且某人拒绝从事此行为是十分容易的，在惯习上也是被允许的。

在这些限制条件之下，无法产生一种能约束所有公民的一般义务理论，但这种一般理论就是人们应当期待的。因为，基于允诺的义务的核心，依赖于行为人的自愿性，所以，政治理论之难题的关键就是去解释，在绝大多数人缺乏自愿选择国家或居住地的情形下，义务如何产生？基

于允诺的理论，让人们不自愿地被迫承担契约义务，基于
允诺的理论就是这样的理论，在这种理论之中，人们忽视
自己发给其他人的信号。细心的公民努力寻找基础以说
明，在缺乏事实同意的情况下的服从义务，但在这里，找
不到这样的基础。

信 赖（estoppel）

行为的重复性能创设规律性期待，这种期待能让其他
人信赖行为继续重复下去。类似地，计划在将来采取某行
为的声明，能引起实施行为的期待，即使某人应该知道，
信赖他人不改变其想法，是一项冒险的事业。这样的信赖
有时是合理的，有时不是。假如某人明知或应该明知，他
人合理信赖一系列有目的的行为或陈述时，某人可能负有
一项不偏离行为习惯的义务。[12]由于约翰每年都要腌制其
远近闻名的圣诞泡菜，假如卡夫卡明知，约翰信赖卡夫卡
每年都会送白菜，那么，除非卡夫卡及时提醒约翰应开拓
替代货源，卡夫卡就负有一项每年继续送货的义务。约翰
所信赖的行为完全是无因性的，是合同没有规定的，对前
述观点的质疑，将围绕约翰所信赖之行为的合理性（rea-
sonableness）展开。假如卡夫卡声明他将免费供应白菜，对
约翰所持信念的质疑就会变弱，因为卡夫卡的声明的意图
增加了约翰的信赖的合理性。假如，卡夫卡的白菜因为和约
翰的泡菜绑定一块，获得了声誉和价值，纵使没有正式的合
同来管理现在的双向互惠利润，约翰的信赖也会变得更强。

我已指出，基于允诺的义务源自人们的无意性举止，
表现出了一种同意，而他人依赖这种同意，这种基于允诺
的义务类似于基于信赖的义务。事实上，两者都是"合

68

[12] 参见《合同法重述》（1979 年第 2 版）第 90 条和 a 项的评述。

理的疏忽（sound in negligence）"，基于允诺的义务是由于无意识地使用了惯习性举止（conventional signals）；一些条件会给理性的人们，造成安全的假象，在创设这些条件（非惯习性举止）之后，对行为突然变化带来的结果的无意疏忽，引起基于信赖的义务。因此，不容易独立地区分出，基于信赖的对政治义务的论证。此论证不同于业已讨论过的基于允诺的论证，彼得·辛格（Peter Singer）曾提出了一个例子：

> 借助民主制中的选举，我认为有一种遵守法律的意图，此意图源自民主程序。他人会信赖此意图的外观。又或者，他人信赖我的选举行为，并且结合我过去的遵守记录，形成了我将继续遵守法律的期待。在这种情况下，我有义务不以不服从的方式突然辜负其期待，即使我从未明确同意遵守法律。[13]

拉兹曾指出，此论证的一个漏洞是，仅仅从投票行为或从过去的遵守记录，人们并不能普遍形成，对某人自愿遵守法律的期待。[14]此外，即使形成了这种期待，也很难把选举行为看作默示同意行为，出于同样的理由，很难把这种期待看作是合理的。选举的理由多种多样，遵守法律的理由也是。选举行为表明了对法律本身的尊重，也有很多理由来证成这种推论，基于这种推论，他人对将来会有合理期待。但是，这种论证存在一个更基础的难题。即使出现对法律外在尊重的合理期待，也很难去考察，突然

---

〔13〕 这个例子源于 Peter Singer, *Democracy and Disobedience*（Oxford：Clarendon Press, 1973）, p. 52.

〔14〕 Raz, *The Authority of Law*, p. 241.

偏离行为何以导致其他人的损害。在某种程度上，人们去误导某些人或他们所有人，在源初意义上产生这种想法：人们自己的参与是基于对法律的尊重，不用考虑上述看法，这是因为：参与式民主的优势及蕴含在法律惩罚中的服从的审慎理由，足以诱导其他人继续参与。

这最后的讨论指出了基本缺陷，此缺陷影响任何基于信赖的政治义务理论。这种理论的变体以下面各种论证形式体现：

1. 这是一项合作的事业，除非某人能信赖他人也有类似牺牲，否则无人承受这种牺牲。

2. 假如我误导他人信赖我会合作，那么他们将会做出在其他情形下不会做出的牺牲。

3. 在这种情形中，我负有一项完全附随的义务，即当轮到我做出牺牲时，我做被期待的事情。

第一个前提，即使是正确的，也错失要点。即使法律制度的创造性和稳定性，依靠我们普遍信赖他人的合作，那么，威胁性惩罚就能单独很有效地确保合作。假如某人指望尊重法律的道德观点，后来发现我们都是"坏人"，因此沮丧，合作的事业依然会很好——事实上，霍姆斯曾精确指出过这点。

类似的理由也揭示第二个前提有相同的错误。即使他人被误导认为，我出于道德理由而合作，那么，当我澄清他们所处的情形：他们通过做出他们在其他情形下不会做出的牺牲，独自承担了责任，这是不正确的。审慎理由就是惩罚，充分的审慎理由使得事业行之有效，由此，他们无论如何也会做出这些牺牲。

信赖论证好像极有可能是有效的，仅仅在不依赖惩罚的自愿性事业中，信赖论证才完全有效。有一个熟悉的例子，假如每个人通过合作，在其车里安装控污设备来确保优质空气，并且，假如其他人仅仅因为我误导而认为，我安装时他们才会自愿安装，那么，这实际上就是这样的情形：我有义务把属于我的事做好。但是，任何单个违反之人，是否真正有损事业？除了这个问题之外——在搭便车的语境中，这个问题挑战论证——在法律中，搭便车不是免费的。我拒绝时，我同时支付了我的金钱、自由和生命。无论法律是其他什么，法律至少是强力，这个原始事实又一次妨碍了我们为政治义务奠基的努力。

不当得利

假如约翰错误地多支付了卡夫卡他所同意购买的白菜货款，卡夫卡有义务返还多付的金额，尽管卡夫卡没有承诺过返还，也不对约翰的错误负责。[15]当多付货款明显不是馈赠时，占有多付货款的收益，就是卡夫卡的不当得利，此占有以约翰的损失为代价。仅当保有某些受益是不正义时，这个标准创造了基于受益的义务，这个标准把精确性条件具体化的任务弄复杂了，这些条件支配理论范式的应用，尽管这个标准是模糊的，但在某些情况下至少又是清晰的。假如卡夫卡在不询问的情况下，趁约翰不在家时，给约翰的房子刷漆，纵使约翰很乐意别人刷墙，也从刷墙中获益，纵使卡夫卡并无馈赠的意思，约翰没有义务返还受益。在这种情形中，法律认为卡夫卡多管闲事，[16]

---

〔15〕 参见 George Palmer, *Law of Restitution* (Boston: Little, Brown, 1978) vol. 2, § 11. 2, pp. 492-493.

〔16〕 参见 George Palmer, *Law of Restitution* (Boston: Little, Brown, 1978) vol. 2, § 10. 1, p. 359. 关于哲学家独立发展爱管闲事的中间人的概念，请参见 Robert Nozick, *Anarchy, State, and Utopia* (New York: Basic Books, 1974), pp. 93-95.

一部分原因是，约翰返还强加给他的利益不是很容易，也因为卡夫卡蓄意地避免，一些合同可以首先确保的明显意思，而合同交易才是可欲的。相反，医生帮助了昏迷的受害人，一般预期这位受害人会支付对价，尽管在该情况下没有提前签订合同，[17]但我们可以合理假设本应签订真实合同，基于这个假设，医生能从其服务中获得对价。

政治义务可能也源自从法律制度中获得和享有的利益，这种思想至少与苏格拉底的申辩一样古老，在《克力同》中，苏格拉底基于这些基础为义务辩护。这种思想的最近讨论集中在公平游戏（fair play）理论之中，罗尔斯在下面这段中发展了这种理论：

> 假设存在一项互惠且正义的社会合作事业，并且，假如每个人或几乎每个人都参与合作，这项事业才显现优势。进一步假设，合作要求每个人做出某些牺牲，或者至少涉及某些对自由的限制。假设最后合作产生的利益，直到某一点上都是免费的：即在某种意义上，这项合作事业是不稳定的，因为，如果任何人知道所有（或几乎所有）其他人将继续尽他们一份力，那么，即使他不尽自己应尽的一份力，他依然能从该事业中获得好处。在这些条件下，接受了该事业好处的人，就受到公平游戏责任的约束，去尽他的一份力，并禁止以不合作的方式使用免费利益。[18]

---

〔17〕　参见 George Palmer, *Law of Restitution* (Boston：Little, Brown, 1978) vol. 2, §10. 4.

〔18〕　John Rawls, "Legal Obligation and the Duty of Fair Play," in *Law and Philosophy*, ed. Sidney Hook（New York：New York University Press, 1964）, pp. 9–10.

我们很容易把这个论证与先前所考虑过的信赖论证混淆，特别考虑到牺牲其他人时。假如公平游戏论证的作用，是作为论证义务的独立的理论范式，那么人们就不能这么假设：他人被误导信赖每个人在牺牲自己进行合作，而这种牺牲对创立合作事业而言是必要的。批评性的看法**71** 就是，无论什么理由，一旦成立，就对那部分坚定地选择分担好处的人，创设了义务。

人们也认为，基于允诺的理论，依赖于对好处的接受，公平游戏论证与此有何不同？留心这点很重要。基于允诺的理论要求，接受好处的有意决定，而这个好处很容易被拒绝，也要求接受理由的有意决定，这个理由是用来理解下面的事情：这种接受包含互惠的承诺。为了避免公平游戏论证蜕变为默示契约论证，必须假定两个条件中，至少有一个是失败的。即必须假定，要么不能轻易拒绝好处，要么不可能以某种方式接受好处，从习惯上讲，不能把这种方式理解为蕴含支付对价的允诺。在政治义务的语境中，第一个假定是可以得到辩护的。绝大多数社会上的好处，以一种不允许人们轻易避免的方式被给予。某些好处，像警察保护、火灾保护或教育，在某种意义上，也许会以纳税的方式支付对价。来自其他公民服从法律的好处包括在内的其他好处都属于公共产品（public goods）。它们是国家提供的、一揽子服务的部分项目，绝大多数人不自觉地发现，自己身处这样的国家。这是主要理由用来解释，为什么基于允诺的义务理论强调没有好处，并且为不当得利理论设下了一个类似的障碍。

我们业已知道，如果有人给约翰的房子刷漆来让他受益，约翰对此多管闲事的举动不负有责任。但是，当约翰的邻居给房子刷漆时，对这些邻居而言，约翰也没有责任增加其房子的价值，以增加街坊们的不动产的价值。（假如这不是信赖论证的话）假定约翰的邻居有冒险刷漆的自利性理由，纵使约翰会从中受益，此冒险并不依赖于约翰的付款意愿。某人必须首先是一位参与者，才有义务公平地玩游戏。无论是否有约翰的合作，此冒险都会继续，不能仅仅因为无法把约翰从此冒险行为的受益中排除出去，就强迫约翰玩游戏——参与、合作。

依据法律，某人被迫受益时，有义务支持对价，对此的质疑主要来自失误情形。假如卡夫卡犯了个无心之过，给约翰的房子而不是给他本想刷的房子刷了漆，在这种情况下，有更强的理由要求约翰支付其得到的收益，如果约翰本人对卡夫卡的过错要承担部分责任，支付对价将是确定的。但很难考察，这种基于受益人的过错而产生义务的理论，何以能应用到政治义务语境中，在政治义务语境中，受益不是过错的结果，它在很大程度上是自我服务的事业，也不能排除搭便车而附带产生的结果。

假如能轻易拒绝，而非接受，我们所讨论的好处，区分对义务的结果论证（the resulting argument）与普通的允诺论证就是很重要的。假如约翰接受了卡夫卡的送货员送来的白菜，约翰就负有付款的义务，无论他多么清楚地宣告他不同意付款。[19] 当某人急切地接受排他性的（ex-

72

---

[19]　在这方面，最近在哲学上有人试图将基于利益的理论与同意理论区分开来，但却是含混的。例如，西蒙斯认为洛齐克的观点是，只有在有默示同意的情况下，受益才产生义务。参见 Simmons, *Moral Principles and Political Obligation*, pp. 124–126. 西蒙斯反对这种观点，并且，基于不同意而接受的利益，建构了义务情形的例子。这个例子是这样的：挖掘一口街坊井，为社区供水。琼斯投票反对这项计划，并宣布他不同意。挖好井之后，琼斯仍然从井中汲水，都拒绝同意付款。西蒙斯说，这是　个基于受益的义务的例子，此义务不源于默示契约。参见 Simmons, *Moral Principles and Political*

cludable）商品，并且仅仅在支付对价的条件下，才能获取商品时，人们不需要不当得利理论来解释，真实契约为什么与付款义务无关。盗窃（变体）理论或可归责的承诺（imputed promise）是足够的，* 但是，由于已经绕过的原因（社会中排他性的好处是罕见的），这些理论无法解释政治义务。通常情况下，在提供这些排他性的好处时，不附带有支付标示价款的义务。即使假如附带有支付标示价款的义务，绝大多数人都会发现，很容易避免这样的处境，即从那些努力创造好处的人手中夺取好处。

为了把不当得利从允诺中区别开来，人们应该明了的是这种情形：在此情形中，所得到的好处不是他人的排他性财产，而是因他人的付出而产生的财产。例如，假如基于一份有争议的遗嘱的同一个条款，约翰和卡夫卡都可以继承财产。约翰而非卡夫卡在诉讼中继续纠缠争议点，并成功捍卫了一种解释，这种解释使得卡夫卡在无须进一步诉讼的情况下可以取得他的份额。很清楚是卡夫卡得到了这些好处，但卡夫卡有义务和约翰平摊诉讼成本吗？约翰的诉讼代理人能向卡夫卡收取额外费用吗？毕竟卡夫卡并非他的当事人，也从未同意起诉此事。不幸的是，这些问题把我们引向了方法上可企及的限度，我曾经选择这些方法，提出了论证义务的范式，因为，这类案件中的适当结果使法律良知感到不安。例如，因为陌生人在其从未要求的诉讼程序中得到了好处，律师越来越需要陌生人来补偿

Obligation, pp. 126–127. 但这个例子只是盗窃情形，这个例子无须"公平游戏"或"不当得利"来解释，为什么它是错误的或证明法律赔偿的合理性。

　　* 因为此承诺是你的意愿做出的，所以你负有履行承诺的义务，这种承诺被称为"可归责的承诺"。——译者注

这种好处。[20]对律师的特殊对待，是否代表普遍规则的合理例外，抑或标志着规则的消亡，这仅仅是学术上的推测。[21]

当然，可以与问题不相关为由而打消疑虑，因为这些情况都是愉快地拿取主动送来的好处，然而，法治带来的好处，不属于那类移民就会衰减的好处。实际上这是非自愿的，大多数从法律制度中受益的人持被动消极立场，此立场曾导致罗尔斯得出这样的结论：仅仅对官员和其他坚定拥护职责或角色价值的人而言，公平游戏的论证可为政治义务奠基，对全体平民则不是这样的。[22]但是，人们不能仅仅因为好处是主动送来的，并且是不可返还的，就心安理得地打发掉不当得利的理论主张。假如，约翰为了修缮其田地，从水塘排水，不可避免地也把卡夫卡的水塘排干了，卡夫卡现在能更好地修缮他自己的田地，那么卡夫卡是否应该分摊排水成本？看起来，这个问题与前面遗嘱情形中出现的问题没有区别。卡夫卡不能拒绝接受排干水的田地，这个事实就使得我们，在决定卡夫卡实际评估田地得到改善的程度时，要十分谨慎。实际上，在这种情况中，一般法律结果，或者是出于这种理由，依然使得卡夫卡可以搭便车。[23]尽管如此，一般规则存在例外。在政治义务语境中，为何适用或不适用这些例外？带着努力

[20]　参见 George Palmer, *Law of Restitution* (Boston: Little, Brown, 1978) vol. 2, § 10.8.

[21]　参见 John Dawson, "Lawyers and Involuntary Clients: Attorney Fees from Funds," 87 *Harvard Law Review* 1597 (1974), 和 "Lawyers and Involuntary Clients in Public Interest Litigation," 88 *Harvard Law Review* 849 (1975).

[22]　参见 Rawls, *A Theory of Justice*, pp. 113-114.

[23]　参见 Ulmer V. Farnsworth, 80 Me. 500, 15 A. 65 (1888); Palmer, *Law of Restitution*, § 10.7.

揭示这一问题的目的，来探讨这些例外，给我的研究方法带来了很大压力，社会中的具体获益，引发了法律上的不当得利主张，在这种更具体的获益和社会的普遍获益之间，很难进行类比，这个棘手的类比，已经给我的方法带来了负担。足以引起重视的是，这些例外凸显了这种可能性：在这里，道德争议至少与法律结论不一致。终究，人们正在处理某些情形，在这些情形中，即使偶然的受益人没有被迫付出，制造好处的人有自利性理由去制造好处。这可能就构成了法律不涉入的充分理由，无论主张付款的道德性观点多么有效。约翰·道森（John Dawson）既恰当地总结过这种强道德主张，也总结过弱道德主张：

> 潜在假设似乎偶尔可升级为道德判断，这个潜在假设就是，自我服务的事业声称自己的动机起决定性作用，自我服务的事业应该有它自己的路，无权享受补偿。假如这不是为了寻找补偿的缘故，针对这点的讨论就会终止。假如值得补偿，就需要这些人给予补偿，即这些没有付出努力但获利的人和那些拒绝付出努力的人，他们比"我从未要求过获利"提不出更有说服力的理由。因此，怨恨的暗流总是会出现，乔治的诗句"徒增不劳而获"最贴合这股暗流，更贴合地是，很久之前的《马太福音书》，描述了一个"勤劳的人"在他从未耕耘过的土地上收割。[24]

那么，即使在主动送来的、不可返还利益的情形中，人们也无须完全否定，不当得利运用到政治义务中的可能

---

〔24〕 John Dawson, "The Self-Serving Intermeddler," 87 *Harvard Law Review* 1409, 1457 (1974).

性。针对基于利益的义务理论，存在另外一系列反对意
见，但是，与基于运用理论范式的反对意见相比，另外一
系列反对意见的问题更多。这些反对意见针对义务的内
容，人们假定理论范式能产生义务，甚至假定了理论范式
具有可适用性。我曾相当草率地假定，从法律制度中得
利，能产生义务，此义务就是守法义务。但事实上，理论
范式仅仅认为，义务就是返还所获利益的相称份额。因为
不是所有的服从法律都是利益，所以，即使理论范式得到
应用，人们也不必然发现自己负有服从法律的一般义务。
事实上，当对其他人有利时，无论什么时候，人们仅仅负
有服从的狭义义务。[25]简言之，理论范式不能满足普遍
性的限定条件（constraint of generality）。

尽管理论范式的应用疑虑重重，但人们至少能从讨论
中获得一点结论，以便引导尝试，发展替代理论。不当得
利的论证力度主要取决于，施惠者和受益人的动机和行
为。当施惠者多管闲事的行为确实施予利益，同时希望得
到受益人的回报，但没有事先取得同意时，这种论证最
弱，事实上不具有信服力。当施惠者犯了个错误，但没那
么容易追究其失误的责任时，这种论证最强。处于两种论
证之间的情形充满疑虑，涉及施惠者具有自利理由之类的
独立动机。就受益人而言，当利益能被拒绝并且一开始就
不欲求此利益时，这种情形下，即使是利益，也可能是个
错误，这种论证最弱。纵使此结论经受不住，利益确实不
可返还或不可拒绝的检验，但是，当受益人以话语或行为
（deed）的方式表明，其看重利益，并乐于接受利益，且确

---

〔25〕 Smith, "Is There a Prima Facie Obligation to Obey the Law?" Chapter
I, note 13, pp. 956-957.

实可能采取措施亲自保有这些利益，这种论证最强。最后的考察可能是探讨公平游戏论证。公平游戏的解释力，主要来自这种主张的合理性，即绝大多数人承认：与法治的负担相比，存在更大的利益。先前存在同样的主张，在功利论证中，此主张被当作是第一前提和比较合理的前提。

我将在此章剩下的部分中，发展此思想——法律制度在整体上让人受益——为政治义务进行论证，但是，此政治义务不依赖于不当得利式的获利理论。以此方式，人们诉诸公平游戏论证，同时避免了公平游戏理论在应用过程中所遭遇的反对意见。

自律与权威

相对于那些一开始就讨论过的通常理论范式而言，有一些其他路径可以确立政治义务。例如，对此问题的一些讨论，直接诉诸对自律和权威概念的直觉式理解，以努力判断这两种思想是否具有可兼容性。事实上，将政治义务问题重塑为协调自律和权威的问题，有利于解释两种通常理论范式缘何失败。围绕本可以避免的行为，在某种意义上，同意和信赖都能产生义务。上述观点使个体因某种情形而负有责任，在那种情形中，个体发现自己，在某种程度上，退回到了权威和自律之间的冲突上。在政治语境中，这些理论是失败的，因为个体与法律秩序的对抗，全然不是故意或过失行为的产物。

有意赞同和有意参与的理论范式

因为缺乏有意参与（complicity），在国家这一创造物中，就永远注定了，协调自律和权威的所有企图都会失败。例如，沃尔夫认为，直接民主的决议，要求每一项决议源自全体一致的投票，这能产生政治义务。[26]当然，这个结论有可能依赖某种义务理论，而这个义务理论不能得到辩护，只能被假定。毕竟，我们不太清楚，先前支持某项法律指令的投票，为何能压倒某位异见分子，使其接下来改变主意。正如我们曾考察过的，投票和具有拘束力的允诺不一样。假如某人如此看重自律的概念，以至于除了某人为自己所立的法之外，能合理拒绝服从，那么，也能合理拒绝某人所废止的法。[27]

然而，指出自愿性的或可避免的选择，不是协调自律和权威的唯一方式。通过揭示，服从的外在要求与人们的有意选择之间如何建立联系，同意缓解了服从的个体性要求与外在要求之间的张力。缓解此张力的另一种方式就是理性之方式，与通过同意来协调张力的方式相比，理性之方式更古老，并且也构成同意理论本身的最终基础。服从的要求、某人自己的价值等，他们在这些情形之间建立了联系，通过在这些联系中提出充分合理的论证，某人也许屈服于权威，不是因为其有意参与（complicity），而是因为论证的合理性和共享的规范性承诺（the shared normative commitment）。

这个直接诉求（direct appeal）不针对，这种意愿或同意所暗含的自律，而针对理性或价值所暗含的自律，无论是在哲学还是在法律领域，这个直接诉求都具有熟悉的特征。在哲学领域，邀请进入原初状态（original position），或者邀请成为理想观察者，或者邀请考量某人在目的王国（a kingdom of ends）如何立法，最后都会诉诸承认，先前

76

---

〔26〕　Wolff, *In Defense of Anarchism*, p. 27.

〔27〕　参见 Jeffrey Reiman, *In Defense of Political Philosophy*（New York：Harper and Row, 1972），pp. 12–13.

所提出的道德陈述的合理性。在法律领域，侵权和契约之间的对立，是下面两种责任之间的部分对立，一种是通过诉诸理性、人应该做什么来辩护的责任，另一种是通过指出有意做出的事实选择来辩护的责任。

很清楚，与诉诸同意或意愿相比，诉诸理性是更基本的。出于简易的缘故，我曾假定，揭示同意或允诺受法律约束，就能解决政治义务难题。当然，此假定把汗牛充栋的文献中，关于允诺为什么及是否具有义务性，看成是想当然的。毕竟，承诺人也能改变其主意。义务何以能压倒主意的改变，而不违背自律？只有依赖合理性的解释，而非允诺所约束的统一的解释，才能避免无限倒退，避免无限倒退的文献能解释上述问题。[28]

出于若干理由，我强调意愿（will）和主意（mind）之间的区别。第一，很明显，在国家这一创造物中不能展示有意参与（complicity），并不意味着为政治义务奠基的努力都注定会失败，但是，至多是一种策略，能缓和对自律的表面伤害。在之前考察功利式论证中，本应暗含更

---

[28] 在某种意义上，在解释承诺何以创造义务这点上，人们必须最终诉诸理性或价值，这是常见观点。参见 "Of the Original Contract," in *David Hume's Political Essays*, ed. Charles Hendel（New York：Liberal Arts Press，1953），p. 56；Ronald Dworkin, "The Original Position," 49 *University of Chicago Law Review* 500（1973）；P. S. Atiyah, *The Rise and Fall of Contract*（Oxford：Clarendon Press，1979），p. 731. 但人们也常常忽略这种观点。参见 Anthony Kronman, "A New Champion for the Will Theory," 91 *Yale Law Journal* 404，411-413（1981）. 在《作为允诺的契约》中，一篇书评注意到 Charles Fried 没有思考允诺何以具有约束力。事实上，合同义务是基于利益、基于信赖还是基于承诺的大部分争议都是一个幌子：如果必须说明承诺为什么具有约束力，那么侵权和合同最终都取决于，对理性人应该做什么的呼吁。单独的意志之纯事实就是：一个纯事实。与所有事实一样，必须经由理性论证才能独立地确立其相关性。

多。尽管功利式论证最后不成功，但是，它不依赖有意参与，而依赖于直接诉诸理性；第二，意愿和主意的区别有助于解释先前的一个看法，这个看法又与功利式论证有关，关涉其表达的相对力度，和功利式论证蕴含的前提。大前提——与完全没有法律制度相比，更倾向于有法律制度——比蕴含的前提更具有合理性，蕴含的前提把任何不服从行为，与法律制度的瓦解联系起来了。假如承认大前提，假如大前提与这种情形有联系，法律制度中的个体与具体的功利论证相比，以更合理的方式面对这种情形，那么，在服从的要求和承认最低程度的合法性之间，将会有联系，而这个最低程度的合法性，源自个体自身的价值和理性。

自律和权威之间的冲突得到了局部解决，这相当于，为法律的道德尊重奠定了最小的基础。试图做得更多，试图完全化解冲突，注定是失败的，正如试图证实法律绝对具有义务性一样。个人有不同意的权利，有权坚持其他义务能超越服从义务，这是自律不可克减的核心，权威绝不能干涉。假如总是服从事实权威，自律就荡然无存；假如权威的定义在法律上仅仅包括一些要求，这些要求是合法的，并能通过最终义务的自主计算来衡量，那么权威也荡然无存。 77

理性赞同和尊重的理论范式

我曾满足于对权威和自律现象的简短描述，这些描述作为这部分所发展出的论证的背景而存在。通过反思和发现尚有欠缺的基于有意参与（complicity）的义务范式理论，也通过在类似于面对法律时的情形中，所具有的信念和态度，直接诉诸理性个体，我将构建一套论证。

对于绝大多数人而言，在意识到自己作为政治存在者，和早期意识到自己作为一般意义上的独立存在者之间，存在时光流逝，据此可以估量，在生活的相对后期，会发生与法律的对抗及这种对抗的合法性难题。儿童日臻成熟的部分证据就是：坚持亲自评估事情以取代自动服从的倾向。远在某人遇到像政治共同体的法律这样复杂的事情之前，法治和证明此意识的机会就来临了，毕竟，这种政治共同体的目标主要是成年人。也因此缘故，远在碰到市民不服从和守法义务之前，人们本应遇到子女不服从管教和服从父母之义务的问题。乍一看，这种情况类似政治语境中的某些特征，在政治语境中，调和权威和自律太困难了。人们没法选择其出生的家庭，也不能在任何其他意义上对有意参与（complicity）负责，因为这种情况将导致反抗父母权威。

家庭是类比政治义务的一种可能来源，这不是什么奇谈怪论。在《克力同》中，苏格拉底把法律拟人化，并以此口气说道，假如事情没那么严重，这听起来就像是这样的陈腔滥调：内疚的（guilt-inducing）母亲面临其不知感恩的孩子，"对我们的这些法律你不感恩？这些法律为此目的才得以制定，因为法律要求你父亲对你进行文化和身体上的教育……我们生你、养你、教育你，依我们的安排给你和你的同胞们分享美好的东西"。[29]

有人把孝敬责任（filial duty）类比为政治义务，最近的评论家既辩护这种观点，又批评这种观点。[30]但是辩

---

[29] 柏拉图：《克力同》，50d-51d。

[30] 在 Simmons, *Moral Principles and Political Obligation*, chap. VII. 中能找到一个好的综述。在必要性而非在受益的意义上，寻找类似本章的统治权威和父爱权威的论证中，有说服力的分析，参见 Elizabeth Anscombe, "On the Source of the Authority of the State," 20 *Ratio* 1, 6 (1978).

护者和批评者，都把讨论共同聚焦在一种分析上，这种分析又依赖于授予利益。这种由利益引起的责任所带有的成见，使得我们难以把所宣称的感恩亏欠（debt of gratitude），从基于不当得利的义务中区别开来。事实上，最近，一个对感恩亏欠的必备条件的总结，和不当得利理论中的法定返还的必备条件，极为一致，这些不当得利的情形，就像医生为昏迷的病人提供帮助一样。[31]

这种对获益的强调，依然丢下了未决的问题，这个问题来自守法义务的具体内容。（感恩亏欠也许要求某人现在拿起电话，然后拨打，而不是喝下毒芹计，然后去死。）更基本的问题是，对获益的强调，似乎忽略了孩子反抗父母的相关方面。父母的指令影响孩子自律感的增加，考虑一下，什么能减少这种影响。碰巧在某个时刻，运动场的玩伴抑或陌生的成年人，也会基于某种地位而施行命令，什么能把父母的指令从上述情况中区别开来？

有一些难题不依赖于，揭示从家庭归属中获得的具体好处，寻找这些问题的合理答案，不应该很困难。一种要求服从，一种反对服从，这两种人格的对抗太具体、太基本，以至于无法通过诉诸获益得以调和——特别是因为父母的善举常常源自仁慈感或源自父母的直接奖励，而非源自对将来报答的期待。（那么，亏欠从来不会一开始就出现，或者，因为被报答偿还而不会长久。）更可能的是，出现协调是因为：尽管冲突让人不愉快，但有一些顶撞父母的事情，能团结孩子和父母。能团结的是什么？说极端一点就是爱，爱也许有生物上的基础，也可能是感恩的体

---

[31]　对比 Simmons, *Moral Principles and Political Obligation*, p. 178 和《损害赔偿法重述》第 116 条。

现。无论出于什么理由，假如那些我在乎的人命令我服从，那么，我关心他们，不是因为他们为我所做的，这是我服从的理由，是一个与其他理由一块要考虑的理由，这些其他理由源于我对行为品性的独立评估。但，只有爱是个极端，其理想情况会诉诸对陪伴的需求。在其他极端情况下，与完全没有家庭价值、父母和教导的情况下对比，他所诉诸的，仅仅是孩子对家庭价值的承认、对父母或教导的承认。这种让步为尊重这类事业打下了基础，这类事业就是，依照孩子自己的规范性结构，家庭就是其欲实现的某类价值和功能的基础。就这个基础而尊重普遍事业而言，人们仅仅需要增加一个附加的要求，这也是为尊重具体的人和具体的事业打个基础：这个具体的事业要求，通过为了家庭整体的利益而行事，父母为了孩子的利益而忠诚地行事。

此情形的两个特征，足以为道德尊重打下理性的基础，在下面对抗权威的一般反应之中，最能体现这两个特征：

1. 这是一份工作——指向一项事业（enterprise）——我承认某人需要从事这项事业。

2. 恰巧掌舵之人，试图忠诚地从事这项差事，同等考虑我的利益和其他人的利益，其他人也发现，他们自己是这份事业（scheme）中的一部分。

3. 这种辛劳值得我的尊重，也给了我继续前行的道德理由，尽管某些时候，这个理由可能会被我所认为已经犯下的严重错误而压倒。

有一种道德哲学强调移情的美德（假如我碰巧掌舵，我想其他人如何回应？），通过与这个道德哲学中的主题的推理建立联系，或者，有一种哲学文学强调肆心（hubris）的危险（毕竟，关于应做什么，我会犯错），通过与这个哲学文学中的主题的推理建立联系，人们兴许会更清楚这种尊重的态度的终极根源。但有时候，伦理学的"证据"不能超出这点：凭借经验和反思，以某种方式，为听起来真实的说法提供解释（putting an account in a way that rings true）。

那么，考虑第二个例子：救生艇。很久远之前，充满隐喻地把地球想象为一个和家庭一样的整体，救生艇的想法也为政治理论家提供了类比的资源。与家庭类比一样，政治理论诉诸这个类比资源。救生艇是另一类情况，缺乏普遍经验，但容易想象，在这种情形中，通过有意识地参与并创造某种情形，人们面对的是无法调和的服从要求。事实上，休谟把救生艇类比为拙劣的模仿论证，以从居住中推出默示同意："我们也会声称，留在船上的人，自由选举统治者。尽管那个人继续在甲板上睡觉，并且必须跳入大海去死，在那个时刻，他离开了他的祖国或船只。"[32]

那么，假设休谟情形的另一种版本，忽略了诱骗因素。我们可以说，发生了海难，某人意识到其生命权和公民权，这与其他具有事实上发号施令之权威的人相冲突。基于什么样的理由某人有服从的义务？对此问题的回答并不必然意味着，对**绝对**（simpliciter）权威的尊重。正如之前注意到的，沃尔夫借用类似的例子表明："因为不服从掌舵者引发的混乱，会带来普遍的伤害。"[33]所以，某人要服从掌舵者。这个功利式论证的失败，和我在这儿提

80

---

[32]　Hume, "Of the Original Contract," p. 51.

[33]　Wolff, *In Defense of Anarchism*, p. 16. 在文中上述脚注 4 引用并讨论了相关段落。

出的替代解释，形成了有益的对照。面对这种情形，两件事情变得明显：第一，某人需要去发号施令。只有一艘船、一个舵柄，这使得任何关于航向的分歧意见，都要得到化解；第二，尽管我可能有我自己关于航向的观点，假如我的观点和理由被考虑过，但被真诚地拒绝了，那么服从那些掌舵者的相左观点，其被迫性就会得到一些缓和。在考虑我的利益之后，尽管那些掌舵者所做的，与如果我掌舵将做的不一样，但这为尊重我的意见提供了基础。当然，假如我强烈感觉到，他们发布的命令将导致灾难，那么，我会决定我没有服从的最终义务，并尽力破坏现存的领导权。所表达的观点就是，此例子揭示了初显义务的基础，它不依赖于，不服从和事业成功之间在经验上的错误联系。相关的不是我决定去冒险所产生的影响，而是这个人的影响，他站在我面前，把包括我在内的团体的利益，当作整体来考虑，尽他最大的努力以实现整体的目的。

政治义务理论

现在，为了完全澄清某些特征，以充分确立政治义务，我进行了充分讨论。这些特征是①一般法律（law in general）之事业的事实——包括与个人冲突的具体法律制度，尽管可能有缺陷——比完全没有法律要好；和②为了维护整个共同体的利益，包括维护异见分子的利益，那些掌舵者付出了真诚的努力。

我将探究这两个特征，它们是义务的充分条件，我也将用三个步骤，增强这种看法的可信性。第一步，我将考虑这两个特征为什么都是必要的；第二步，我将考量，要么以功利主义术语，要么以道义论术语，设法表达这个政治义务理论；第三步，我将把理论和前面章节中的论证及

81

结论联系起来。

法律的价值和尊敬的相互性

仅当一般法律制度，优于完全没有法律的状态时，如果通过这一点坚持主张存在守法义务，那么，人们在解决政治义务难题的过程之中，掘开了一条鸿沟。假如无政府主义者主张，全部法律制度都是没有必要的或不道德的，假如无政府主义者是正确的，人们在本质上，就得承认义务不存在。为了完成论证，人们将不得不揭示，无政府主义是错误的，但并不是这样的任务：要求大量的讨论。首先，法律确保安全和稳定，关于法律这方面价值的通常主张几乎被人们普遍接受。霍布斯认为，安全是国家的全部存在理由（raison d'être），这至少是个非常好的理由，解释了有组织的社会优于自然状态（the state of nature），人们无须为了承认这点而赞同霍布斯；其次，证据中的鸿沟有多微小？这里所得出的结论在多大程度上与现今理论家的结论相抵牾？很有必要注意这些问题。无政府主义正确也好，错误也罢，现今理论家都准备拒斥义务的存在。毕竟，在现代政治理论家中间，难以找到真正的无政府主义者。即使那些严厉批评国家侵犯个人自由的人，都承认国家的合法性，无论是多么"超弱意义上的国家（ultraminimal）"。[34]因此，如果假定无政府主义者是错误的，这不太可能波及理论对这些普通公民的实践影响，普通公民只想知道，其是否负有服从的责任；最后，正如我前面所指出的，功利主义在论证义务时，存在一个不靠谱的前提：声称不服从和法律制度的瓦解具有联系，这个前提不认为法律制度在一般意义上具有价值。

---

〔34〕　参见 Nozick, *Anarchy, State, and Utopia*, p. 68.

我们都熟悉用来驳斥无政府主义的论证，无须赘述，更要紧地是思考：无政府主义者是否正确？这个问题为何重要。这要求个人所面临的事业类型存在积极价值，此要求源自，我们需要容纳对自律的关切。前述关于自律本质的讨论，和联系不当得利之范式所得出的结论，都强化了这点：至少当个人自身承认事业的价值的时候，上面的要求很大程度上能得以实现。试回想，当受益人肯定，无论出于什么理由，他人做出的选择是有价值时，就会出现不当得利的强主张。由此，上面的要求——承认法律的价值——与此具有联系：基于受益的义务理论，是最具有可信度的、最值得坚持的。

更棘手的问题是：真诚相信所有法律是邪恶的人是否负有义务？甚至某人假定其信念是错的，其与掌舵者之间不存在共享价值。单独诉诸理性，而非共享承诺这一事实，必定能缓解对自律的侵害。此棘手之处仅仅在于，道德理论中的熟悉问题的变体。个体仅仅能做的是，他们主观上认为是正确的事情，即使客观上他们可能是错的。无政府主义者将得出，其不负义务的结论，但是，假如他对无政府主义的理解是错的，那么在客观上，他对义务的理解也是错的。[35]

但是，假如无政府主义者是对的，人们为何必须推测他是错的？在那种情形中能构建对义务的论证，难道理论不这么认为吗？毕竟，我曾强调义务和思想之间的联系，这种思想认为，真诚地不赞同伦理判断的人，值得作为这样的个体来尊敬，这些个体们平等地关切这样的事情：奋力识别和辩护价值。那么，即使无政府主义者的观点是正

---

[35] 关于此观点，我很感谢 Donald Regan.

确的，基于平等承诺的相同的双重考量，即对人们的正确观点的谦卑和对真理之研究的平等承诺，为何不能说，无政府主义者有最低程度的基础（守法的初显义务）来尊重法律？

这个问题点出了，在尊重和义务的概念之间，如此快速的游弋，所具有的危险。尽管我将继续为交替使用这些概念的决定辩护，但是我将重点强调，这是对系争法律的尊重。尽管这里所发展的理论最终依赖于，求助其他道德存在者也值得拥有的尊重（如同在事实上，假如避开神秘主义，任何道德理论必须值得拥有的那样），然而，剩下一套理论，它连接了尊重与法律之为法律。对他人的尊重会强迫（obligate）无政府主义者聆听和认真考虑相反的观点。但是，假如无政府主义者认为，一般法律缺乏价值这点是正确的，那么，除非损害自律，其义务就不能从初显义务扩展到要求服从的义务。无论无政府主义者对他人有多大程度的尊重——例如，承诺去探索真理——就像考虑对法律价值的争论那样，想象情形中的无政府主义者，与这些人都没有尊重上的关系，这些人要么是他基于理性，客观上所面对的人，要么是基于共享的价值，主观上面对的人。

现在似乎是，我业已辩护了这种主张：义务依赖于无政府主义对这种解释的谬误，在不那么极端的情形中，也能应用这种解释。例如，某人可能承认一般法律（law in general）的价值，且否定特定法律制度或具体法律的价值。毕竟，对服从的要求发生争论时，争议的就是此制度、此法律，而非一般法律制度（legal systems in general）。假如一般法律没有价值，假如自律足够强大到能阻止这种情形中的义务，那么，一个不具有价值的特定法律制度，能

83

161

产生这样的要求吗？仅仅要求人们聆听，不要求人们服从？在某些情况下，对这个问题的适当回答是肯定的。特定法律制度如此衰败以至于其拒斥甚至否定最低程度的安全，而这种最低程度的安全，使得一般事业得以有价值，那么，此特定法律制度将不能产生义务。但是，因为特定法律制度是不道德的，或者特定法律制度是不正义的，或者是社会主义的而非资本主义的，所以，还持有相同结论就是不恰当的。

何种法律制度是最佳的，这存在分歧，是否任何法律制度完全是可拥护的，也存在分歧，区分这两种分歧貌似具有可信性，这种可信性为这种主张奠基，在事业的价值和特定制度或特定法律制度的价值之间，存在一个道德上相对的差异。在道德和政治哲学领域，前面的讨论，引发了核心争议，在分配正义所极端反对的理论中，反映了核心争议的棘手之处，与个人特权相对应的国家权威的问题，有各种彼此冲突的政治解决方案，这些解决方案也反映了核心争议的棘手之处。类似于具体法律之品性（merits）的理论，关于这些核心争议的理论是程序的一部分，借此程序，分歧能得以解决。相反，在学术语境之外，罕有关于国家合法性（the legitimacy of the state）的论证。在某种意义上，与在法律类型或法律制度的类型之间的选择相比，在法律和无政府主义之间的选择更基础，同时，也更不易受个体的影响。出于这些理由，假如无政府主义是正确的，符合自律的唯一选择就是，从道德上回避守法义务。但是，对于那些接受法律价值的人而言，情况有所不同；能在程度上测量他们的分歧，不能在种类上测量。加上第二个要求——真诚地关心作为整体的共同体——说服的可能性显得既彼此关联又真实，这与具体情形的品性和社会的开放程度有比例关系。

当然，其他结论使得自律的概念很强，以至于政治义务的定义难题，不能得以解决。有相当的理由怀疑这些定义，这些定义使得政治义务难题得不到解决，和怀疑自然法口号的情形一样，也有理由怀疑定义，这些定义通过命令（fiat）解决难题。假如政治理论的持久努力被当作证据来接受，而此证据证明了现象是真实的，那么，就可大加讨论关于义务的理论，此义务理论依赖于无政府主义的谬误，而不进一步依赖，具体社会中基本政治或道德原则的正确性。

此讨论也有助于解释，义务的第二个条件的重要性。84在维护强制性社会秩序时，对自利的合理诉求，引发了对法价值的承认。一套忽略个体自利的制度，会从根部丧失基础，这个基础是统治者和被统治者之间的约束。假如得到了尊重，那么也应该给予尊重，并且基于本质上类似的理由：我承认，你正在努力做该做的事情；并且，我也承认，你认为我的服从之要求，完全反映了你对我的自主性的承认，且我的服从，依赖于你承认我的自主性。在每种情形中，彼此冲突的人之间的利益的本质，决定了结果义务（resulting obligation）的具体内容。我对掌舵者（those in charge）的尊重，为去做掌舵者相信我应该从事的行为——遵守法律——提供了理由。[36]相反地，在评估法

---

〔36〕 依据对掌舵者（those in charge）的尊重，我发展了这个理论，仅仅是因为这是法律的有限情形。在大多数情况下，那些接受该制度并因此值得尊重的人，包括公民和官员。有时候，某人通过做正确的事而不是所期望的事情来表示尊重，这不应该模糊这个事实，即通过服从显示对忠诚努力的尊重。赞赏诚实努力和赞赏美德之间的这种紧张关系并不会消失，因为在特定情况下，证明更倾向于赞赏美德。毕竟，这就是为什么这项义务只是初显义务。

律在多大程度上体现我的利益时，统治者对我自主性的尊重，至少要求统治者在运用其权威时，考量我的利益。

对比通常理论

最后的考察指出，把对义务的理论证明转化为具体的守法义务，这个转化难题如何依托这套理论得以满足，这套理论强调与权威的私人遭遇。我们业已看到，一般功利性论证强调不服从的后果，这最多只能证明：守法义务所要求的是最可能的行为，而不是遵守所有法律的行为。相反，有一些人试图寻找其他人的服从，对这些人的强调，提供了整体服从的理由，这种理由与服从事业的整体效果完全无关。类似地，有一些特殊获利是义务的基础，通过免除这些特殊获利，能避免这样的反对意见：唯一的义务就是返还这些利益，或者，无论什么时候这么做是有利时，就最好服从。一般法律带来的利益也许在为尊重奠基时起到部分作用，所以很难撇开具体获利，而具体获利又是感恩理论和不当得利理论的基础。我所面临的那些人期待我所做的事情——即服从——决定了我的义务内容，即使我所面临的那些人，这样考虑的正当基础，也许部分地基于对法律制度之价值的一般性承认。

这种处理事情的方式，也许导致了这样的企图，即企图以更简单的功利性术语重塑论证。因此，假如满足欲望是一件好的事情，那么，通过服从，我让某人感到高兴，此人要求我服从，这个事实提供了服从的理由。因为一些善良意愿的结果：一些人将感到高兴，所以，总是存在一个服从法律的理由。我应该在这个服从的积极后果，和决定我的最终义务的消极后果之间，做出权衡。

当然，这个理论再一次使得劫匪和收税官之间变得没法区分。取悦于劫匪，也可看作是服从的理由。尽管，我曾努力绕开这个解释难题，解释初显义务或初显理由到底是什么，这个例子将警告这种解释：仅仅因为，一些好的后果能与坏的后果一同被认识到，这种解释能产生，从事任何行为的初显义务，无论多么明显地反常。正如史密斯指出的，人们几乎不会认为，仅仅因为人口过剩，杀人行为应该是有利的，就存在初显义务去杀死下一个撞见的人。[37]

再次对比劫匪和乞者，考察为何人们会以可接受的功利性术语来论证。这样认为是有合理性的，乞丐接受我的救济，获得的满足就是考虑乞丐的要求的好理由，尽管我需要舍弃钱，这会压倒那个好理由。事实上，一些哲学家强有力地论证道，功利主义要求我们对严重处于困境的人施以救济，除非施舍者只能维持温饱。但是，现在假设，乞丐在其外套下面展示了一支枪，并清楚地说，假如他诉诸良心的企图失败的话，他将诉诸强力以达目的。假如舍弃和接收钱的相对效用不变，那么人们会认为，对于功利性结论而言，枪是无关的，这个功利性结论认为，那人仍应该施舍钱。

此结论完全违反直觉。作为受难同胞的乞丐，请求我的帮助，这催生了我的同情，展示枪的乞者，伤害了我曾有的同情。实际上，枪意味着对我自主性的伤害，这种伤害将抵消，支持我最初施以援助的道德和理性的基础。当然，为了使其理论容纳这种直觉，功利主义者有自己的方法。功利主义者将把其焦点，从随机遇到的相对效用，转到与道德惩罚相一致的劫匪的要求，所具有的长期效用和

---

[37]　Smith, "Is There a Prima Facie Obligation to Obey the Law?" Chapter I, note 13, p. 965.

综合效用上。在这样做的时候，功利主义者将看似特别有道理地认为，基于乞丐情形中的相同基础，给劫匪钱能带来一些善德，但与善德相比的伤害更大。假如人们不能认识到，诉诸强力的不合法性，那么人们会期待抢劫增多，也期待扭曲相对效用的计算，导致综合效用的减少。

假如，对功利主义者而言，这就是初显义务的意思，那么，人们能为这里发展出的政治义务理论，构建类似的论证。人们从先前思考过的论证中的相同的初始前提——貌似有理的前提——开始，先前的论证中的前提认为，有法律制度比完全没有法律要好。次要前提没有把不服从与法律制度的瓦解建立联系（这暗示，不具有可信性的前提），而是作为一种经验规则与整体满意建立联系，那些欲求其他人服从的人，能获得这种整体满意。在我曾给出的解释中，这种论证的方式使本质性的转变（the essential shift）起积极作用，强调某人所面临的人和这些人对某人不服从的反应，而非强调不服从法律事业本身所引发的后果。不服从不能轻易与社会瓦解联系起来，但是能与不断增长的悲伤、不满、担忧、焦虑和害怕联系起来，这些情绪来自这些认为法律是重要的且守法是可欲的人。

对功利主义论证的重塑，也泄露了论证中的初始前提（initial premise）的角色及其呼吁的基础。法律制度必然具有价值，认识到这点，不是去揭示不服从危及了这个公认地有价值的东西，而是去抵消强力威胁带来的伤害，对那些要求服从的人的任何尊重，都能被这种强力威胁所抵消。因此，用来区分法律制度与劫匪情形的前提，也让功利式论证重获了合理性，而在劫匪情形中，功利式论证失败了，在劫匪情形中，支持法律命令的强力不是令人

生厌的，且这个强力也不是偶然出现的最终达不到预期
目的的特征，而是社会强制秩序的一个方面，人们以假
设的方式承认，此强制秩序代表了效用上的综合所得。

功利主义者何以能重塑对政治义务的论证？人们期待
关于此问题的上述框架，有助于理解理论的特征，而不期
待这个框架主张，理论在本质上是功利式的。[38]其实，
能很容易地用非功利主义术语进行这个论证，这应当是很
清楚的。事实上，我曾用过的术语，能相当详细恰当地解
释传统，这个传统把所有道德义务的源头溯至尊重，这个
尊重使得其他理性存在者，彼此之间平等自主、互相
关心。

接下来是最后的思考。我一直都努力揭示出，存在守
法的初显义务，而不指出这个初显义务有多强烈，也不
指出，初显义务在什么情形下，应该让步于与其相冲突
的义务。但在评估义务的分量时要寻找什么，通过指明
这点，我曾发展出来的理论和后一个问题有关。例如，
斯密斯曾经认为，纵使存在守法的义务，在最好的情况
下，这也是不重要的，因为"当且仅当一个行为违反初
显义务，实施这一行为并不严重不当，那么初显义务是一

---

〔38〕　虽然我试图给这个理论一个功利主义的影子，主要是为了强调，
在通常的论证中所做出的改变，但我承认，功利主义模型不合适。因此，有
人可能会认为，基于他人对一个人不服从的反应的理论，只能建议保持秘密
的不服从，只有当不服从被发现的情况下，才能产生义务。人们可能会反驳
说，发现的可能性（不同于不服从的琐碎行为，对制度造成不利影响的可能
性）永远不能被完全排除（人们可能会承认，如果没有别的事情的话），并
且，对于义务（经验法则?）的初显情形而言，这种可能性是人们所需要的。
似乎更有说服力的是，这是一个必须考虑的假设发现，因此就像社会中的任
何其他理性人一样——康德式解释迫使人们从理性他者，而不是偶然的、实
际的他者的视角评估行动。最后，我怀疑，功利主义理论的困难源于，功利
主义理论中初显义务本身的观念的不融贯性。

个严肃的义务；并且第二，当且仅当，一个行为基于其他
的原因一直都是错误的，而这个行为因违反初显义务变得

87 更糟糕，那么初显义务是一个严肃的义务"。[39]因此，谋
杀行为总是错误的，因为它也违反法律，所以也不能变得
更有意义。而道德上无足轻重的行为，比如在凌晨两点、
四周无人时闯红灯，这些行为也违反法律，但没那么
严重。

努力弱化守法义务，我们首先要做的事情，就是注意
这点：这件事类似于，对守诺的初显义务之严肃性的检测
的弱化。[40]不会因为某人曾承诺过不杀人，而使得谋杀
行为更应受谴责；并且，也不会因为某人曾答应过绝不闯
红灯，而使得一件小事——闯红灯——变得更严重。这种
论证谨慎地回避了传统，而这种传统把承诺当作是初显义
务的理论范式，这种论证被人质疑是应该的。但是，无论
某人如何看待这两种初显义务的强度，守法义务等同于守
信义务，承认这点就能解决政治义务难题。每位理论家都
会假定，假如基于同意的理论，能变得适应政治语境的事
实的话，那么基于同意的理论，必然可以为义务奠基。即
使有同意，但是用史密斯的话来讲，假如不服从是一个
"罪恶（peccadillo）"，那就基本不会有理由，去探究这
些同意理论的缺陷（正如史密斯本人在某些细节方面所
做的那样）。

这里所提出的理论，为权衡守法义务提供了关键要

---

〔39〕 Smith, "Is There a Prima Facie Obligation to Obey the Law?" Chapter
I, note 13, p. 970.

〔40〕 菲尼斯正确地观察到，史密斯的观点常遭受这种批评。参见 John
Finnis, *Natural Law and Natural Rights* (Oxford：Clarendon Press, 1980),
p. 345.

素，这个关键要素不会弱化守法义务，并且可能反思常识结论。正如附带的惩罚所指明的严重性那样，义务的严肃性与附带惩罚的严重性是成比例的，那些要求他人服从的人，将以这种方式看待不服从。假如我不认为堕胎是不当的，那么，其他人所持有的相反道德观点的强度，使得遵守禁止堕胎的法律义务很强烈，只有我自己有同样强烈的道德观时，而不是自利或便利性理由时，才能超过其他人遵守禁止堕胎的法律义务的强烈程度。相反，假如没有任何人关心在凌晨两点闯红灯的事情，就很容易为破坏法律的行为辩护。最后，有一些解释可能阐释废弃法律（desuetude）的学说：不再有人关注的法律，就不具有法律拘束力或其他方面的拘束力。但是，无论什么情形，只要在这种情形中，我潜在地听从暗示导致的确信，那就意味着有人关切这种情形，无论这种关切多么微弱。重要的事情是，这对其他人而言有多重要。

重访法理论和政治理论

前章所描述的法理论，和这章发展出来的政治理论，共享一个特征。有一种忠诚的主张（the good faith claim）认为，具体的法律制度能照顾整个共同体的利益，这种忠诚的主张，能调和统治者和被统治者之间在价值上的实质分野，法理论和政治理论都要求这点。假如，法律包含义务的观念，且蕴含比强力更多的内容，那么对于法律来说，这种施加给强制社会秩序中的统治者的要求，是一个必要条件。但是，对于政治义务来说，也存在第二个条件：一般来说，有法律优于完全没有法律，这也必须是正确的。我遗留了尚未完成的部分理论，部分原因是：一般来说，这是政治理论中争议最小的方面。似乎是这样的，

88

假如把这个问题撇开，对政治义务难题的解决会陷入循环。假如某人仅仅通过假定国家的合法律性，来为义务奠基，那他没有对系争的东西想当然吗？

他**想当然**地认为，在决定任何具体命令是否具有义务性，并由此而被看作法律之前，个人必须首先决定，任何具体命令是否是道德上合法的（morally legitimate）。但是，这并非我正在讨论的。对于个人来说，初始问题是：是否强制性社会制度的基本概念能被正当化——即是否集中控制惩罚，"把人类行为纳入政府规制的事业"[41]被认为优于自然状态情形，在自然状态情形下，没有这种对强力的垄断。有效地运用到人民团体之上的权力或强力，是前分析性现象。这个层面的规范性问题担心在这两者之间的选择：一方面是无政府主义，另一方面是从霍布斯到诺奇克以来、为某种形式的国家提供支持和正当化的理论。在特定的事实（de facto）国家中，守法义务既与本章的规范性问题相关，但又是分开的。

在对国家的普遍证成和对特定国家[42]的义务奠基之

----

〔41〕 Lon Fuller, *The Morality of Law* (New Haven: Yale University Press, 1963), p. 106.

〔42〕 在任何特定国家之内，对国家的一般正当化与对政治义务的正当化之间的区别，不应与这个完全不同的问题相混淆，这个问题就是，纵使不存在服从特定国家之法令的义务，特定国家是否是合法的（legitimate）？例子参见 Rolf Sartorius, "Political Authority and Political Obligation," 67 *Virginia Law Review* 3 (1981); Joseph Raz, "Authority and Consent," 67 *Virginia Law Review* 103 (1981). 在理论家开始断定没有服从之义务的同时，这个问题已经浮现出来，这并非巧合。我不认为一个有意义的合法性概念，至少可以与初显性守法义务的概念分开。参见 J. Reiman, *In Defense of Political Philosophy*, p. 35. 对比 J. L. Mackie, "Obligations to Obey the Law," 67 *Virginia Law Review* 143 (1981) 和 Robert Holmes, "State-Legitimacy and the Obligation to Obey the Law," 67 *Virginia Law Review* 133 (1981).

间，存在差别，通过回到我刚开始提出的问题，能进一步
演示这个差别，我刚开始的问题是：什么能证成对劫匪的
反应，和对收税官的反应之间的区别？现在，通过想象，
试图把本章的理论应用到劫匪情形，就能回答此问题。仅
仅因为劫匪（以我们所假定的忠诚）主张，向其事业
"捐款"最终是为了捐款者的利益，那么，对劫匪勒索钱
财的道德性反应不太可能从愤怒变为尊重。类似地，恐怖
主义者和歹徒们的意识形态信念，能导致这种正义性宣称
（a claim of justice），比得上那种我曾坚持的宣称，这种宣
称必定伴有法律制度的指令。这就是为何正义性宣称本
身，不足以把任何对强力的对抗转化为对服从的合法性要
求。这种转化的理由没有出现，是因为劫匪情形代表了强
力的使用，而这种强力没有得到有效地和唯一地确立。义
务情形所依赖的批评性价值判断，是单一而有效的主权者
所期待的——很明显，劫匪并不期待，无论劫匪对其事业
有多么诚挚的信念。尽管我曾主张，不要在细节方面追求
和辩护这个价值判断，但是，这个价值判断最终依赖于对
强力垄断带来的安全和秩序。在相互抵触的主权者或自封
的临时主权者的情形中，只要这些主权者能逃脱明显高于
他的权威，就是有效的主权者，在此情形中，不暗含上述
价值。

89

因此，我们回到第二章开头所讨论的，来自凯尔森的
循环（full circle）理论。通过有效地建立对确定区域的控
制，盗贼团伙逐渐拥有法律制度，尽管此团伙也必须诚挚
地相信，为了全体人的利益发布命令——这也许能有效地
把他们和通常意义上的盗贼区分开来。但这个从盗贼团伙
到法律制度的华丽转身（Saul-Paul Conversion），不再依
赖神秘的假定，也不再依赖心理学命题的真实性，这个心

理学命题是内化规范（internalizing a norm）的先决条件。而且，新的身份源自道德哲学命题的真实性，这个道德哲学与事实国家（de facto state）的价值相关，在新成立的政制中，因为唯一有效的统治，事实国家逐渐变得实质化（instanced）。凯尔森留下的神秘东西，或者往好了说，留下来的社会心理学的一根刺（a stab），仅仅作为政治义务的实质理论的结论，才能被最终理解。

最后的思考：价值是充满争议的，义务关涉信念，而不关涉谁在事实上是正确的，这样的看法似乎有些奇怪。但是，我的意思不是用这种看法去暗示，在拒斥道德事实或客观价值的存在上，怀疑论者是对的。我的意思仅仅是，相关人民的信念和态度，能被认为可以产生有效的义务，尽管关于道德判断的认识论上的地位和本体论上的地位，依旧没有定论。

因此，对信念和现实之间关系的尊重所要求的立场，和第二章所描述的法理论家们的立场，形成了有益的对照。法理论家们让强制秩序包含义务的观念，并由此把强制秩序解释为法律秩序，以免强制秩序被认为具有义务性的同时，不能解释信念何以产生事实上的义务。有一种方式，使得义务之现实，无关于对某项制度是否是法律制度的决定过程，以此方式，信念取代现实成为检验法律的批判性标准。结果就是，那些为了探索义务，而假定真正价值王国的局内人（假如他们不是相对主义者的话）的手上，仅仅剩下对法律和强力之间的武断区分。相反，在不考虑那些信念的终极正确性，也不考虑关于各种价值判断的本质的元伦理学理论的情形下，本章通过揭示信念是现实的一部分得出：真实义务源自他人的信念，勾连了信念和现实。

　　对于法理论来说，结论应该是，在某个世界之中，我们所有人是不可逃离的局内人，且必然不可逃离，在这个世界之中，人们对那个有缺陷的版本赋予了意义和效力，而不是修正那个有缺陷的版本。

第4章
联　结

91　　有人接受论证政治义务的理论，但否认"法律"是指称有约束力的制度的术语，对这样的人，人们能说什么呢？为了主张法律和强力之间存在概念性差异，其最终基础是什么？

政治理论与法律的概念

对这些问题的回答，让我们回到了定义的难题和奥斯丁的挑战上去了。那些认为法律和强力之间没有本质区别的理论家，把他们对法律意义的主张，押在了避免组织性惩罚的普遍人类关切（human interest）上。一位律师被要求向外国人提供我国法律的咨询建议，这位律师明白，外国游客需要的建议是，如何避免某类行为的潜在处罚。外国人也许有私人理由，来熟悉这些陌生的习俗，以避免社交上的失礼，但是，当寻求法律建议时，他想了解的是，什么行为有引发组织性惩罚的风险。由此，古典实证主义者有充足的理由来主张：使用"法律制度"这一术语的现存分类计划，和下面这种体制泾渭分明，人们有效地和全面地组织起来，以实施命令或规则的体制。

现代实证主义者认为，存在另一种需要被纳入考虑的关切——即在不考虑惩罚的情况下，知道社会接受哪些准则（standards）的关切——对于分类问题而言，为何这种关切很关键？在解释此问题时，现代实证主义者捉襟见肘。与避免组织性惩罚的关切，形成鲜明对照的是，对打探他人期待什么的关切，显得微弱一些。人们必须解释，92 为什么人会关切他人的期待。例如，假如能揭示，他人的期待创造了初显道德义务（参考第三章），那么，人们将把法律定义中所声称的规范性要素，与人类关切建立其联系，至少，这个人类关切与避免惩罚的关切一样强烈和持久：道德人关切他应当做什么。此看法就是，正如，我们把家具大类分为椅和其他东西一样，我们也把有组织的社会制度大类分为法律制度和纯粹强制体制，法律制度蕴含初显义务，而纯粹强制体制不蕴含初显义务。

就是这种主张。人们如何检验它？假设是人们检验椅子所主张的同样方法。首先，要查找标准情形（某个客体，我们倾向于无争议地称其椅子），以审视现存的分类策略，或多或少是否支持这种主张，即关于分类目标的重要特征的主张。我们把许多东西称为椅子，但它们没有摇臂，它们的颜色和舒适性也千差万别，但是，很难发现"椅子"的标准情形不能容纳人去坐。把相同的方法运用到法律上。是否存在一些有组织的社会制度，我们称其为法律制度，但是不值得任何道德上的尊重？

前章的理论认为，答案是不存在，并因此回避了实证主义者最强有力的理论，这种理论反对其他勾连法概念和合法律性（legitimacy）的企图。实证主义者发觉，或能想象出，许多政制在事实上是不道德的，尽管如此，但也被归为法律。[1]政治理论证实，无论在什么地方，只要存在对正义的信仰，无须事实上的正义，就存在道德权威，此政治理论给实证主义者，提供了与声称的定义性联系方面更少的反例。在寻找事实上不道德的法律制度的例子上——沙俄、南非、纳粹德国，无论多么容易，都很难证实这些政制中的官员，一丁点都不相信他们政制（regimes）的正义性。

这个法律和信仰正义之间的微弱联系，引发了两个异议。在一些尊重中，这个理论的论证，类似拉兹所说的，连接法律和道德的"派生性方法"。[2]即我的观点不是说，"法律"像"正义"那样，本身就是道德概念，而是说，像"允诺"那样，非道德特征（至高的强力和对正义的信仰）能识别法律，这些特征必然有道德价值（moral worth）。依据这个联系，可以看似合理地认为，在法律和道德维度上，"义务"有相同的基本含义。针对这种方法，拉兹提出两个异议：第一，拉兹认为，凭借其存在和其他的非道德特征，人们不能说恶法依然有道德价值。即使在初显意义上，要想具有道德价值，法律必须具有一些真实的道德价值，以便"像发生紧急情况（如地震或战争）这样的外来理由"能推翻服从的责任。[3]但

---

〔1〕 在本书中，曾提到过拉兹对不道德制度的反驳，我们从不称其为法律制度（"关于我们日常法律概念的事实"），以反对约瑟夫·拉兹所谓的将法律和道德联系起来的"定义性方法"，拉兹对此提出了异议。参见 Raz, *Practical Reason and Norms* (London：Hutchinson and Co., 1975), p. 164.

〔2〕 Raz, *Practical Reason and Norms* (London：Hutchinson and Co., 1975), pp. 165-167.

〔3〕 Raz, *Practical Reason and Norms* (London：Hutchinson and Co., 1975), p. 168.

人们可能会问，在法律情形中和在允诺情形中，初显义务的功能为何不同？在内容上，允诺所要求的行为，也可相当不道德，但是这不意味着没有对抗性的道德义务来反对这种行为。[4]有可能，假如在做出允诺时，允诺人明知行为是不道德的，那么，允诺人不能诉诸对抗性的道德义务为其行为辩护，以履行承诺。但这不是目前的情形。公民所面临的法律，尽管内容上不道德，但也具有道德价值，因为其他人诚挚地相信法律是道德的。没有故意滥用法律和道德之间的联系，以弥补明知行为是不道德的瑕疵。

拉兹的第二个异议是，人们不赞同是否存在服从的初显义务。他认为，尽管关于法律的道德价值，有如此多的争议，但我们所有人都使用规范性语言描述法律，这个事实意味着，对我们使用这些语言的解释，必然在其他地方在撒谎。"对使用规范性语言的解释（派生性理论）必定揭示，不仅所有法律都是道德上有效的，而且是广为人知的，并由此说明，如何把规范性价值运用到法律上。"[5]

当用规范性语言去讨论法律时，对需要解释的东西，没有更清晰地理解时，就很难评估这个异议。正如我们在第二章注意到的，对于不同的人而言，"法律义务"有不同的含义。有人认为其意思不过就是指"法律有效性（legal validity）"，在这种情况下需要解释的唯一问题便是，这些人为何使用一个来自道德语言的术语；对那些人而言，这就变成了一个关于谱系和权力之事实的陈述。拉兹自己满足于从某些人（适用规则的法官）的"视角"，

---

[4]　参见 M. B. E. Smith, "Is There a Prima Facie Obligation to Obey the Law?" Chapter 1, note 13, p. 952, n. 5.

[5]　Raz, *Practical Reason and Norms*, p. 170.

解释法律的规范性。拉兹不认为所有使用规范性语言的人，都共享这个视角（也不认为所有的法官都共享）。以法律规则内化的各种程度，作为使用"义务"的方式，假如，对法律中的规范性语言的解释，不限于，上述各种使用义务的过程中的描述性关系，那么，人们就不能避免第二章中曾讨论过的定义难题：用来表达中心或核心思想的，是哪一种义务的指称（meaning）？

最后，当拉兹说，绝大多数人不承认法律和义务之间所宣称的联系时，就不清楚，他是否像在考虑初显义务那样是正确的。毕竟，哲学家仅仅最近才开始反驳初显义务的存在；从柏拉图到康德，绝大多数形塑西方心智的道德哲学家，似乎假定或明确论证过相反的观点。但是，假如拉兹是对的，那也没关系，因为下面的这个看法是错的，即人们从不使用预设了事实、道德或其他东西的语言，这些东西处于激烈争执中或者倍受质疑（例如，神学。）假设对于允诺是否具有义务性，有巨大争议。即使对于那些不相信存在道德义务的人而言，继续在道德义务的意义上使用规范性语言，将被看作是继续探索最终证据的结果，最终证据可能会证明，我们的怀疑是不能被正当化的。因此，纵使这里提出的政治理论是错的，这不必然意味着法理论也是错的，仅仅意味着，人们需要重新思考其他的可能方案。仅仅当我们对政治义务的难题感到绝望时，才是时候承认，对"法律义务"这一术语的继续使用是不合时宜的，不再符合其在道德上的主要意思。

那么，很大程度上是因为，法律制度的标准情形，是对下面主张的检验，该主张认为"法律"标定的政制具有义务性。那么，边界情形该怎么办？"假使……将会怎么样"的问题怎么办：假如某个有组织的政制，并不认为其统治是正义的，而仅仅依赖其权力优势，出于统治者的利益而实施法律，那该怎么办？这里仍然存在法律制度吗？

边界情形是棘手的。古典实证主义理论的力量太强，以至于无法拒绝这种可能性：尽管缺乏任何道德权威，有人认为这种制度是法律制度。其实，律师给外国游客提供咨询的例子，在直觉上支持这种观点：最好把探究法律理解为探究以惩罚为后盾的命令。所谓的坏人视角，一直都是理解法律制度之本质的一种可能视角。这就是，我为何在第一章中借用了绘画之类比的原因：将其看作鸭子还是兔子？人们不能拒绝古典实证主义视角中看似可信的看法。人们能做的就是，揭示"法律制度"的另一种可能含义，这种"法律制度"体现了平等地持久关注人类利益，并且这种"法律制度"接替的是这种强制理论，如果没有其他理论能成功替代这种强制理论的话。

为了支持此替代观点，至少有一些要说的：

1. 正如对避免组织性惩罚的关切那样，构成分类策略之基础的道德关切（moral interest），至少很强烈也很持久，并且，道德关切确定地强于打探他人期待什么的关切。事实上，这就解释了人们为何操心他人期待什么。

2. 真实的边界情形很罕见。事实上，当我们碰到或想象纯粹的强制制度时（临时主权者或原始野蛮部落），我们曾了解到，对于是否称其为法律制度，法理论家们各执一词。[6]

3. 实证主义者们证明了一种描述或观察，即法律制

95

[6]　参见第二章脚注6。

度暗指官员相信它是正义的，实证主义者们自己提出了的证据，支持理论性主张（theoretical claim），其实，只有这里勾勒出的理论，才可能解释或辩护实证主义者的主张。

重要的结论就是，对强制政制，存在**怀疑**（*doubt*），这就是此政制为何是边界情形的原因。并且，对标准情形之本质的定义性主张，变得看似可信时，人们绝对会怀疑。那么，此刻，我将把这件事搁置一边，赞同这个看法：正如义务性是法律的强制性观点一样，"法律"标定出政制，在被标定为"法律"的政制之中，义务性至少与语言的通常用法相符，且强烈的人类关切（human interest）能解释这种用法。在最后一章的结论部分，我将回过头来寻找可能方案，解决这里所绕开的问题。

法理论与义务的概念

对于那些接受政治理论，但是疑惑它所承载的"法律制度"的意思的人而言，我曾有回答。现在，考虑这种人，他接受法理论，而非政治理论。假设人们同意，"法律制度"暗含官员相信它是正义的，但否认这种信念必然导致道德义务。或者还假设，人们不愿意从事，政治理论所要求的实质道德哲学研究。为何不能得出这样的结论：无论在什么情况下，只要相信法律是正义的，法律就存在，而不用担心这个结论对政治理论蕴含的后果？

基于信念的概念和基于现实的概念

正如我们曾看到的，这种立场类似凯尔森和拉兹的立场。我们也曾看到，作为描述性事件，此立场站不住脚，作为定义性事件，此立场不稳固，缺乏理由来解释，对正义的信念为何重要，人们找不到方法来辩护，法律和信念

之间所声称的联系。这种联系最多不过是一种推断，推断 96
人们不可能以他们明知不道德的方式行动。

在争论法理论和政治理论间的联系的紧要关头，也有
一个更微妙的议题。毕竟，通过借助我在弱化实证主义主
张时所构建的相同的心理学证据，实证主义者努力弥合其
论证中的定义性裂缝（definitional gap），他们要论证法律
和对正义的信念之间的联系。例如，实证主义者可能会
说，恰恰是因为法律制度是如此强有力/是如此具有潜在
侵犯性，人们把法律和对正义的信念之间的联系，当作法
律含义的一部分——与社交俱乐部和其他松散性组织的情
形不同，它们主要对做出同意的成员起作用，或者在不重
要的生活方面起作用。（实证主义者仍会从概念上辩护此
观点，解释对这些组织的看法，这些组织并不相信其法律
是正义的，或者公开否认其法律的正义性。）以此方式，
能接受这里发展的法理论，而无须接受政治理论，正如我
说过，人们能接受这种观点：承诺就意味着履行某项道德
义务，但实际上却不相信这项义务存在。

努力分开法律思想和政治思想，为了评价这最终的努
力，让我们考虑这个类比：据说，理论家把宗教定义为，
要信仰上帝存在。当理论家转而面对上帝是否存在的实质
问题时，能作很精确的理论分析，但不能阻止理论家裁定
或论证上帝不存在。假设一下，假如实质模式中的理论
家，让每个人都确信，上帝不存在，以前信仰宗教的人将
不再信教。宗教的含义未做改动——事实上，这证明了含
义的正确性，因为，一旦信仰被粉碎，概念的运用不受
影响。

现在，试着把同样的分析应用到法学之中。假如，作
为道德理论家的实证主义者，在说服我们时说道，没有遵

守作为法律的道德义务（这里发展出来的政治理论是不正确的），那么，我们可能不再称任何有组织的社会制度（前分析性现象）为法律制度，但是，会对那些政制限制那一术语的使用，而这些政制具有道德上的约束力。由此，当且仅当某类民主政制具有约束力时，我们就认定，自此以后，仅仅这类政制才能被称为法律制度。这种可能性被公认为似乎很遥远，更精确地说，这就是为什么，实证主义在这个观点上显得具有更强的理由，这个观点认为，"法律"术语的日常意义主要指，有效地有组织的社会制度，而非指那些道德的制度。当然，存在第二个可能性。我们会争议这样的实质问题：在事实上，绝大多数正常地有组织的社会制度，是否具有初显的道德义务（prima facie moral obligation）？在这种情况中，我们依然主张，实质道德问题是法律制度的含义里的疑难部分。

宗教情形和法律情形之间的区别就是，在宗教情形中，我提出的定义依赖对上帝的信仰，而非依赖于上帝存在命题的正确性——一个基于信念的概念。在法律情形中，我提出的定义依赖于，这个主张之事实的正确性，这个主张认为某个政制值得道德忠诚——一个基于现实的概念。假如实证主义者主张，法律是一个基于信念的概念，那么实证主义者就能区分法理论和道德理论。法理论告诉我们，"法律"是指被相信是道德的政制。而道德理论告诉我们，"法律"是指事实上是道德的政制。假如法律的概念基于现实，就无法区分法理论和道德理论。假如，我们把对"法律"的含义理解为，仅仅包含事实上具有道德约束力的政制，而不是相信具有道德约束力的政制，那么，在不纠缠道德理论提出的难题的情况下，法理论家就不能告诉我们，何种制度是法律制度。类似地，假如我们所说的宗教含义的显著特征，不是对上帝的信仰，而是上帝存在命题的正确性，那么，理论家又一次无法区分超然分析（detached analysis）和实质的神学争论。假如，理论家现在认为上帝不存在，理论家说服人们相信他的话这一事实，不意味着人们不再有宗教：宗教依赖于，人们是否认为上帝存在。下面这种看法是对的，人们将不认为他们拥有宗教，但他们也许错了。

在法律情形中也是如此。假如"法律"所标定的政制，在事实上，值得人们对其忠诚，那么，即使有人劝导我们认为，对某一具体政制不负道德义务，我们仍然不知道这个政制是否是法律制度，除非我们知道，我们是否有被正确劝导。此外，我们会决定，只要我们对道德争议还有疑惑，我们就应该继续称其为法律制度。即在法律和道德之间建立的联系，也许是重要的，其重要性足以为使用这个术语辩护，纵使人们对此有疑惑，这个术语假定二者的联系是存在的，除非相反的观点被确证。[7]

信念的现实性

我们如何知道，哪种法律观是正确的呢？我们指的是，相信能被正当化的制度？或者指的是，在事实上能被正当化的制度？倘若这就是我们的问题，那么，就为法理论提出了一个独立的任务。但是，在理论家解决这个问题之前，对理论家保持其理论的纯粹性，并免于质料的干扰的能力而言，在这些意义指称之间的选择，有相当不同的结果。假如，对法律的恰当分析，揭示出基于信念的概念，那么，仅仅通过把某些社会事实纳入考量，就能应用和使用这个概念。（如果法官相信规则能被正当化，就存

98

----

〔7〕　参见第六章关于选择立场的结论部分。

在法律。如果法官都是无政府主义者，公开承认对法律的信念没有意义，就不存在法律。）但是，如果概念不是基于信念，除非面临实质道德难题，否则，就不能认为现存制度是法律。

那么，它是哪一种？有好的理由认为，宗教是一个基于信念的概念。很难认为，不信上帝的人有宗教，纵使我们假定那人的信仰是错的，且上帝存在。但是，倘若法官不相信制度是正义的，并且公开这么认为，纵使法官们是错的，且制度真的是正义的，能说不存在法律制度吗？

假如，某人是支持绝对强制制度（例如，主权者所发布的自利性的临时概念这般棘手的边界情形）的独特概念的人，那么，他不太可能仅仅因为某些制度偶然符合正义结构，而认定这些制度是法律制度。人们也许能在不认可统治者权威的情况下，赞同这个结果，正如人们会同意恐怖主义者的实质目标，而不承认，对强制参与其事业的人而言恐怖主义者有权威。假如，官员对正义的信仰，是法律制度的必要条件，那么，乍一看似乎就要支持这个结论：在不考虑指令的真实道德权威的情况下，或者不考虑上帝真的不存在的情形下，法律和宗教一样，都是一个基于信念的概念，离开了信念，都不能使用这两个概念。然而，在宗教情形中，即便某人不相信上帝存在，他也能想象出上帝存在。在法律情形中，如果统治者不相信，他们的目标是普遍善——假如之前章节的政治理论是不正确的，那么，就不能说，出于法律本身的道德权威存在。倘若之前的政治理论是正确的，官员们对法律诚挚的正义信仰，就是道德权威的必要条件。由此，支持基于信念来解释法律的每种情形和区分法理论和道德理论的每种情形，最后就是这种情形，在这种情形中，基于现实的解释将得出同样的结论：因为统治者不真诚，所以统治者没有道德权威，制度就不是法律制度。

来自其他方向的路径也认为信念是适用概念的充分条件吗？假如某人信上帝，即使我们能确信其信念是错误的，那么我们也可能得出结论说他有宗教信仰。此结论支持基于信念的宗教观。那么，对于法官该怎么办？他们诚挚地相信，他们所做的是正义的，但在事实上却是错的。我们仍然能说存在法律制度吗？能，但是，与从政治理论中得出的结论相比，此处的结论没有区别，在政治理论中，诚挚信仰是初显义务的充分条件。制度的不正义性与终极义务（ultimate obligation）相关，但与初显义务无关。这个分析认为，检验某一概念是基于信念、还是基于现实的通常标准，在法律中不可行，如果我们假定，通过树立对政治义务的关键性信念，那么，在区分信念和现实的问题上，成熟的政治理论就变得部分不成功了。

这个分析也有助于解释，实证主义何以如此长久地忽略了和道德理论的必然联系。如果概念是基于现实的，人们不过是对现实有信念，并且这个信念可能是错的。因为法理论被认为是，对指称意义做分析，它回避实质问题，基于现实的概念将迫使法理论解答实质问题。仅仅在正确地使用信仰时，才能使用每个基于现实的概念，所以，对以下结论有一个独特的偏见，这个结论认为，人们毕竟只与基于信念的概念打交道。最后，当人们与道德打交道时，通过询问来了解人们相信什么，比了解这种情形是什么，更容易。所有这些要素解释了，了解过程中的偏见，即了解法律的概念是基于信念的，这更容易去适用。但是，当去鉴别社会中的法律（或规则、秩序、规范）时，不能把实证主义者对确定性的嗜好，当作喜欢某种解释的

99

理由，延续到法理论的一般维度，而这种解释更易得到应用。这种解释有点想当然，除非人们假定不能使用概念，但很明显这是错的。为了辩护这种假定，人们将不得不解释，我们为何要关心"法律制度"以这种方式被人使用，在判定某一具体政制是否属于法律制度时，此方式让判定变得容易。假如，答案就是我们对判定我们的道德义务有兴趣，那么，只要法律概念的确定性，不低于道德概念的确定性，人们就无须担心法律概念的模糊性。

要点在于，当适用法律制度的概念的过程中，出现不确定性时，我们能否容忍这种不确定性，这完全独立于实证主义者的下述主张：我们要把社会制度内那些容易确定的准则，从那些不容易确定的准则中区分开来。无论对于好人还是坏人，有一个来源很关键，这个来源仅仅是一种言说的方式，它说任何进行社会控制的制度的实效性（effectiveness），取决于有效的沟通。但是，这种确定地引导期待行为的实践兴趣，并不适用于更宽广的问题：在对各种确保服从的手段（强制、道德、法律）进行分类时，人们是否应该仅仅使用更易应用的概念。事实上，倘若这儿的论证是正确的，那么，我们就可长久地与法律制度的概念，相当舒适地共处，正如道德合法性（morally legitimate）的概念一样，这个法律制度的概念是不确定的，道德合法性的概念与法律制度的概念是有联系的。在法理论自身之内，对这个问题无休无止的争论，就是最有力的证据，证明道德合法性的概念与法律制度的概念是有联系的，因这种联系带来的适用上的同等不确定性，也是最有力的证据，显示了在法理论自身之内对这个问题的讨论没有止境。

第5章
适　用

　　法理学的首要困惑就是解释法律和道德的关系的问题，是时候直面此问题了。现在，此困惑与一个既有联系又有区别的问题一同共享了舞台的中心，这个问题就是，解释法律和确定性之间的关系。

　　为了考察这些问题如何相互联系，也为了考察新手如何变得卓越，人们只需牢记，现代法理论的认识论倾向。理论家的目标是，提出一个法律有效性（validity）的模型，这些理论家必须确保，模型能筛选出社会中的法律准则。只有其他准则能表现为法律准则时，此模型才能筛选出其他准则，例如道德准则。但是，假如模型的功能是认识论上的（回答问题时的辅助，我们能知道什么？），道德准则表面上的不确定性，将使得人们从一开始就心存偏见，不想容纳道德准则。因此，就是法律和道德的问题，导致了法律和确定性的问题。

法律、道德和确定性

　　当前的实证主义理论，对于法律准则和道德准则之间的关系，提供了两种独特的解释。更新的、更极端的解释，否定道德准则能成为法律渊源。某条规则要求，法官认定不道德的合同无效或者废除违背正当程序的法律，当法官适用这条规则时，法官所赖以做出判决的那些准则自身，就不是法律的组成部分。据推测，这是因为，假如一条准则被认为是判决的来源，那么，这条准则就必须以某种方式，与判决具有合理性或因果性联系，那种方式允许公开核查这种联系，以决定准则的对错。倘若道德准则过于不确定，以至于没法进行这种核查，那么这些准则就不是法律渊源。古典实证主义有一个更折中的观点：当能清楚地兼容时，道德准则可能是法律的一部分，正如在刚提及的例子中那样。但是，鉴于不是所有的法律制度都能兼容这些准则，法律和道德之间的联系就仅仅是偶然的，而非必然的。[1]首先，对当前的讨论进行检讨，然后，从此研究的视角考虑事情如何出现的，我将探讨这些替代方案引发的问题。

理论和实践

无论法实证主义如何伪装，它总是在掩盖一个核心观点：法律的终极渊源是社会事实，例如人类的意志行为（the human act of will）。当然，从道德观点来看，由于意志行为仅仅是另一种事实，所以，像任何其他事实一样，必须评估意志行为的内在价值或工具价值。法律和道德之间没有必然联系，为此观点辩护时，实证主义者总是强烈支持上述简单的概念观。其实，上述概念观如此简单、如此直接地涉及事实—价值二分法的应用，很容易忽略此概念

---

〔1〕 拉兹主张极端观点。参见 Joseph Raz, *The Authority of Law*（Oxford：Clarendon Press，1979），pp. 45-52. 哈特（正如，我们在开篇中，将其看作现代实证主义者，其立场是，法律必须包括义务的观念，但以这种模型收场，这种模型似乎经典地声称，只有在官员接受法律的意义上，法律才有义务性）在这里似乎也接受这种经典观点：道德标准可能偶然地成为社会中法律的一部分。参见 H. L. A. Hart, *The Concept of Law*（Oxford：Clarendon Press，1961），pp. 199-200.

观所依靠的前提——假定人类的意志行为是法理论的基本素材（basic data）。然而，这个前提并不武断。无论是见之于命令发布中，还是见之于规则接受中，意志行为都是社会事实，理论上，我们能以道德事实所不能的方式，观察和识别社会事实。此外，即使对惩罚的恰当性还存在争议，意志行为将总是先于组织性惩罚的实施。因此，意志行为是法律的普遍伴随物（a universal concomitant）（并由此在最低程度上是必然条件）。这两个特点——可观察性和普遍性——共同支持这种观点：社会事实也是法律的排他性渊源。

这些思考解释了，为何不能简单地否定实证主义者的前提。讨论概念如何被使用时，简单的拒斥就使得人们，在看似规定性的讨论中，站在武断立场一边了——之所以武断，是因为实证主义者似乎有其喜欢的观点，此观点仅仅形成于与确定性问题的联系之中。与包含评价性要素的理论相比，一种建立在排他性和可观察性的社会事实基础之上的理论，似乎更易得到应用。

由于简单的拒绝不太令人满意，所以，绝大多数非实证主义者，选择了另一种攻击的观点：假定意志的事实比道德的事实更易得到识别和观察。要注意到，这种攻击策略依赖于，不拒斥对事实—价值的区分，正如许多非实证主义者的看法那样，但依赖于这种简单的想法：在决定法律本质的时候，理论上的区分比实践上的区分更有分量。然而，非实证主义者坚持认为，在决定人类有意志时，即使区分理论和实践，也无法避免价值判断。那么，在一个彻头彻尾的实践世界中，坚持理论区分的意义是什么？

人们必须小心仔细，不要因为对定义性事业的理论本质的误解，而丢掉这个立场。针对定义的理论不充分性，非实证主义者正在形成一个观点。对概念运用中的实践困难，非实证主义者并非简单抱怨，正如一位泥瓦匠被告知要关注欧几里得对直线的定义一样。在几何学中，理性定义具有表面上的效用，甚至在实践中，人们将从来不会遇到无穷小的客体。相反，法律是实践，而非理想的概念，并且，在理论中，如此充足的定义的最突出的实践功能，必须与概念有联系——引导法官和诉讼当事人的功能。倘若那个功能不可避免地包含价值要素，那么，在理论上分开二者的概念不是法律概念。

通过想象"工具"的定义，能证实这个观点，工具的定义使得概念在理论上能与真实使用工具的理想相区分。人们倾向于问，如果不能想象某东西的用途，某东西如何能成为工具？倘若我们发现一件精致的手工艺品，对我们来说，没有可想得到的用途，我们有权称其为工具———一根杠杆，而非一根铁条（a bar of iron）——仅仅因为我们假定，对于之前的社会或人而言，这件手工艺品有这样的用途。我们也能基于理论上可识别的意志行为，构建法律模型，但是，仅当这些意志行为作为法律来引导法庭，并且，假如其引导要求解释和评价，那么，甚至必须从理论上，反思充足的法概念，要拥有两种功能——解释和识别。

富勒和哈特与内格尔的著名争议彰显了这种反击的策略——在反对理论和抽象中，强调实践和具体。[2]这种策

---

[2] 参见 H. L. A. Hart, "Positivism and the Separation of Law and Morals," 71 *Harvard Law Review* 593（1958）; Lon Fuller, "Positivism and Fidelity to Law: A Reply to Professor Hart," 71 *Harvard Law Review* 630（1958）; Fuller, "Human Purpose and Natural Law," 3 *Natural Law Forum* 68（1958）; Ernest Nagel, "On the Fusion of Fact and Value: A Reply to Professor Fuller," 3 *Natural Law Forum* 76（1959）.

略也似乎体现了，德沃金在描述法律推理中道德原则和政
治原则的角色时，所采用的策略的本质。这种反击的策略
没有伤及实证主义者对已受人注意的核心概念观的尊重。
但是，作为挑战实证主义者连接法律和意志的基本前提，
这种反击的策略是失败的，因为，面对他人在实践上融
合事实和价值的论证，实证主义者至少有两个回应。第
一，承认融合和解释的必要性，但坚持融合是意志行为
自身的结果，由此不伤及核心主张。这种回应像是古典
实证主义者的回应，古典实证主义者承认，法律有时也会
和道德准则兼容，但是不认为总是应该兼容。

104

　　替代性地，实证主义者也许会承认，要紧的是概念
观，正如工具例子所揭示的那样，但是，概念观下一步蜕
变成了反对非实证主义者的观点。假如，作为实践概念，
法律必须引导，那么，在解释和评价的过程中，指出评价
要素，就不是很好，因为，这些能提供引导的要素就是那
些业已被惯例或命令——事实和意志——固化的要求。由
此，通过非实证主义者自己对概念充足性的检验，所测定
的结果是，实证主义者的理论分离法律和道德，且他们的
理论证明是更成熟的。接下来，为了让理论适应实践，我
将对这些实证主义者的策略稍费笔墨。

　　混乱的（muddled）实证主义。第一个策略，使得法
律中规范性论证的事实，成为实证主义者自己理论的结
论，[3]对第一个策略的证明，开始于注意到这点：为控

---

　　〔3〕　有一种策略，把像德沃金那样的非实证主义者的理论，纳入了实
证主义者的理论模型，关于这种策略的另一个例子，参见 Soper, "Legal
Theory and the Obligation of a Judge," Chapter I, note 4 above, pp. 509-516. 德
沃金对该战略的回应是，声称它导致了"重新定义"实证主义。参见 Ronald
Dworkin, *Taking Rights Seriously*, (Cambridge, Mass: Harvard University Press,

制某些案件的裁判，某些社会公开选择道德概念——例如
《美国宪法》中的正当程序条款。出现这种情况时，道德
原则成为法律的一部分，实证主义者的理论，使得人类意
志成为法律的关键，仅仅因为实证主义者的理论说过他们
是这样的。由此，任何具体法律制度依赖于基础性道德或
政治原则，在事实上，这个发现也许确证了实证主义者的
洞见，因为，有一些社会秩序能被鉴别为法律制度，假如
实证主义者在这点上，不能保持宽宏大量的中立立场，那
么，实证主义者就一无是处。原始部落的规则就是指图腾
或武术仪式，只要信仰坚持认为这些现象是规则含义的渊
源，这些东西就代表着潜在的裁判程序，并能产生法律制
度。那么，对于这些人类信仰制度的小众例子而言，道德
原则是什么？

　　非实证主义者沮丧地发现，道德原则和政治原则与占
星术或巫术缠在一块，非实证主义者试图区分他们。非实
证主义者也许不认为，占星术是失传的技艺，如此之多以
至于，不可能在事先告诉当事人，在此程序中，如何裁判
案件。但是，实证主义者的反驳既野蛮又前后一致：如此
的话，就对当事人不利。其实，官方正式接受信仰体系之

1977），p. 345. 这种回应假定，实证主义的真正定义是，将法律和确定性联
系起来。但是，经典的定义只包含"简单的争论，即它在任何意义上，都不
是法律去复述某些道德要求，或满足某些道德要求"。参见 Hart, *The Concept
of Law*, p. 181. 道德事实的不确定性可能是，一些实证主义者坚持将法律和
道德分开的另一个原因，但道德事实的不确定性从来不是，经典实证主义者
"简单争论"的背后的主要原因。即使经典的实证主义者认为，道德事实与
其他事实一样，具有确定性和可观察性，但经典的实证主义者仍然坚持，概
念的逻辑独立性。参见 Hart, " Positivism and the Separation of Law and
Morals," note 2 above, p. 626. 德沃金对实证主义的重新定义，是另一个迹
象，表明解释法律与确定性之间关系的问题，已然赶上了解释法律与道德之
间关系的经典问题。

后，公民并不共享这个洞见，从任一公民的视角来看，法官（或牧师、医疗工作者）总是看起来很神秘，法律裁决不可能在事先被决定，就像掷骰子或抛硬币一样。我们应该牢记，有些人认为道德原则的裁定和适用，也是一门失传的技艺。然而，这并不妨碍人们，包括法官，坚信道德指引相应的行为（guides from acting accordingly）。假如，某人在不考虑道德陈述的不可证实性（unverifiability）的情况下，愿意认定这些道德渊源是法律渊源，那么，此人也会认定所有的渊源——包括占星术的渊源——是法律渊源，并且出于相同的理由：从缺乏经验的视角来看，无论法律渊源和法律裁决之间所声称的联系，是多么不合理或多么不显眼做出决定的程序都符合人定的指示，掌权者把这些人定的指示接受为权威。反对的意见是，在任何社会，在所有这些情况中，法律与道德或其他法律渊源之间的联系，完全取决于被接受为社会事实的东西是什么。

纯粹的（_purified_**）实证主义**。这种古典实证主义者和德沃金之流的新非实证主义者之间，想象出来的思想交锋，把脆弱的古典实证主义者留给了新的对手，但这位对手来自实证主义自己的阵营内，长期以来，因为窝藏各种形式的实证主义，这位对手声名狼藉。这位对手认为，不能合理被确定或被固定的法律，就不是法律。一套制度其能公开与道德原则结合，用以引导裁决，不能因此把这些道德原则转化为法律准则。只有当这些意志表达，是具体行为所保证的合理而精确的结果时，这些意志表达才能被看作是法律渊源。〔4〕

〔4〕　参见 Joseph Raz, *Practical Reason and Norms*, (London：Hutchinson and Co., 1975), pp. 137-146；Raz, *The Authority of Law*, pp. 45-52.

从某个视角来看，这个现代的极端立场代表净化实证主义方案的最后阶段。占星术和道德都可能是法外之物，不是因为其中一个优先于另一个的偏爱，而是因为不确定性（indeterminacy）同样影响了道德和巫术。必须留心诉讼当事人的抱怨。非实证主义者坚持认为，应当严肃考虑法律的引导功能（guiding function），结果就是，局势发生了扭转。法律渊源应该能给出合理的可预见的裁判，否则就不是法律渊源。深奥难懂的诉讼程序只不过就是，掩盖在买彩票后面的程序，或者应该被看作是这样的。无须伪装，彩票后面的任何渊源，都能合理决定结果。

这似乎很奇怪，实证主义者和非实证主义者，把充满差异的法理论，建立在对法律和确定的类似观察的基础之上。很多年以来，富勒都是美国非实证主义法理学的领军人物，在其著作中，他也有类似的观察：假如某项制度，不能和其他东西一块，提供最小程序的可预见性（predictability），那这项制度就不能成为法律制度。[5]但是，当富勒做出此见解时，他符合实证主义者的让人耳熟的回应：可预见性也许决定了，制度是否能很好地运转，但是不影响它成为法律。正如钝刀无论多么不顶用，依然是刀，因此，法律制度无论多么错漏百出和低效率，依然是法律制度。[6]鉴于这种观点符合古典的回应，在连接法律的概念与确定性时，为什么一些现代实证主义者发现他们自己和富勒在同一个阵营？

〔5〕 参见 Lon Fuller, *The Morality of Law*（New Haven：Yale University Press，1963），chap. 2.

〔6〕 对比哈特在第二章脚注49中的书评，与富勒的《法律的道德性》第133~145页。

为了回答这个问题，我们需要再一次返回，并追问实践观点，如果有的话，就存在这些争议。出现了两个可能的回答。第一个答案认为，观点主要是认识论的。在这个世界上，我们会发现一些东西，法律就是标示这些东西的标签。只有那些渊源，能系统性地连接有组织的惩罚和具体行为，这些渊源才是法律渊源。任何能单独进行这种连接的，是个别法（an individual law），并且，这种连接的总和，或者通过某种更精确的程序，所识别出来的所有这种连接，组成法律制度。以此方式，对于法律的定义和法律的识别而言，法律渊源、行为和后果这三者之间的联系的可预测性，就变得很关键。

有一种认识论支持法律和确定性之间具有联系，对这种认识论的辩护，让人想起逻辑实证主义的可验证性命题（verifiability thesis），会遭到理论和实践上的反驳。实践上的反驳是，尽管，局外人和局内人可能很关心，生活在这些正在运转的政制之下的人们的行为和规划，但局外人和局内人都不关心，我们是否把这些政制称为不具有可预测性的法律制度。特别是当法理论本身在检验确定性效力（determining validity）时，只能给予最抽象和最粗略的检验的情况下。针对法律的含义，无须做任何武断的规定，我们都支持可预测性、稳定性和秩序的价值，进一步而言，假如那些渊源被认定为法律制度，为了坚持这些渊源，必须用合理的确定性，指出行为和后果之间的联系，在不可避免的难题中，引发了一个矛盾。确定性如何才足够确定？当法官为了自由裁量的朦胧领域，丢弃法律的"确定"领域时，任何打算告诉给法官的标准本身，也涉及边界情形，而确定性不能解决这些边界情形。因此，除非从核心到灰暗地带、从简易案件到疑难案件存在大的跳跃，否则似乎不可能解决这些边界情形。没有一种理论认为能完全消除不确定性，在研究中，没有一种理论能提供对此现象的融贯解释。

第二，对于法律和确定性更好的辩护，源自于追问问题，此问题引导了本书：一些制度以偶然的和不可预测的方式，分散规定各种惩罚，在这些制度中，义务的后果是什么？就是这种对法律的主要价值的关切逐渐衰退，稳定性和可预测性曾主导富勒"法律的内在道德"的研究[7]（尽管因为富勒无法从概念上辩护其观点，导致其研究被公然地削弱了），它们在这里缺位了。

107　　　尽管第二种解释踏上了正轨，但不彻底。这儿所发展的理论不认为，最低程度的可预测性是服从义务的必要条件（sine qua non）。假如以抛硬币来裁决分歧，假如这能被合理地辩护为一种解决竞争性观点的方法，那么，诚挚的正义宣称（good faith claim to justice）就得以满足，而诚挚的正义宣称是义务的前提条件。并且，能为依赖于抓阄的裁判程序做合理辩护，由此，至少在某些情形中，不可预测性就完全足够了，例如物资资源无法满足所有平等处境中的渴求者。能否扩展这些情形中的基本原理（rationale），以涵盖所有的机会，解决复杂社会中的纠纷，这是充满疑惑的。

在接下来的章节中，将在细节的层面探讨最后的问题。现在，是时候注意道德上的替代方案所提出的方法的不同了，道德上的方法与认识论上的方法截然相反，道德上的替代方法采取这种方法。道德上的方法，将法律和确定性之关系的问题，转变为了实质伦理学问题，以探究另

----

[7]　Fuller, *The Morality of Law*, p. 33.

一种辩护方法，为了要求完全服从不可预测的裁判，可能要发展出这种辩护方法。相反，认识论方法回避了不确定性，不是因为义务的缘故，而是因为，鉴别具体法律和法律制度的任务的缘故。

道德准则的法律身份

重新思考对道德准则之法律身份的争议，能揭示这两种方法之间的差异。正如我曾以为，争议双方似乎假定，什么准则是法律准则的决定，主要就是这件事，即树立一些限制，能看似可信地认为，是社会针对行为设定了这些限制。唯一的分歧是程度上的，分歧也在于价值判断以何种方式进入决定中。相反，本书认为，对法律的探索部分地就是探究一些限制，这些限制具有道德合法性（moral legitimacy）和社会谱系（social pedigree）。

从这个视角来看，古典实证主义者和现代实证主义者证明是不可接受的。古典实证主义者坦承，面对概念挑战，而非描述性挑战时，无论人们选择如何看待道德，道德是法律中的偶然部分。因为，假如先前章节的讨论是对的，那么，社会就会决定，不产生不相关的道德，并依然保留法律制度。应该把命令（directives）辩护为法律，并且，为了辩护给公民施加限制这一社会事实，最终，所有的社会必须退回到道德原则和政治原则。

有些现代实证主义者否认，道德正当化的程序足够确定以便判定法律，这些现代实证主义者提出了一个不同的问题。通过努力揭示，事实上道德准则是可确定的，将不用去为其主张争辩。在某种意义上，他们是否为许多人保留了这个未结的议题，但是，实证主义者对这个义务的讨论错失要点。实证主义者无须主张，道德事实内在地不可确定或不合理。其实，这么做将让实证主义者承诺实质元

108

伦理学立场，这个立场与其纯粹法理论家的姿态不协调。实证主义者关于法律和确定性之间的联系的争论，必须在另一个层面展开。所有的实证主义者需要主张的是，价值在某种意义上是否是可确定的，至少看起来，他们比社会事实更难确定。那么，对法理论而言，问题在于，我们在使用"法律"的过程中，是否反映了这种能感知到的不确定性：仅仅因为准则与社会事实一样，相对容易被确定，我们就把这些准则鉴定为法律渊源吗？

之前我们设想过一些很奇异的情形，让我们根据这些情形，思考一下我们的答案吧。譬如，假设法官借助于占卜图裁判案件。即便无人能把占星术还原为一种能适用于预测裁判的形式，但是，占星术能成为社会中的法律准则的一部分吗？倘若，对人们来说，法官的理解方式也很神秘，但是，人们相信法官的理解莫名其妙地导致了一个判决，这个判决在起因上与"渊源"有关——与星星的构型有关，能这样吗？

当然，假如占卜图确实以成熟的、融贯的方式与结果有关，那么，纵使无物能超越于被认作为法律渊源的占卜图占卜图相当于容易决定的事实，并被看作法律，但是，这种对非理性的强调错失要点。从本书的视角来看，和法律相关的是，为法律程序进行正当性辩护。星星的构型中的什么东西，能解释施加惩罚的原因？

在正当化具体法律结果或法律程序时，所使用的准则自身，是法律的组成部分，这种主张依赖于几个思想。第一，离开了这种正当化辩护，命令仅仅是强制，而非法律。即有一些理由构成可接受的实践的基础，这些理由解释了作为法律的情形，这些理由不依赖于普遍的认识论上的观点，此观点认为，仅仅通过思考与命令伴随的目的和正当化辩护人们就能明白所需要的东西。（人们能确定性地明白劫匪的命令，与其是否知道发布命令的正当理由没有关系。）正当化辩护之要求来自这一事实：如果还进行正当化辩护，命令就与劫匪发布的命令无法区分，由此，命令就不是法律；第二，把正当化辩护看作法律的一部分，通过这样做，人们转而强调意义，此意义让命令得以改变、意志受到影响：对基础信念的合法性，展开规范性论证和规范性讨论。由此，无论具体的裁判程序多么不理性和不可靠，也能保留法律渊源和行为后果之间的联系。为实践奠基的信念和行为后果之间的非理性联系，之所以存在，并不是因为特定信念必然是非理性的，而是因为这种信念所具有规范性论证。非理性信念被认为就是那样的——非理性的。

　　在辩护其他观点时，实证主义者不得不说什么呢？可正当化的准则太不确定，以至于不能被认定为法律。因为，实证主义者不能采取元伦理学立场，这种立场认为他们是非理性的（尽管许多人错误地认为，法律实证主义者包含逻辑实证主义的这个结论），实证主义者对这个议题的心态是开放的，实证主义者准备承认，规范性论证也许是非理性的，并且，在某些意义上，道德事实可能是真实的和确定的。但是，关于某种渊源被认作是法律的主张，显得相当武断。实证主义者没有清晰地区分渊源和非渊源，而仅仅提出了两类渊源的区分：那些清晰的渊源和那些不清晰的渊源。作为一种阐明法律意义的解释，这种解释是一个很难辩护的立场，因为两个理由：第一，很多社会事实也是不确定的，且很难决定。（假如"残酷和罕见的"惩罚，意指"绝大多数人认为是残酷和罕见的"，这就变成了一个社会事实和法律准则，尽管难以确定。）

第二，很多人继续认为，道德论证是理性的。即使这些人是错的，是基于假设：对于这些出于争议中的同样的人而言，这就是"法律"的意义，这些人认为价值是真实的，且规范性论证是理性的，这些人的看法反对实证主义者的观点。

用认识论的方法反驳道德方法的策略，就是本章接下来的主题。有一种观点认为，之前章节的理论重构并解决了具体问题所引发的疑问，我将用这种观点检讨法哲学中的各种问题。

法院与立法机关

区分立法机关与法院的问题在现代法理论中，很重要，理由有二。第一，对有效性的强调——鉴别具体法律的判准——暗示所设计的制度，能适用这些判准。探讨这些制度的特点，自然导致对裁判概念的检讨、对两个机关（适用法律的机关和创造法律的机关）之间的区别进行解释；第二，当人们从理论转到实践、从设计转到操作时，常常认为法院扮演关键的角色，特别是在原始法律制度转变为成熟法律制度的过程中。这个观察激发了一项研究：裁判的概念和法律本身的概念之间，是否有必然的或逻辑上的联系？两个问题——什么被认为是裁判？裁判对于法律来说是必然的吗？——引发了棘手的争议。

传统观点：作为裁判机关的法院

先思考第一个问题。法院和立法机关之间的本质差异在于，对前者施加了限制，要依据先存的准则做出裁决，对后者则没有限制。法官发现法律，立法机关制定法律。现实主义者摆出表面上相反的观点，显得很愉悦，不应该因为对于概念性观点存在分歧就认为现实主义者的愉悦是错的，这是因为现实主义者的分歧在实践和事实上，而不是在概念逻辑之上。现实主义者注意到，称之为法院的制度，事实上在有效地运作，不能被描述为受到外在准则的限制。因此，名义上的法院，在概念上却真正地像立法机关那样在运转。其实，仅仅是因为人们接受概念上的区分，现实主义的攻击就完全有效。

现实主义者们曾长期攻讦司法裁判的性质，通盘考虑所有关于司法裁判的性质的各种分歧意见之后，发现基本的概念观不曾受挑战。争议反而集中在附属问题上，所有附属问题都假定了潜在的区分。会提出这样的问题：即使在理论中，是否有可能，以某种从未允许案件裁决中的自由裁量权的方式来限制机构。哈特和德沃金之间的分歧太大，超出了理论上的争议。哈特的看法似乎是，无论准则多么简易，都要求法院适用（车辆禁止驶入公园），边界情形总是会存在，这使得法院没有清晰的引导，由此，迫使裁判在概念上，没法和立法机关的决定相区别。相反，德沃金坚持认为，即使在边界情形中，为了指明准则的含义（meaning）和提供引导，对可获得的惯例和文本，要采取更宽广的视角，因此，法院的裁判从不受限制。如此描述，使得争论的焦点更加集中在语言哲学的问题上，争论的意义也集中在法理论的具体问题上。

倘若在理论上，限制机构是可能的，以使得机构总是 111 像法院一样行动，问题依然是，如何最好地把这个结论落地实践。例如，有一些任务与法院角色不兼容，难道不应把这些工作赋予纯粹的裁判机构吗？正如关于各种可诉性（justiciability）的法律学说那样（政治问题、咨询意见等），富勒对裁判、对法院难题的许多讨论，都带有这个议题所承载的"多中心"问题。相反，德沃金主张法院从没

有过自由裁量权，其主张越来越受到怀疑，鉴于此，德沃
金从不公开就这个议题发表看法。好像是，因为恰好的巧
合，人们必须主张，我们称为法院的既存机构，被分配或
者接受了兼容于裁判角色的功能，又或者，人们必须主张，
没有不兼容于那种角色的任务。一个被告知要像法院一样
运转的机构，将发现，通过诉诸先存的可以确定裁判的准
则，能解决在此之前发生的每一项争议。

　　在理论上，所有可想象到的争议，都是可以在法庭上
得到裁决，然而，这种见解引发了另一个问题：就那些限
制法院裁判的准则和把法院从立法机关中区分出来的准则
而言，这些准则的渊源和性质是什么？法理论要求，准则
应该是法律准则，不是任何声称能产生唯一裁判的准则。
例如，有人觉得，功利主义的算计能决定任何争议的最佳
结果，无论是给已确认有罪的人做出恰当判决，还是给人
工心肺机分配恰当的任务。但是，这种看法符合下述主
张，该主张认为，这种普遍的、功利式的算计最好反映道
德准则，而非法律准则。对这套准则的信赖，将无法区分
法院与立法机关，因为立法机关也许期待太多，以至于无
法反对这些道德理论，这些道德理论是依靠此能起草最好
的法律并颁布的。

　　观点再次变成了概念性观点。一般意义上的裁判意味
着，依据先存的准则裁决，而不是依据私人臆想来裁决。
法院代表一般概念的子集，法律制度中的法官，依据外部
法律准则裁决案件，正如选美大赛中的裁判者诉诸美学标
准裁判一样。因此，法院受到双重限制：法院做出的裁判
必须符合先存的准则（必须裁判），并且在履行这项职责
时，不能选择适用准则（必须依法裁判）。

　　在这儿，区分实证主义者和非实证主义者的争议又出

现了。非实证主义者指出了一个事实：法院使用政治原则
和道德原则裁判案件，这就可以证明，这些政治原则和道
德原则是法律的一部分。实证主义者不否认法院适用政治
原则和道德原则裁判案件这一事实依据对法律和确定性之
间的联系所诱发的观点，他们再次诉诸下面这两种标准答
案中的一个：①两种原则中的任何一个都不是法律，因为
他们太不确定，在这种情况下，法院依靠这些准则，就不
是裁判，而是类似立法者制定法律的行为；后者②即使假
定裁判中所使用的准则足够确定，只有当某些立法法案或
宪法法案暗暗规定了这些准则时，他们才是法律准则。在
后一种情形中，非实证主义者只注意到了特定种类的法律
制度；非实证主义者对于一般法律和道德准则、政治准则
之间的关系，所持有的不是概念上的看法。

　　在这里可以放松一下了。假如非实证主义者在交锋中
处于劣势，这也是因为非实证主义者的观点的本质，及其
所依赖的证据。其观点整体显得是描述性的，其证据完全
符合实证主义者的基本前提。倘若非实证主义者想完全击
倒（engage）实证主义者，所需要的就是一个解释：关于
法律的成熟概念理论，何以蕴含法院的规范性实践？非实
证主义者借此魅力，描述过这种实践。

　　本书中的理论如何提出了非实证主义者的论证中所遗
漏的关联，为了审视这点，唯一需要的就是，回到法院和
立法机关之间的潜在概念区分中去。我说过，这个区分把
法院和立法机关对比为法律发现者和法律制定者。我也说
过，此区分从法理论中平稳地发展而来，法理论的硬核是
法律有效性的概念，也是如何鉴别法律的认识论问题。义
务概念是法理论的核心，通过把焦点转移到形成义务概
念，人们改变了法院的显著特征。从这个新的视角，法院

112

主要是一个正当化的机构，而非一个审判机构，并且，大部分法院角色和裁判有关，这个事实是运用具体的基本正当化理论的结果。把法院看作法律发现者的流行观点，将被认为，错误地把机构的偶然功能（如果突出的话）当作其本质特征和显著特征。在接下来的篇幅中，我将摆出论证，引出对法院的新看法，并思考各种可能的反对意见。

另一种观点：作为正当化机关的法院

这个观点基于之前章节的结论，很容易预期这个观点的理论。为了施加义务并避免强制政制体制的瓦解，法律制度必须宣称，其统治是正义的。但是，法律制度本身不做这些宣称，是人做宣称。在法律制度的情形中，是官员们做宣称，官员们对基本规则的接受，使得制度是有效的和可能的，官员们为制度辩护，必须反驳规范性攻击。尽管，当每一部法律通过时，可以专门（ad hoc）方式组织这种辩护，但是，这样做是困难的，因为，不能很容易地预见各种规范性论证或潜在事实，需要评估这些规范性论证或潜在事实。那么，很自然地，出现了一些机构，其主要功能是承担把习俗正当化的责任，并借这些习俗实施惩罚、解决纠纷。那些机构就是法院。

通过简短暂停思考法院的其他问题，我将详细阐述这个理论，法理论家倾向于问：法院的概念如何与法律制度的概念有联系？实证主义者对这个问题的回答，和刚才的描述形成有益对照。譬如，哈特把裁判规则的引入——和承认规则和变更规则一起——看作从原始法律制度到复杂法律制度转变的一个阶段。裁判规则权威地服务于解决问题这一目的，就像承认规则能鉴别法律一样，这个裁判者或裁判机构在宣布法律时，享有最后发言权。由此，用哈特的话来说，法院的存在就是去终结，关于法律是什么的无休止的争吵。在没有法院的情况下，人们也能生活得很好，并依然有法律制度，因此，两个概念之间的联系不是逻辑上的。但是这个法律制度可能很原始和无效率。

替代性观点是类似的，但是带出了另一种不同的道德。与临时机构相比，尽管正式机构在裁判时更有效率，但是，离开了这些把判决正当化的正式机构，法律制度仍能运转。然而，法院的功能主要不是决定法律是什么，而是解释特定的惩罚或强制命令为何能被正当化。或明或暗的正义性宣称，使得法律制度得以与强制制度相区分，在证明正义性宣称的忠诚方面，法院是最有效的。人们主要关心法院对规则的接受性，而不是事实上接受什么。也很容易预测对这种观点的异议。正如我们曾注意到的，对大多数人而言，这些异议源自把法院的显著功能错当成了核心功能，法院把判决正当化——裁判——当作是显著功能。所以，人们也许会反驳说，法官并不认为，他们自己被要求去辩护，他们所执行的制度，他们仅仅做本职工作：适用法律，判决的正义性问题丢给了立法机关。这种观点如此普遍，以至于能找到一些逸闻趣事（anecdote），正如汉德（Learned Hand）讲述过，霍姆斯大法官否定"伸张正义"是其工作的内容。[8]当然，这种观点忽略了一个事实：像霍姆斯这样的司法反应本身，也许是基于一种政治理论，这种政治理论支持法院和立法机关之间具体

114

---

[8] 参见 Learned Hand, *The Spirit of Liberty*, ed. I. Dilliard, 3d ed. (New York：Knopf, 1960), pp. 306-307. 也参见 Edward J. Bander, *Justice Holmes ex Cathedra* (Charlottesville, Va.：Michie Co., 1966), pp. 213, 243-244, 245, 这里收集了一些逸闻趣事，对 Charles Butler, Karl Llewellyn 和 Alfred McCormack 具有同等效果。

的权责分立。其实，在立法妥协中，发生了一些公民偏好，立法机械地把贯彻这些偏好的角色，尽可能地归之于法院，这常常被认为是自由政治思想的标志。

我不认为，单个法官在正当化每一个所作出的判决时，应带入自己的道德和政治理论。就这方面而言，单个法官的义务和公民的义务是对应的。法官面临其他法官接受的基本规则，这些基本规则构成了制度，人们要求法官去执行这些制度。除非法官仅仅是强制性体制中的傀儡，否则，法官也面临流行的政治理论，这套理论旨在揭示，规则为何是可接受的。人们相信这个流行理论，把基本规则正当化了，这个流行理论也引起了法官彼此之间所负有的初显义务（当法官承担职责时，除了允诺适用法律之外的义务），单个法官可能从其自己的政治或道德理论中总结出一些义务，无论这些义务是什么，法官彼此之间负有的初显义务，必须压倒这些义务。

法院常常显得，好像只关心适用单个法律，而非正当化单个法律，这个事实不由此就变成对这种观点的反证，这种观点认为，法院主要是正当化机构。至少在自由民主体制下，这种为适用法律角色辩护的政治理论，彻头彻尾就是司法裁判的传统和背景的组成部分，这种政治理论的前提，暗含在每一个司法裁判的前提之中。可以考察一下凯尔森的"法学假设"和德沃金的主张：法官必须寻找"最合理的政治理论"，这种主张把既存的法律解释为一些方式，即把注意力集中在这个基本假设之上的方式。事实上，正如凯尔森关于法律的概念性主张，只有结合义务的规范性理论时，才具有看似合理性一样，德沃金也是如此，只有把他的眼中的司法程序，看作概念性法理论的一个方面时，才能理解他针对司法程序的描述性观点和规范性观点。

法院主要是正当化法律，而非适用法律，对这个观点的第二个异议强调，这种主张具有看似违反直觉的含义。这种含义就是，而法院最终决定了基本的道德和政治理论，而法律制度的基础规则依赖这些理论。结果，绝大多数这些官员或所有官员中的部分人的内心的集体变化，导致了法律制度的基本变化，所以，产生了一个错觉，总是试图把宪法文件或立法文本中的基本规则或政治辩护具体化。从法院是受限的观点来看，我们似乎滑向了相反的观点，即认为法院完全不受限。这种观点如何区别于自然法口号？此外，譬如在美国，能构成持久观点的是什么？这种持久观点坚持认为，司法裁判应当只限于严格解释宪法文本。

第一，这种异议不能推出流行的实证主义者的法理论优于这里所勾勒的观点。哈特也认为，官员接受之事实，决定了法律制度的基本规则，假如，无视描述性方法在旧有规则中发生了根本改变，而接受新的规则，那么，只能得出这个结论：出现了新法律制度。尽管，在把法律制度的根本性变化从革命性变化中区分出来的过程中，人们也许会发现有趣的概念性问题，但是，来自法理论的命令（fiat），从来不能排除革命性变化的可能性。[9]

至于司法审查（judicial review）的理论，它宣扬限制司法自由裁量权的价值，这些理论恰巧就是它们意图成为

〔9〕 关于这些问题的讨论，请参见 John Finnis, "Revolutions and Continuity of Law," in *Oxford Essays in Jurisprudence*, 2d. ser., ed. A. W. B. Simpson (Oxford: Clarendon Press, 1973), p. 44, 也参见 J. W. Harris, "When and Why does the *Grundnorm* Change?" 29 *Cambridge Law Journal* 103 (1971). 还参见第二章脚注 11。

115

的：规范性理论。倘若人们认为，这些司法审查理论，像法院一样是正确的、可接受的，那么，就要限制对新奇政治理论和基本价值的求助。但是，在那种情况下，法院将再次充任一个角色，一个更大的基础政治理论，在规范性上正当化这个角色。简言之，宪法性文件反过来要求被接受和正当化，司法审查理论与宪法性文件的结合，也不能使得司法审查理论变得可自我执行（self executing）。其实，他们依赖的政治理论和他们拥护的规范性论证，能恰当论证法院可以去考察和评估，只有基于这种假定，司法审查的讨论才有意义。[10]

---

〔10〕 人们很难找到比 John Hart Ely, Democracy and Distrust（Cambridge, Mass.：Harvard University Press, 1980）所说的更好的内容，来论证对司法审查的限制。人们也很难找到一个更好的矛盾性前提的例子。一位法官在阅读 Ely 以了解他应该做什么时，会发现 Ely 的答案完全取决于这个假设：民主价值观为成熟的司法审查理论提供了基本检验（第 87~104 页）。对于想知道为什么要接受民主价值观的法官而言，Ely 无话可说。Ely 在第 3 章中，一般性地攻击了建立基本价值的能力，为何把民主价值排除在 Ely 的攻击之外？是因为每个人都（借宪法和民主理论）同意这个出发点吗？但是，这种反应只是来自共识的另一个论证，他告诉我们，它不起作用（第 63~69 页）。是因为一个人必须从任何道德结论开始推理吗？但是，为什么要谴责从其他起点开始推理的企图（第 54 页）？这个起点有什么特别之处？如果证明社会运用强力的过程，已经被这种信仰的飞跃所破坏，那么如果我们进行其他飞跃，它是否真的会进一步破坏这个正当化之过程呢？是否应用奥卡姆剃刀来限制，尽可能少的而又必须做出的道德假设？为什么不是适当的图画，而是柱状图中的重要数字，或链锁中的弱链接：一旦你有了一个，它是否真的进一步削弱链接，以增加更多？和霍姆斯大法官一样，Ely 的问题在于，他对证明道德言论的可能性持怀疑态度，在不放弃自己对自己扮演的角色和他所提出的论点的深刻承诺的情况下，这种怀疑导致 Ely 反对所有的价值主张。"一些哲学青年"（第 53 页）发现，不可能在道德上证明任何东西，尽管价值具有不可证明性，但另一些成年人认为，价值是有效的，假如人们必须在这两种人之间选择，用来指引勤勉负责的法官的，应该是后一幅图景。如果是这样的话，在寻找超越宪政理论中的民主的基本价值时，与 Ely 所说的其他法官做相比，要更多地同情勤勉负责的法官。

　　这种解释引发了几个结论，涉及司法自由裁量权和司法裁判的性质。首先，就各类与法律裁判相关的讨论而言，简易案件和疑难案件之间没有本质区别。在这两种案件中，流行的政治和道德理论必须或明或暗地，把现存的普通法律材料（ordinary legal materials）看作是补充性的，使用这些材料裁判案件，也被流行的政治和道德理论正当化了。唯一的不同是表面上的：在每一个案件中，普通法律材料所要求的结果，在定义上是清晰的，但是，在不考虑其道德观点和政治观点的情况下，普通法律材料所要求的结果，也是一种理论，可以正当化法官所施加的结果。在这种情况下，基本政治理论的前提是极为隐晦的，并且，与回答"这就是法律"相比，在正当化的道路上，有着更多期待的当事人，要参与学习初级公民课程。简言之，不仅在疑难案件中，而且在简易案件中，德沃金是对的，政治理论和法律裁判不可分离。

　　第二，疑难案件与简易案件不同，不仅是因为普通法律材料所要求的结果是不确定的，而且也因为，在这种案件中，与法院的恰当角色相关的政治理论，也同样是不确定的。在更大的民主程序中表达了意志，仅仅认为法官是这意志的阐释者，通过这点，在法律上是清晰的地方，自由民主理论证成了司法限制的正当性。这种法官角色的观点源自一种证立理论的前提，这种证立理论最终植根于选举出来的代表所表达的同意的观念之中。一些批评家认为，这些相同的前提证明了，在疑难案件中自由民主理论是失败的，因为法官不是人民代表，必须自己做出裁定，在简易案件中，使法官裁判得以合法化的同意原则，开始

116

松脱。[11]

这种攻击被解释为，试图证明，在行使合法化权力的能力方面自由理论存在固有的局限，在从那种理论中得出的推论来看，这种攻击太缺乏想象力了。假如法官除了自己做出决定外，真的不能寻求帮助的话，裁判如何能被合法化？人们也许会认为，这场争议被打回到立法机关来解决，但是，在此期间，事情将发生改变，争议将不再相同，通过主张这点，批评者常常会堵死这条逃避之路。[12]因此，以或此或彼的方式（假如法院什么都不做，就以缺席的方式；尽管具有非典型性，或者以法官裁判的方式），将在事实上（de facto）解决法院所见的争议。倘若这种解释，精准地描述了法官的困境，又倘若"应当"指"能"，那么，应该很清楚，在疑难案件中，没有人能公允地谴责，自由民主理论没法把判决合法化。法官困境本身变成了，可以某些其他方式裁判的合法理由，而无须直接诉诸民主意志。事实上，法官困境提供了一个好的理由做出这种结论：在这些情况中，当权威的法院做出了一个立法决定时，就能看到民主意志，在这种情况中，不需要修正同意的关键性合法化概念（legitimating concept）。从替代性的角度而言，这种少量的非典型的裁判过程是合法的——特别是因为，假设也不能帮助它——只要法官无偏私，尽其最大的努力达到他认为立法者期待的结果等，通过说出这点，能修正关键性合法化概念。

这些都是针对这一主题的各种熟悉的理论。他们不是

---

〔11〕 参见 R. M. Unger, *Knowledge and Politics* (New York: The Free Press, 1975), pp. 88-97.

〔12〕 参见 Duncan Kennedy, "Legal Formality," 2 *Journal of Legal Studies* 385-388 (1973).

揭示，自由民主理论是对的或者自由民主理论与法理论有某种联系，而是揭示，在疑难案件中关于法院的恰当角色，很容易形成不同的结论；有些人接受同样的基础政治理论，且暗自使用这种理论来证成简易案件中的裁判，即便是这些人，对法院的恰当角色，也易形成相抵牾的结论。要坚持这种可能性：有些人有权发表其规范性观点，这些人诚挚地发展了各种各样的观点，这些观点和这儿发展出来的法律模型相关，这是看似可信的。简言之，至少就人们所关心的法理论而言，德沃金误解了疑难案件中司法裁判的根本属性。依然要求参考基础政治理论来正当化，但是，无须德沃金所提出的具体的正当化的方法（正确答案和诸原则）。

117

最后的结论值得详细讨论。请注意，正如规范理论那样，我不曾认为，德沃金关于裁决疑难案件观点是错的。就那个议题而言，人们能想象好几种看似可行的立场。第一，正如德沃金所说，人们相信，几乎所有的案件都牵涉先存性权利，这些先存性权利导致唯一正解，人们也相信，法院应该尽力探寻这个正解；第二，人们也许否认，有正确的答案，并继续用上面提及的那些论证，为司法自由裁量权辩护；第三，人们争辩道，纵使在理论上，疑难案件确实有唯一结果，但在实践上，法院急迫地努力寻找结果所产生的错误，多于把不受限制的立法决定明确地权威化所产生的错误；[13] 第四，人们可能把这最后的论证颠倒了：人们可能相信，这些案件没有唯一正解，且急迫地

---

〔13〕 参见 Karl Llewellyn, *The Common Law Tradition: Deciding Appeals* (Boston: Little, Brown, 1960), p. 25（"伴随着工作压力和避免繁重劳动，唯一正确答案往往鼓励采取，所提出来的第一条看似可行的道路，从而让熟悉的道路更加明智"）。

认为，假如法官认为他们做了，法官将犯更少的错误。[14]
这四个立场代表四种可能的组合，这些组合源自对下面这
对问题的不同回答：①存在正确答案吗？和②无论是否存
在正确答案，我们应该让法官一直寻找正确答案吗？在某
种意义上，纵使第一个问题是最好的，与正确的政治理论
的问题无关，同样，这种事实与法理论无关。社会必须对
两种规范性议题开放讨论：一种是正当化基础规则的道德
原则；另一种是正当化具体裁判程序的不受怀疑的相关
原则。但是，义务处在法理论的核心，法律和义务的含
义唯一依赖于，真诚地辩护官员在这些事情上采取的任何
立场。

可接受性之声称

认为法院是正当化机构的理论，以及连接法律和义务
的概念与对正义之信仰的理论，将极大地依赖于最终见解
所揭示的内容。对强制制度的正义性的诚挚信仰是什么意
思？如何证明是诚挚的？假如强制制度具有义务性，假如
强制制度是法律制度，假如命令考虑了全体人的利益，假
如命令以宣称考虑了全体人的利益为后盾，法律和义务与
虚构的怪物有联系吗？

证立的多样性及其形式

存在公共利益或普遍福祉的有意义的概念，尽管在政
治理论中，这具有地域性，但是，正如这种看法所附带的
那样，这种看法吸引了很多怀疑者和不信之人。然而，把
当前的理论解释为一种要求，要求对公共善（public good）

---

〔14〕 参见 Rolf Sartorius, *Individual Conduct and Social Norms* (Encino, Calif.: Dickenson Publishing Co., 1975), p. 202.

的概念的存在和性质的问题，采取一种立场，这种做法将
是错的。其实，依据正义之宣称，对该要求进行替代性的
详尽阐释，应该是很清晰的，在制度的合法性中，而非在
合法性的具体概念中（公共利益的概念似乎暗藏在合法
性的具体概念中），核心要素就是对正义之宣称的信仰。
假如人们思考论证各种合法化（legitimation）理论的含
义，这些思想也许会变得更清晰。

首先，发布强制命令的人相信，他们是为了命令之接
受者（addressee）的利益，尽管理论论证发现对意识到上
述事实的权威有尊重，但是我不认为，所有的法律应该把
一些直接利益（direct advantage）给每个公民。是鲜有法
律这样做。所必要的是，从规范性方面辩护一些法律，这
些法律似乎对特定个人或集体不利。官员们必须在最低程
度上把施加惩罚辩护为公正的。这样做的一种方式就是，
求助公共利益概念（concept），这个概念把表面上的短期
劣势变成了长期优势。另一种方式就是，求助道德的概念
观（conception），为了确保共同善，为了其他人立即获
利，道德的概念观把所要求的一些人的牺牲正当化了。可
能还有另一种方式是，求助更大的公共利益概念。但是，
倘若共同善与正义社会的观念一样抽象，那么，无论这是
自利苏醒的个体，还是最终提供了可接受性的判准的正义
理论，忧虑这点，似乎收获甚微。

其次，制度是可接受的主张，不同于公共利益的主张
之处在于：前一种主张兼容于正当化的纯粹程序理论。法
律的具体的实质要求，表面上显得不正义，但是通过诉诸
产生这些要求的程序和假定能有效地改变这些要求的程
序，也许能正当化前述表面不正义的实质要求。其实，在
任何复杂社会中，这种程序性的正当化，可能是正当化理

论的主要构成：基础规则、立法的权威程序都是可接受的，即使遵循那些规则偶然会产生不愉快的结果。依赖这种程序性正当化的诸理论也许到头来，同时包括评估结果的可接受性的实质标准和程序标准，并且，正如程序公正能克服实质不足那样，假如实质结果是公正的，程序瑕疵也是无害的。在这两种情形中，一些政治和道德理论假定提供了标准，用以评估程序或结果的公正性。

也有可能想象一套正当化理论，它不包括评估结果正义或程序公正的任何实质标准。在这种情况下，理论的唯一正当价值就是秩序和安全。在极端情形中，霍布斯式正当化法律的方式能证明这点，他使得每一个强制命令都可与交通规则类比：不存在指示正确结果的实质标准，重要的是做出选择，重要的是秩序。这是一种正当化的理论所能采取的最低程度的形式。尽管，把全部规则类比为交通规则来为其辩护，在经验上是不可想象的，然而这就是一种正当化，目前为止，这种正当化在概念上至少与当前的理论一致。其实，对于极端的怀疑主义者或道德虚无主义者而言，这是唯一可以正当化权力的方式，这种正当化的权力能防止其蜕变为纯粹的强制力。在价值辩护的可能性方面，霍姆斯大法官经常以此方式陷入极悲观的情形中。尽管，在最小意义上，还保有正当化的方式，但是，在接下来的最后一章，我将揭示，当官员们仅仅依赖秩序之价值为制度辩护时，就会变成十足的相对主义者，此时很难避免正当化权力蜕变为强制力。

真诚：使用和滥用

先前讨论的主要结论是，在具体的社会中，关于潜在的正当化理论的内容，没有什么先天（a priori）的东西可说的。这个结论和整体方法一致，此整体方法确保了信念的诚挚性，而非确保了精确性，而此精确性是产生尊重和义务的关键要素。但是，假如某人不能从信念的要求中推出内容，那么他也许能从诚挚性本身的要求之中，推出类似于内容的某些东西。

我曾勾勒过一种理论，假如某人考虑可能适用这种理论，那么，很快就能看到，诚挚性或真诚信念之要求的重要性。纳粹德国是否有法律制度？此类问题曾长期占据法理论的讨论。当理论主要强调有效性和鉴别性（identifica-tion）时，此类问题作为对理论的实践检测，就变得很突出。假如，某人使用这里所勾勒的法律理论，旨在识别何种制度是与强制制度相对的法律制度，那么，他很快就会发现，系争制度中的官员们的诚挚性，与理论的联系特别紧密。他不需阅读马基雅维利就知道，合理性和正义性宣称可能符合最专制的政府的利益。其实，社会秩序与正义在事实上的差距越大，官员们努力通过巧妙修辞，来缩小差距的可能性就越大。即使最稳妥的暴君，把虚假的正义之宣称，增加到其他控制手段之上，他基本也不会失去什么。在能谨慎地获得一些公众意见的现代世界，在多如牛毛的镇压措施之中，遇到正义之宣称的可能性，几乎不低于马基雅维利所描写的可能性。所有这些思考证明了，不能基于官员们的正义之**宣称**，来区分法律制度与强制制度。结果，把法律从强制中区分出来的任务，几乎完全取决于，这种宣称是否是真诚地做出来的。

通过思考对义务的强调，而非对有效性的强调，如何影响了法理论的适用，人们开始阐释真诚或诚挚之概念。这种强调引发的问题，不是关于整个制度是否是法律制度之问题，而是关于在有组织的规则的制度中，给团体或个体施加义务的先决条件之问题。对于某些团体来说，可能存在守法义务，但是在同一社会中，其他人不存在守法义务，这是很明显的。对于那些不负守法义务的人而言，无法从强制政制中区分出法律制度，对其他人而言，只要继续施加守法的初显义务，在这个意义上，制度就是法律制度。纯粹局外人执意于，这个验证法律制度存在**与否**的认识论目标，当适用法理论时，只有这种纯粹的局外人难以承认程度的问题。[15]

鉴于这种方法，对个人或群体所适用的是当前的理论，这些个人或群体想知道，发布命令的政制是否具有义务性？我已经论证了，基本上不能给信念的内容施加实质限制。顺着这些思路，最好的努力会诱发奴隶类比或被征服之人的类比。正如我们所见，这些群体和异见分子不同，这些群体因为没有做出互惠性宣称（reciprocal claim），而不负义务，此互惠性宣称认为，镇压是为了群体的利益。假定强力单独就是，统治者和被征服者之间的关系的显著特征，这个假定使得情形变成了简易情形。假如某人放低那个假定，并认定历史的教诲——能承认并诚挚地相信，对奴隶制的正当化辩护——他能为了忠诚的信念而恢复奴隶制吗？

在理论中，没有什么能必然阻止发现法律以及阻止那

〔15〕 假定，局内人和局外人的利益都受到关切，只要某制度符合本书对大多数或一大批公民提出的条件，这套制度依然被称为是法律制度。但是，如果内部团体成员不负义务，以此方式忽视内部团体成员的利益，正如本书之前所说，就会期待内部团体成员得出这样的结论：官方指令完全不是法律。因此，本书考虑到了，尽管官方颁布的法令有其谱系，但是承认官方颁布的法令不是法律的可能性——不是因为他们太邪恶，正如自然法所拥有的那样，而是因为他们甚至没有这儿所描述的初显道德价值。与此同时，如果总体上符合我所确定的特征，那么可以期望群体之外的其他人，遵守共同的语言实践，这个实践称这些制度为法律制度。

些群体所负的义务。有一些特征与区别对待公民的意图相关，这些特征引起的争议是道德争议，这些道德争议有可能不正确，但在概念上，和这里发展出来的论证并不抵牾。信念是这些道德判断的基础，正如官员们所见，接受这些信念的官员们为了正义和公平而行动，也为了所有人的利益而行动（从官员的视角来看，所有人包括弱势群体，根据这些弱势群体应得的赏罚来对待他们）。由此，尽管可以从一个要求为了全体人的利益而行动的理论中，推出对平等的实质限制，但是，这个限制是空乏的，正如形式平等总是空乏的一样。如果某人接受一种基本信念：正当对待别人，他甚至也能"平等地"对待奴隶们。

救生艇的理论范式和那种语境中所发展出来的对尊重的论证，巩固了这个结论。假如掌舵者稍微公正地考虑过异见分子的观点，这位不同意船只行驶方向的异见分子，对那些掌舵者负有初显义务。但是，**公正**并不意味着平等权衡。倘若异见分子没有航海的经验，且那些掌舵者有航海经验，这就有好的理由，降低对异见分子的观点的权衡。公正所要求的全部内容就是，潜在开放讨论。假如选举异见分子来划船，也是这样的，那么他的服从所依据的初显义务，源自对信念的尊重，即诚挚地相信选举是公正的。信念也许基于这种观点：他是最强壮的桨手，或者他在船上不能从事其他任务，即使这些观点是错误的，也产生义务，因为，鉴于那些掌舵者的假定，像公正地对待其他任何人那样，公正地对待了桨手。

类似地，依据家庭的理论范式，想象一下，由于父母相信，小孩在性格成长中需要更多的纪律，所以，和其他人相比，一直都给小孩更繁重的任务和更少的自由。能想象大量的这类差别对待被正当化，所有这些正当化都与这种观点一致，这种观点认为父母以一种他们觉得是为了所有人利益而平等的方式行动。简言之，只要失宠的孩童和甲板上的奴隶的地位，是真诚地持有的正义理论的结果，他们依然面临初显义务。人们也许会抗议理论的假设，并努力证明其不可应用在事实上，同时，仍然承认和尊重人类关切，这些关切附着在错误的道德观之上。康德认为，

122　善良意志值得道德尊重，尽管善良意志遇到的所有困难是对道德的完整引导，至少，善良意志有能力引导。据此，为初显义务和尊重奠基。

　　这个结论存在一个例外，对待方式的差异变得如此之大，以至于变成了不同的类别。当对弱势群体的对待如此严苛，以至于破坏了法律应该提供的最低程度的安全时，也会破坏义务。（参见下面对这个观点的更详细的讨论。）因此，对于受害群体来说，灭绝种族的系统性政策不创设义务，尽管官员们诚挚地相信政策的正义性。同样，政策不是种族灭绝，但是侵害了最低程度的安全，就使得受影响的个人或群体不负义务。但是，仅仅剥夺自由——不附带威胁生命的强制性卖身契的滥用——不违背保护的需要，这种保护是强制制度的价值被承认的基础。对这个观点可能会有异议，尽管在现实情况中，人们热衷于选择死亡，而不是放弃自由，与此相比，勇敢的口号（"不自由毋宁死"）更典型。假如自由如此重要，以至于任何侵犯都不能被正当化，那么，没有国家或强制制度能被正当化：如果无政府主义者是正确的，那么，任何法律制度中的义务也会荡然无存。但是，倘若只有某类侵犯自由的行为，不能被正当化，通过日常规范性论辩，程度的问题就得到解决，但这种情形仍然会出现在法律和义务的情形之中。

何种控制模式构成或不构成奴隶制？当人们发现解决
这个问题有难度时，接受这个结论——甚至奴隶也有守法
的初显义务——的不情愿性，也许会逐渐缓和。对某些人
而言，资本主义国家中的工人就是奴隶，对于像罗伯特·
诺齐克之类近乎无政府主义者的人而言，福利国家中的公
民可能是奴隶。[16]古典意义上的奴隶情形的范式不再存
在，这证明，为具体的制度形式进行正当性辩护，有经验
上的困难，但是，仅仅试图通过法理论从概念上得出这个
结果，似乎注定了要失败，况且如何认识理想的平等，存
在普通规范性的分歧，仅仅在普通规范性分歧中，加入夸
大的修辞，也注定要失败。[17]

动机方面的诚实性：有意目标和无意目标

当下的理论暗示，官方行动的支配性动机，必须是有
意地追求正义或共同善。在排除掉的群体和个体中，追求
自利或选取的特定群体的利益，会摧毁义务的基础，除非

---

〔16〕 参见 Robert Nozick, *Anarchy*, *State*, *and Utopia*（New York：Basic Books，1974），pp. 290-292.

〔17〕 在认为即使是奴隶、也可能具有遵守法律的初显义务时，我只谈论处于这种地位的奴隶，因为官员真诚地相信，这种待遇在道德上是合理的。如果这个被贬低的群体，被视为不值得这样的道德尊重，那么对义务而言，所必要的互惠性约束就会消失。通过强调对弱势群体的道德尊重的这种要求，也许可以揭示，历史上许多奴隶社会的例子，揭示了与义务不一致的官方态度。上述区别，假定人们真诚地尊重在道德上平等的人，然而，那些人受到了不同且不利的对待。借助诸如能力或需求的事实性差异，能正当化这种差别对待，这使得差别对待，与特定道德理论下的公平性相吻合。因此，要么是事实性前提的虚假性，要么是规范性前提的虚假性，解释了为什么人类奴隶制不再被证明是合理的。通过类比，继续接受某种意义上的动物"奴隶制"，可能依赖于事实上的差异，这种差异允许人类如此使用动物，而不必要求这种对待是不公正的：倘若人类和动物之间的事实差异是假定的，并且也是道德相关的，那么，动物的尊严（假设使用这样的术语是合适的）就不会退化。

123　在程度上或实质上，这种选择性的有利对待能得到更大理论的正当性辩护。倘若正义之宣称是有意的、慎思的谎言，掩盖了自利的真正动机，那么就没有义务。事实上，这些情形就是，不真诚或虚情假意之下的理论范式。当然，可能难以揭露谎言。这种困难就是一个理由，解释了政制所青睐的手段为什么是宣传和故意说谎，这些政制欲求，忠诚于法律所带来的好处，但是，在经验上，又不能为这种理论辩护，这种理论能把普遍接受的自利和更大的集合善联系起来。这些政制倾向于拒斥自利性动机，假装有一种理论正当化了这些政制，此理论在经验上是可辩护的，且不涉及自利。

尽管故意说谎和有意欺骗，是不诚实的明显例子，但是，它们不类似于，在自欺（self-deception）情况中要说的东西。无论是受马克思还是受弗洛伊德的启发，虚假意识（false consciousness）之理论常常认为，真正动机和表面动机之间，其方式上的差异可能会引发，类似官方裁定和官方辩护的可信性问题。但是，要么在政治理论中，要么在法律理论中，这些针对争议的理论相关性是存在问题的。当然，在解释无意动机的意思时，在解释如何把自欺的概念从字面矛盾中化解掉时，存在源初性问题。[18] 一些理论认为，不被承认的自我利益或阶层利益，隐藏在公开承认的公共利益后面，这些理论更谨慎的拥趸者，急不可耐地强化其观点认为，这些隐藏要素的影响在可控性方面不足以确保对实际恶意或病态意志的指控。事实上，假如，这就像避免阶层偏见一样困难，也像避免理论常常假

---

〔18〕　例示性讨论请参见 Patrick Gardiner, "Error, Faith, and Self-Deception," in *The Philosophy of Mind*, ed. Jonathan Glover (Oxford: Oxford University Press, 1976), p. 35.

定的价值的经济性和社会性决定因素的偏见一样困难，甚至对疏忽大意的指控也是不可保证的。

起作用的动机是无意识的，一旦在这个意义上，做出这些让步，对真实动机和表面动机之间的差距的指责，就会变得不相关。这里发展的义务的理论范式，源自对人们努力追求公共善的尊重。在追求此目标的道路上，人们越坚持认为，阻力具有不可避免的属性和地方性属性，观察就具有更小的相关性。对我们所面临的困境的同情和怜悯，产生了对人民的尊重，对我们来说，人民的规范性观点似乎是错的。对终极价值选择的不可控的因果性影响，没有改变尊重的基础。其实，倘若规范性的盲从值得尊重，那么，更不用说，这些盲从也扩展成为他们生病的原因。

对于政治和道德理论的虚假意识的理论的相关性，也同样存在问题。一种解释觉得，某些理论认为，统治集团追求被装扮为公共善的自利，这些理论类似伦理上的利己主义理论，伦理上的利己主义理论认为，即使在利他主义中也存在纯粹的自私自利。在那个层面，这个主张如果不是同义反复、令人乏味的，就是错误的，它也是伦理学中的心理学利己主义的对应主张。假如，指责比老生常谈蕴含更多的意义，那么一定能歪曲指责。人们应该能想象，统治者面临一个差距：他们自己的狭隘利益和他们所统治的人的利益之间的差距，并且在面对此差距时，选择追求后者。这种选择导致了法律和义务。但是，倘若此差距不能被带到有意选择的层面，那么，任何让善良意志成为归责的中心位置的法律理论或道德理论，任何假定"应该"蕴含"能"的法律理论或道德理论，只能把有意识的信念和表面选择，当作道德上的和法律上的相关事实。

当然，在有意说谎和不可控的行为动机（springs of conduct）之间，存在极大的空间。就是在这个空间，能发现诚挚性的边界情形，也是在这个空间，心理学的教诲和常识变得有用。人们能隐藏信念的含义，拒绝面对理论中让人不快的结论，因为他们发现，抛弃理论同样也有让人不快的前景。避免最不幸的经验和逻辑方面的策略很普遍，是日常生活的部分。我们也许会对乞丐摆手拒绝，因为我们有一套理论，在面对乞丐的惨境时，这套理论能让我们感到舒服。因为，我们没有这样的理论，并知道，仅仅回首过去的事实和逻辑，能维持舒服，所以我们更可能拒绝乞丐。在完全不思考的情况下，我们依然更可能摆手，在我们的道德理论中，习惯有一个地方，其足够大，能容纳最明显的不快，这能掩盖一些东西。那么，像所有第一原则一样，正当化也有例外形式，这些例外不能进一步被正当化，融贯性是唯一可用来检验的标准，在缺乏一个关于善的客观理论的情况下，这个融贯性标准很脆弱。

这些回避乞丐的技巧和类似技巧，与诚挚信念的概念兼容吗？使用这些技巧的官员们，会失去尊重和义务，并最终不能实施法律吗？这些问题的答案极大地依赖具体情形中的具体事实。他们所忽略的事实有多严重？对合法性理论有多大的毁灭性？是否有其他对回绝乞丐的解释（看到就心痛，知道人们做不了什么），这些解释依然符合善良意志，并尽量追求正当统治。一般来说，人们解答这些问题的方法，与回应虚假意识之难题的方法一样：某人更多地认为，这些回绝乞丐的技巧在具体情形之下，是不可避免的，或者更多地认为，这些回绝乞丐的技巧，是人类情形中持久存在的东西，他就更少地会失去尊重。是人类对善的不懈追求，而非对想象中的心理超人的努力追

125

求，最后产生了同情、怜悯、理解和尊重的人性反应。

正义之宣称是否足够虚伪，以至于摧毁了义务的基础？这个问题作为一种实践事件也许不严重。对某些实践的不道德性——虐待、奴役、大规模地践踏特定群体的人权——罕有质疑，人们不可能得出这样的结论：出现这些不道德性实践的政制，最好能认为是掩盖自欺。这种情形要么是纯粹的和简单的欺骗（政治犯被虐待，但官员们故意否认此事），要么在道德上，比人们所设想的要更复杂（人们诚挚地认为种族隔离是正当的），这种情形最多是，一种道德盲区、而非自欺。但是，揭露欺骗程度的难度，和从单纯道德盲区中区分出自欺的难度，提供了意想不到的可能性，即可能从法律的概念中，至少推出一个（除安全之外的）重要的实质权利，提供了意想不到的可能性。为了审视如何做到这点，让我们首先把当前的理论，运用到另一系列法理学困惑中去：一般权利的概念，和具体自然权利的概念。

权利的概念

人们能把法律的概念作为一般概念来理解和应用，并无须首先评估，官方曾用来正当化辩护社会基本规则的论证，上面的讨论澄清了这点。因为在这些论证中有诚挚的信念，而不是因为这些论证在事实上是正确的，这对法理论而言是重要的，实质性的评价主要留给其他研究。我与很多实证主义者的方案一致。然而，先前的讨论，在无须陷入直接评估的情况下，也为确定法律制度的内容和法律推理的性质，提出了一种可能策略。此策略就是去考察，某些种类的规则或裁判程序，是否能被描述为先天的，这是难以置信的，要排除对他们利益的任何规范性辩护的可能性，一样也是难以置信的。

大体上，这个特殊策略似乎也会陷入实质评价。因此，假如我们谴责，不可信的裁判程序求助了魔术或占星术，那么，我们仅仅证明了我们对信念的不满，而这些信念是制度的基础。甚至在绝大多数现代社会中，我们证实，这些理论从未求助于正当化的规则，在最好的情况下，这些证据似乎只是偶然攻击了官方主张所具有的可能性，官方主张认为制度是可正当化的，并由此是法律制度。这类攻击不是没有可能。我们越揭示大多数人完全不相信和不接受，官方的正当化理论所依靠的前提，就越难认为官方的辩护是诚挚的。但是，大体上，依然是消极的和经验性的方法。方法并不告诉我们，如要推导出义务的话，必须接受何种类型的规则，但是，方法最多表明，有些正当化论证将做不到这点。此外，这些正当化论证做不到的原因是，我们怀疑信念的真诚性——并且，关于那信念，我们可能是错的。

针对可接受性之宣称，有经验性方法去做出一个先天评判，与经验性方法相对的是概念性方法，概念性方法试图揭示，某些种类的正当性辩护——即便真诚地持有——与这里发展的义务的先决条件不一致。

先存性权利

通过把此策略应用到，之前所描述过的讨论的一个方面，就能阐明此策略，之前的讨论是：在何种程度上，法院必然涉入对先存性权利（preexisting rights）的决定中去？先前，我曾注意到，德沃金的权利理论认为，法院总是通过诉诸这些先存性权利，来解决分歧，德沃金的权利理论最多是规范性和描述性理论。这种理论就是，在特定社会中，法院应当做什么，以及法院在事实上做了什么的主张。尽管德沃金坚持认为，他希望这个主张是概念性主张，但是不准备进行概念性辩护，即他并不揭示，允许或要求法官以其他方式裁判的制度，为何不再是法律制度。[19] 相反，我曾认为，法律制度无须承认，诉讼当事人享有先存性权利，并且，法律制度甚至会谨慎地选择去颁布规章制度，通过在每个案件中重新立法，来解决所有争端。我曾说过，只要能看似可信地为这些程序辩护，义务的结果和法律的结果都是相同的。那么，在这些观点中，进行选择的关键问题是，有人试图为一种不同于权利理论所描述的裁判程序辩护，是否能够对这种辩护的企图，予以概念性攻击。

让我们以之前提到过的极端例子开始，假定官员们接受一些规则，这些规则要求以抛硬币的方式，解决所有诉至法院的争端。进一步假定，这些规则并不具体规定，何种争端应当诉至法院。在任何当事人呈送的任何案件中，尽管法院都准备抛硬币，但是，仍允许自力救济（self-help）。针对这套制度的正当化辩护，相当容易想象出一些经验性攻击。法律裁判的不可预测性，将使得生活陷入极端不安。生命、自由和财产的价值将不得不打半折，争端中的任何陌生人也有 50% 的胜诉概率。其实，对制度的这种描述，相当不同于自然状态的标准描述。人们会想起，出现保护性组织来提供，国家的裁判程序所缺乏的安全。[20] 但是，纵使这些措施，能阻止异见分子抱怨法院，也假设法院不关心，契约或联盟之类的先存性用语。鉴于此，也鉴于其他明显不喜欢的结果，任何社会的官员在经

127

〔19〕 对比 Soper, "Legal Theory and the Obligation of a judge," Chapter I, note 4, pp. 518–519 和 Dworkin, *Taking Rights Seriously*, pp. 350–353.

〔20〕 参见 Nozick, *Anarchy, State, and Utopia*, chap. 2.

验上，都不可能拥护这样的制度，更加不会赞扬其优点。

把经验上的可能性搁置一边，对于概念性攻击来说，制度也是脆弱的。有一些指令来自司法程序，任何公民面临遵守这些指令之义务的问题时，将发现，在论证义务时漏掉了一个关键前提：这个制度并不提供，最低程度的安全和秩序，安全和秩序是另一个前提的先决条件，另一个前提就是：一般法律制度要好于完全没有法律的状态，对于遵守具体法律制度中的法律的义务而言，这是必要的前提。在这种情况下，不存在义务，这个结论对应另一个结论，即联系第三章末尾讨论过的类似情形得出的结论，在第三章末尾，我曾得出结论：尽管孤独的劫匪会真诚地相信其命令的正义性，但是，并不由此创设服从的初显义务。这是因为，公民对一般法律制度之价值的信念，极有可能至少是基于对秩序的向往，而唯一的最高主权者能提供此秩序。像劫匪这样的临时主权者，并不蕴含这种基本价值，但是，如果永恒的最高主权者，任意地和不可预测性地行使权力，以至于感受不到任何秩序或安全的迹象，那么，永恒的最高主权者也不蕴含上述基本价值。这种制度会被称为无政府主义者的最爱（Anarchist's delight），它不同于一切人反对一切人的战争，在强制"状态"之下，仅仅通过引入重复性的人为要素和再分配物资的概率，霍布斯设想过一切人反对一切人的战争，并认为，在战争中，私人武力组成的联盟是不可靠的。事实上，这不是选择的情形（在身强力壮者的暴政和国家的暴政之间选择），而是混乱的情形。

此例子阐明了，如何获得最低条件，为了满足法律制度的要求，任何进行正当化辩护的理论，都必须满足这些最低条件。理论不仅必须在事实上能让人能相信（对于

真诚地相信的东西，经验性条件最多施加一些文化上的偶 128
然限制）。理论也必须符合最小的基础，即承认一般法律
制度的价值的最小基础。无政府主义喜爱的制度之所以不
具有义务性，不是因为无政府主义喜爱的制度是强制制
度，而是因为它完全不是制度。

当然，这是极端的例子。除非以抓阄的方式达成决
定，公民无权拿走别人拥有的商品，通过否认公民的这种
权利，让我们稍微改良这个制度。这就是说，让我们假
定，国家出场，并且，对那些采用自力救济的方式化解争
端的人，而非以抽签的方式寻求官方裁决的人，施加威胁
性惩罚，借此，立即终止一切人反对一切人的战争。现
在，这个制度能免受概念性攻击吗？有一套制度，与强制
制度提供的安全这样最低程度的价值不抵牾，人们能设想
官员们为这套制度进行正当性辩护吗（且相信制度是正
义的）？乍一看，回答似乎是能。现在，至少存在对国家
的最小辩护，霍布斯重点思考过这种国家：任何顺理成章
的裁决，无论多么武断，都聊胜于无。但是，当人们问
道，以抓阄的方式分配系争商品之后，会发生什么？自信
满满地回答，变得疑虑重重。抓阄中输给 A 的 B，会把这
件纠纷带回法院，寻求另外的硬币来抛掷吗？如果这样的
话，就没有解决任何事情。打斗和自力救济都是可控的，
但是，在无休止的抛掷游戏中，某人持久的争论带来的不
确定性，让期待化为泡影。假如第一套制度是无政府主义
者的最爱，那么这套制度就是赌徒的最爱（gambler's de-
light）。

与我曾经做的讨论相比，谴责这套制度在概念上与论
证义务的前提相抵牾，这似乎依然要求，要更深入地讨论
强制制度的最低价值。至少，通过对私人暴力的控制，赌

徒最爱的制度带来了一些秩序，反之，无政府主义者最爱的制度甚至做不到这点。人们也许能设想，对私人暴力的控制很重要，以至于将使得一些人把这套不太完美的制度，看作比无政府状态整体要好。但是，这可能是少数人的观点。秩序所指的价值主要是工具性的，秩序使得我们可以追求私人利益、形成期待、免受突如其来的剥夺带来的持续恐慌，等等。然而，发生在赌徒最爱的制度中的突如其来的剥夺，是精确的，即便是法院"顺理成章"实施的，而不是私人暴力实施的，它也是精确的。由此，私人安全的增长，足以让有制度优于没有制度，持这种观点的人通过反思，应抵制赌徒最爱的制度，因为，假如所有的自由和财产，包括生活所必需的其他东西，不断地被霸占，就像在无政府主义者的世界中那样，人身安全受到严重威胁——甚至更严重，因为人们甚至没有自力救济或互助同盟可以求助。

通过这场讨论，得出唯一结论是：一旦通过抓阄化解争端，应当认为赢家至少有权（entitlement）或有先存性权利，拒绝法院就相同当事人之间的相同争端，做出进一步的裁判。在**既判力**（res judicata）这些原则的意义上，能把先存性权利看作法律制度的必备特征，仅仅以不再受约束为代价，才能随意改变裁判。但是，尽管 A 现在受保护，有权反对 B 重新抽签，假如，现在 C、D 和世界上的其他人，也想碰碰运气——特别是因为，一旦掷硬币落败，就永远失去了系争的权利，那么，所导致的安全的增加就是微不足道的。就是这种情况，类似的推理程序导致了此结论：某种形式的先存性**对世权**（in rem）——对抗所有人——必须出现在任何法律制度中，即在不摧毁服从义务之基础的情况下，下达给对方当事人的命令，不能下达给法院。

那么，法院不能忽略某些先存性权利的概念，这些先存性权利的概念和法律概念之间，存在概念性联系。但是，目前为止，在以下几种方式中，此联系是有限的：

1. 我没有说过，公民有优先于法院之初始裁判的先存性权利。一旦分配了，就出现权利，并必须受到保护——正如在立法情形中那样。例如，针对以抓阄的方式分配所有商品的初始裁判，或者针对废除所有商品的私人所有权的初始裁判，公民不能发起概念上的驳斥。首先，人们在经验上有可能支持对这种分配进行正当化，这种经验上的可能性看似可信：人们不得不强调抽签的武断性，抽签优先于国家的裁判，即遗传性抽签和突然出生、机运河继承。其次，试图揭示此种正当化和义务之基础之间的概念性冲突的任何努力，必定是徒劳的，因为，尽管通过抓阄的一次性重新分配，希望也许破灭，但是，并不使得制度充满不安全性。仅仅是一种秩序被另一种取代。也许会产生对重新分配原则的公正性的质疑，但是，我们依然在法律制度之中。

2. 这个理论不认为，法院或立法机关不能偶尔否定过去的判决，并由此，时不时地撤销或重新分配之前赋予的权利。这仅仅是对先例和对先前权利的制度性忽略，制度性忽略导致混乱，混乱与法律的概念相抵牾。希望只会偶然破灭，但是安全的价值仍然极大地得到保留。（当然，仍有必要促进一些理论，为这些偶然的希望破灭，进行正当性辩护，但是，这再次呈现的至多是经验性问题，而非概念性问题。）

3. 应该很清楚，没有一般的概念性限制，来阻止法院按这个基础行动，这个基础就是德沃金的观点：政策与

130　原则相对立。德沃金称这个基础为，与原则相对应的政策。[21]可以想象，在裁定每个案件时，法院被明确要求，要以最大可能的方式促进集体目标，无须考虑对个体权利或权益的影响。从经验上看，也很容易设想，官员们可能诚挚地相信一套正当化辩护的理论，这套理论要求，个人善完全屈服于集体善。其实，围绕这套理论组成了一些社会，对这些社会的描述中充斥着乌托邦式的文学作品，并且，在更极端的社会主义实验的例子中，能发现血泪教训（historical flesh）。此外，在概念上，得出的制度，与无政府主义者最爱的制度和赌徒最爱的制度，极为不同。鉴于义务所必需的最低限度的安全价值被摧毁，这些制度也无法承认个体的权利或权益。但是，与这些制度相反，集体性制度（collective systems）潜在地提出了伟大的方案，来处理个体的安全。现在，不用冒着经常丧失机会的风险，但是，所持有的财产屈服于这样的算计：重新分配将增进集体利益。这个借集体目标之名的算计，可能至少具有某些可预测性。实际上，基于集体理由，做出使全部财产私有这一看似自相矛盾的裁决，也相当容易。简言之，不存在先天理由这么认为：诉诸政策或集体目标，完全地得到正当化的集体制度，会对个体安全有任何不利影响。

自然权利

上面得出的结论是有局限的。法院必须正当化他们的判决，但是，与没有法律制度时的个人相比，提前排除了正当化之要求的裁判程序，让个人也好不到哪儿去。法律制度好于没有法律制度，这个判断的基础是最低程度的安全，法院必须尊重的唯一先存性权利，是享有最低程度的

---

〔21〕　Dworkin, *Taking Rights Seriously*, pp. 82-84.

安全的权利。

在某些方面，上面得出的结论又很耳熟。例如，哈特也认为，法律制度必须为生命、自由和财产提供最低程度的保护。[22]但是，在哈特的情形中，这个结论具有偶然性：不提供这种保护，制度就不可能长久存在。在当下的情形中，这个结论具有概念性：不提供这种保护，即便假定制度能长久存在，也不能产生义务。此外，我曾指出，对国家责任施予了要求：保护公民不受彼此侵犯，正如不受国家侵犯一样。的确，依靠正当化理论，国家有相当大的空间，以更大的集体善的名义，克减公民的权益（而私人个体不会克减公民的权益）。只要这类克减不出现得如此频繁和不可预测，以至于损害安全的普遍意义，那么，公民就依然负有初显义务。

人们是否能获得对抗国家的实质权利？这个权利超过了霍布斯式的最小安全的权利，当下法理论只能消极地回答上述问题。正如我们曾考察过的，实证主义者必定如此回答，因为他不能区分法律制度和强制制度。因此，实证主义者能获得的权利内容，只是最低程度的、任何制度都蕴含的内容：假如有制度，而非混乱，必定存在最低程度的秩序。除非借助命令（fiat）以自然法口号的方式，非实证主义者缺乏概念性理论，来解释他观察到的规范性实践和法律的概念之间的联系，否则，非实证主义者不能把规范性实践固定在法律的概念之上。相反，为寻找对抗国家的权利，当前的研究提出了新的可能——自然权利，我这么称呼它们——超出了霍布斯式的最低程度蕴含的意思。

131

---

〔22〕 参见 Hart, *The Concept of Law*, p. 195.

结构（*structure*）。倘若法理论越来越贫乏，自然权利理论就变得越来越模糊。法理论在持续讨论自然权利，即便宣布所有这类讨论，应该低于其他学科（道德哲学或政治哲学），但法理论在持续讨论自然权利这一事实，部分地导致了模糊性。边沁有一句著名的话：自然权利是"高跷上的胡话"（nonsense on stilts），在这句话中，边沁至少符合其获得的尊重。相反，哈特将其法理论的部分篇幅，投入到对自然法和自然权利的最低程度的内容的讨论中去了。正如我们曾看到的那样，到头来，最低程度的内容只是安全，并且，即便这不是对道德的观察，而是对二者的关系的观察，即人性现实和使得任何强制制度得以运转的可能性之间的关系。假如强制制度提供的安全，不能明显超过自然状态下的安全，那么，强制制度就不具有义务性，对这种霍布斯式的基本洞见，我曾提供过额外的概念支持。没有什么能阻止我称其为自然权利，但很清楚，不太能明确确认人性尊严，自然权利这一术语常常表达了人性尊严，这更多的是勉强承认：在生命中，无论其他任何东西是重要的和有价值的，必须首先确保生命，在这个意义上，生命由此是基本的。即便，上述的这种权利的概念基础，像源自义务的道德概念那样，源自制度的非道德性（amoral）概念。

自然权利理论也是模糊的，因为，即便是关于人权的道德理论，也不清楚什么使得这些权利是自然的。从历史上看，自然权利这一术语可能是，旨在区分这些道德理论，这些道德理论将其结论，建立在对人性的观察的基础之上。人们把好生活的伦理原则，与关于人类现实生活的心理命题、经验命题联系起来了。然而，今天很难去考察，自然权利理论的定义，从任何可能的道德理论的类别

132

中剔除了什么。正如任何自然权利理论家，所拥有的理由那样，功利主义者和康德主义者，也有同样多的理由认为：自然权利理论关于责任、理性和幸福的观点，都奠基在对人性的可能假设之上。总之，自然权利理论似乎只是道德理论的另一种说法，这种道德理论也许能解释，交叉使用这些术语（**自然权利、人权和道德权利**）的倾向。[23]

人们可能也认为，在第三种意义上，自然权利是独特的，能把这些自然权利，归入全部道德权利的特定子集里：那些对抗国家的道德权利。例如，人们认为洛克曾经基于自然权利，维护过私有财产理论，这些自然权利先于并优于国家利益。道德论证旨在树立国家必须尊重的个人自由，但是，应当清楚，没有什么东西，能在根本上，从任何道德论证中区分出这种论证，所有这些理论，都是对国家权力的合法性及其限度的规范性论证。道德理论保护个人利益，假如国家侵入个人利益的领域，那么，依据那种道德理论，其侵犯行为就是不道德的，但是，除非我们把法律和道德，与不可信的自然法样式等同，那国家的侵犯行为依然是合法的。简言之，在自然权利的概念中，没有什么能被解释成是对抗国家的权利理论，此权利理论能，把对这些权利的论证，从对法律的合法性（the legitimacy of law）的一般规范性讨论中，区分来开。

最后的结论点出了，对自然权利的可能意思的最终解释，我们能认为，这些权利是对抗国家的权利，只有冒不能冠以法律之名的风险，才能侵犯或忽略这些权利。凭借此研究，忽略或侵犯自然权利的命令——如果有的话——

〔23〕 参见 Soper, "Legal Theory and the Problem of Definition," Chapter II, note 3, pp. 1173-1175.

就是那些不能施加任何初显义务的命令。以此方式，自然权利的概念和法理论建立了联系，这种方式使得法律和讨论相关，且这种方式同时把系争权利从道德权利中区分出来了，任何规范理论都蕴含这些道德权利。

自然正义的原则（*The principles of natural justice*）。任何符合上面那样描述的权利，是否存在？目前为止，我回答此问题的努力，是以本书中的一半理论为依据。我曾强调一般法律的价值，把此价值当作义务的先决条件，并且随后为法律制度的内容，探求了那个先决条件的含义。由于对法律价值的论证，很大程度上是霍布斯式的，所以，毫不惊奇，源自这个一半的理论的最小内容，也是霍布斯式的。但是，在理论中，存在对义务的第二个要求，对于官员们诚挚地相信他们所实施的制度的正义性而言，第二个要求是必需的。此要求为法律制度的内容的经验性结论和概念性结论，打开了类似的可能性。

我们曾得知，对正义之信念的要求，其本身在内容方面的要求并不多。此要求至多只产生形式平等的权利，此形式平等没有进一步的实质判准，无法分辨多种多样的规范性判断，能借用这些规范性判断，为区别对待进行正当性辩护。然而，我们也曾得知，适用当前理论的关键性因素，就是能从不真诚的信念中，诚挚地区分出所怀有的信念。例如，我一直想这么假定，即便具有善良意志的人们，也支持最可憎的道德观点，由此推出义务。但同时，我一直坚持认为，统治者和被统治者的关系应该是互惠的，由此推出互惠性尊重，犹如官员们应该致力于从事，比不加思考地贯彻流行的正当化理论更多的东西。人们也许有相左的道德观点，义务越依赖对此事实的尊重，对诚挚性的证明就变得越关键：没有什么东西，像虚情假意和口头上说得好听的话（lip service）那样，会迅速地损害尊重。这不是证明信念是权利之问题，而是证明诚挚地怀有信念之问题，诚挚地怀有信念除了可能推出安全和形式平等之外，也使得推出权利成为可能，从法理论的视角来看，这些权利值得冠以"自然"之名。

法律存在的地方，就能发现一些系列实质限制，对这些实质限制的思考，就能演示推导这些权利的过程。称其为"'自然正义'之原则"〔24〕，这些限制要求，通常由客观公正的法官，来融贯地和无偏私地适用规则。难以把此要求辩护为道德哲学问题。为了考察，何以也能从法律的概念中推导出上述权利，那么，倘若人们试图在忽略这些限制的同时，依然声称为了全体人的利益而实施规则，那人们唯一需要考虑的就是，由此导致的紧张关系。

人们能改变其想法，并相信，正当化之理论的明天和昨日之理论比较，产生的结果大为不同。但是，在稳定的社会中，对基本的道德原则的长久犹豫，足以不同寻常地让人质疑，如果有质疑的话，就是质疑这点：动机性激励不能确保对所有人是公正的，尽管，动机性激励符合特定群体的变动性利益（shifting interests）。所以，核查正义之宣称是否诚挚时，案件裁判中的融贯性变得很重要。某人在其自己的案件中做无私地裁判时，这同样也是可能的。但是，偏见的可能性越来越大，尤其是，强烈地和确定地怀疑无私的法官，怀疑其正义之宣称仅仅是自利的伪装。因此，在核查所提出的正当化辩护的诚挚性时，无偏私性和客观性也很重要。

必须坦承，对自然正义之原则的这些论证，都只是经

〔24〕 参见 Hart, *The Concept of Law*, p. 202.

验性的。诚挚性之概念在逻辑上，不蕴含对这些原则的论证，因为，某人很真诚，不是在逻辑上不可能，而是正义观上不稳定，或者是因为，在自己案件中进行裁判时，真诚地忽略明显的利益冲突，在逻辑上不是不可能。但是，刚刚，所详细说明的程序，和人们确实忽略自然正义之原则时，所引发的怀疑，指出了另外的自然权利，此自然权利在概念上与法律有联系。此权利相当重要，并且，在适用方面，此权利和那些业已讨论过的权利不同，目前为止，在区别对待和某些更长久的对待方面，业已讨论过的那些权利是正当的。

商谈权

之前所有的努力都试图，从对正义的诚挚信念的要求之中，提炼出实质道德权利，所有的这些努力都面临一个基本问题：尊重善良意志，善良意志是义务理论的基础，这忽略了无心之过（honest mistakes）——在判断的价值和对事实的判断方面。但是，某人如何知道，这个错误是无心的，如何知道信念是真诚的？在对抗有效权力的全部想象之中，我不断提及一个基本要素，那些掌舵者要准备回应规范性挑战：在规范性方面，为他们的强制命令进行正当性辩护。其意思就是，倘若为法律和义务奠基的交互尊重，得以保留，那么，至少在这儿有一个不能忽略的权利。必须向异见分子保证商谈权（a right to discourse），有权以可验证诚挚性的唯一方式：交流、论辩、交锋、争辩，坚持证明信念的真诚性（bona fides）。接下来，我将展开论证以承认这种权利，然后更精确地定义其范围和内容。

起　源

在之前对真诚之重要性的讨论中，在判断真诚何时存在困难的过程中，蕴含若干要素，这些要素指向商谈之自然权利。首先，人们几乎能相信任何事情，这使得先天地排除任何特定的正当化之理论困难重重。这也使得，在唤起对努力的尊重时，尽管这种努力显得有些固执，但信念的诚挚性变得关键。但是，此语境中的诚挚性只能指：权力的运用反映了对正义之理论的基本承诺，而不是反映了对承续而来的传统的不加思考的回应，也不是反映了对自利之命令的不加思考的回应。总之，极不可能排除实质理论，这意味着，仅仅通过援引理论，能揭示诚挚性，此诚挚性是义务的关键性检验标准，那些被援引的理论，恰巧能溯及既往地（ex post facto）使结果合理化。这意味着，在力所能及的程度上，揭露了反思性判断的程序和价值形成的程序，反思性判断和价值得以形成的程序，使得抽象理论变成了私人怀有的世界观。这意味着，是在规范性讨论的层面回应异见分子，而不仅仅是说"就是这样子的"。

其次，真诚至少给正义之宣称施加了偶然性限制，使得很难避免，通过一些程序滤除此正义之宣称，这些程序旨在用来产生融贯性、无偏私性和客观性。人们能忽视这些程序，且仍然是真诚的，但是，在面对明显自利时，不断改变想法或者做出所谓的无私选择，这是高度令人生疑的——以至于，如能保存对真诚的假定，似乎需要解释。但是，解释是另一种形式的商谈。所以，商谈权更具有偶然性：要么商谈权是应用或遵循自然正义之原则的附带产物，要么，在没有遵循自然正义之原则的地方，商谈权是继续尊重的先决条件，此尊重就是，某人能因为没有这样

135

做，而进行正当性辩护。越不相信思考性行为的经验性基础是真诚的、越认为此经验性基础是看似可信的，就越需要对诚挚做出解释。

最后，人们普遍地混淆自利和公共利益，也普遍地对自己隐藏了一些事实及其影响，即要求真诚地解决那一冲突的事实和影响。尽管，人们不应该，把所有这些回绝乞丐的技巧，标定为不真诚之例子，但是，很容易发现，在这些情况中，尊重常常依赖于面对和处理表面差距的意愿，即实际做的和说的之间的表面差距。这个事实也支持这种情形：把最低程度的商谈权仅仅看作对自欺的检验。

第三章中的义务理论范式直觉式地揭示了尊重，思考尊重之基础，能构成第二套论证，以论证商谈权。面临父母之命令的孩童，尽管实质上不同意父母的意愿，但是尊重父母的意愿，因为两点：承认家庭的价值，和明白父母是真诚地为了孩子的最大利益而行动。随着孩子越来越成熟，这两点原因越来越弱。当孩子慢慢长大，变得越来越自给自足时，家庭庇护和保护孩子的价值会减小，直到达到一个临界点：孩子做出的决定，大体上类似于无政府主义者的决定，这个决定就是在强制性社会秩序的意义上，家庭不再优于完全自治。然而，在达到这个临界点之前，孩子不断增长的智慧和独立之价值，将给尊重的第二个要求，带来很大的张力，第二个要求就是，明白父母是为了孩子的利益而行动。出现张力，第一是因为孩子反复出现的自信，他自信有基于这点的明显权利，即父母的固执必定是虚伪的——一张脸，定格于不承认孩子的权利。第二，即便小孩是错误的，或者退一步，父母的判断是诚挚的，对父母把意愿施加给孩子的正当性辩护，随着孩子的成熟而降低——部分是因为，人们有时候最好从自己的错误中学习；部分是因为，谁来决定错误是什么，变得更加不清楚。简言之，在作为强制秩序的家庭价值消失之前，作为正当性辩护的家长主义会变弱。把这些不断增多的、证立父母权威的障碍集中起来，导致了一个关联性增长，即孩子越来越坚持要求商谈和解释，商谈和解释是继续尊重的基础。

在大量的日常经验中，也许能发现证据证明这些观察。鲜有抚养过小孩的父母，继续怀疑他们自己年少时曾怀疑的东西，即回应的合法性，"当你老了，你就明白了"。绝大多数和大孩子打交道的父母都能证实：没有什么回应能比这句话更让孩子愤怒了。

人类社会中，作为说明义务和尊重的理论范式，类比于家庭的话还要求一些修修补补，但是此范式支持这个结论：商谈权是尊重的先决条件。第一，没有理由支持这种观点：强制社会秩序的可感知的价值，随着年龄和成熟的增长而减小，如果有的话，相反的情况也说得通。所以，尽管小孩最终可能，因为变成成年人，而逃避义务，但是，公民不会。结果，对义务的第二个检验标准——真诚地为了其他人的最大利益而统治——再次变成了对公民的关键检验标准，甚至大于对孩童的检验标准。

第二，对具体法律的正当性辩护，不是家长主义式的，基本没有例外。正当性辩护可能更显得是，直接诉诸善，或诉诸各种形式的同意，或者诉诸可以确保公正的程序性措施。所以，在孩童的情形中，假定孩童不能理解，由此终止商谈，这种看法在人类社会中是遇不到的：所负的义务处于争议之中的公民们，都是成年人。家长式的立法能得到辩护，假如这种辩护是基于家长式对待方式的优

137　点，那么就会产生尊重和义务，要排除的家长式对待方式是，不聆听异议，这些异议源自，家长们的声音本身完全不具有说服力并不好理解。

在最后的结论中，存在一个问题，此问题类似于，前一章在思考对"开明的"恐怖分子或劫匪的义务的可能基础时，所面临的问题。通过强调作为尊重之基础的可感知的善良意志，就可能认为，即便是真诚地相信其事业是为了受害者利益的劫匪，给其受害者提供了服从的初显义务。我反对这个结论，因为它没有为自律概念留下任何空间。社会中的公民，至少和他们所面对的官员们一同，共享了基本的规范性价值。此共享性承诺为个体的承认提供了基础，倘若个体曾对此负责，那么，他也就只是依据自己的权利寻找共同善。为了确保价值一致，困难重重，对此充满同情，人们尊重那些掌舵者的真诚努力，并希望那种互惠性的尊重，最终使得某人自己的观点得到承认——在证成义务的过程中，所有这些因素都有其作用。

类似地，真诚地认为群体没有能力商谈，在这种情况中，暂时搁置培养能力人们可能认为，信念的真诚性，仍然正当地辩护了尊重和义务。但是，最后一句话反驳了我们：公平地聆听了异见分子的声音，但是发现毫无说服力，在这种通常情形中，能发现能力之培养的最显明意义，而培养的意义在假设中并不存在。有的人把某人当作不能正常活动的人，那人也许尊重那些人的善良意志，但是，再次地，在尊重之术语的普通意义中，不是每一种对尊重的论证，都等同于对初显义务的论证。如果义务就是导致的结果，那么，漏掉的就是自律所需要的尊重的交互性。对强制秩序之价值的共享承诺，当然会得到保留，在这个意义上，被忽视的公民不同于劫匪情形中的被害者。

但是，在对义务的两个检验中，都能感觉到自律的需求。劫匪情形中的被害人可能坦承，匪徒是真诚的，即便给被害人施加了命令，但尊重了被害人，然而被害人不负义务，因为被害人没接受古怪地、专断地运用强力所显现的价值。相反，公民也许完全赞同，独断性强制在一般意义上的价值，在公民所面对的官员们的政制中，例证了这点，假如，在对社会应该采取的特定形式进行论证的过程中，此政制认为，公民不值得关心，那么，公民不负义务。当这种情况发生时，自律就会以牙还牙（responds in kind）：如果我不值得关心，那么，在初显意义上，社会的法律也不值得关心。（仅仅因为他们是社会的法律，当然，被害人和被忽略的公民，都可能有其他理由去服从。）

138

需要思考最后一种情况。借由宣称公民是低能或无能的，试图以此回避商谈权，我曾讨论过这种社会情形，我也曾认为，纵使此宣称是真诚地做出的，也与能推出义务的交互式尊重之要求相抵牾。[25]尽管，社会拒绝就意识形态的基础展开商谈——不是因为公民或群体是低能的，而是因为商谈太有效、太危险、极可能贬损官员，什么社会诚挚地支持正当化之理论？假如，真诚地支持这些关于商谈是危险的观点，那么，依然存在产生尊重和义务的情形吗？

---

〔25〕 当然，我认为，与岩石或动物不同，我们所讨论的人和公民，事实上能够进行商谈——Bruce Ackerman, *Social Justice in the Liberal State*（New Haven: Yale University Press, 1980），pp. 70-80，引人入胜地讨论过一些要素，基于这些要素能解决经验性问题，并且布鲁斯·阿克曼还建议，将"对话能力"作为公民能力的检验标准。在其他方面，在政治理论中，阿克曼的对话概念，与这里勾勒的商谈权几乎没有相似之处。一方面，阿克曼从对话中得出政治理论，而我却恰恰相反；另一方面，阿克曼声称，从中立性对话中获得了大量的实质内容，而我却没有对话语的力量提出这样的主张。

人们的初始观点可能认为，这种情况不能和先前的情况相区分。商谈是危险的，无论这种观点多么真诚，交互性尊重和交互性义务部分地建立在这种希望的基础之上，希望通过质疑和回应修正规范性错误。如果否定这种修正的可能性，就遗漏了其中一根伸向受损的自律的橄榄枝。但是，在重要的方面，这两种情况也是不同的。现在，否认商谈立于实质基础，但不否认其立于这个基础：批评平等或倡导公民等级。假如，尊重和义务源自于承认：拥有善良意志的人们有对价值分歧，那么，这种情况为何会蜕变？仅仅是因为关于言论或商谈本身的价值存在分歧就蜕变吗？我曾设想过一些信念，倘若真诚地怀有这些信念，就能推出义务，与这些信念相比，的的确确更容易认为，相信言论是危险的这种信念，在经验上是看似可信的。

商谈必须至少具备对商谈本身之价值的尊重，借由这个观点，人们努力回避对这些竞争性论辩的解决。所以，国家会对正当化之基础理论的绝大多数方面杜绝展开商谈，但这个方面除外：意图为不商谈进行正当化辩护。关于这点，必定发生质疑和回应，在其他实质领域，对否定商谈的正当化辩护，必须持续保持开放。

这个修正足以恢复论证义务之情形，对这个观点要说很多东西。不像反对全部商谈的情形，现在，至少有一些余地来说服官员承认，其关于商谈是危险的观点是错的，倘若那种努力是成功的，那么，人们能争辩流行的正当化之理论的剩余优点。尽管，人们在通往商谈的潜在规范性合意之路上，公开引入了一个额外的步骤，但在理论上，至少这条路依然是开放的。这里的分歧是实质意义上的，并非潜在的不敬行为导致的结果，当先前注意到，这个事实和上述的可能性有关联时，就不再容易察觉为何人们对

139

义务之基础形成了不同的结论。然而，在实践上，对这个限缩的商谈权的理论辩护，也许会失败，因为，在没有实例时，很难思考人们为何讨论辩的价值，——在没有讨论各种正当化之理论的情形下，包括系争国家的正当化之理论——为了揭示为什么通过商谈能提升这些理论，总之，为了对商谈的价值的论证保持完全的开放，可能要求允许商谈商谈之外的事情。

这依然保留了完全不商谈的情形。尽管，至少在理论上，允许对论辩之价值展开争论的义务，是充分的，但是，是必要的吗？现在，此问题变得更易回答。拒绝所有商谈的国家，必须为该政策进行正当性辩护，即便这个政策不允许质疑。我曾提到过最普遍的方式，为受限的论辩进行正当性辩护——这种辩护似乎来自，所谓的极端立场或者过于诚挚的立场。官员承认基本价值是如此之强，或者承认，所接受的国家立场无疑是"正确"立场，以至于能精确地反驳异议或质疑，这时，就会产生极端立场或者过于诚挚的立场，因为极端立场或者过于诚挚的立场，来自于所接受的真理，或者因为，极端立场或者过于诚挚的立场，激怒或惹恼了信徒们。这些正当性辩护抨击了，对交互性尊重的假定，这个假定立基于对价值分歧的容忍。即鉴于异见分子急不可耐地考虑，达成一致为何如此困难，也鉴于异见分子容忍官员的规范性错误，在此政制中，好像并不存在对异见分子的规范性错误的类似容忍。此外，假如因为，至少不允许争论关于论辩本身之价值，我们尽力想象能有什么样的可能存在的正当性辩护，那么，留给我们的是强烈的暗示：正当性辩护只类似于父母的回答，而孩童不理解父母的回答，因此，解释是无益的。将这个暗示和对容忍的单方表达融合在一块，似乎足以削弱交互尊重的基础，并由此削弱义务的基础。

严禁全部商谈的国家，应该是什么样子的？思考这个问题，能强化上面的结论。宗教国家或准宗教国家对教义的异议零容忍，这些国家在历史上的例子，足以共同在经验上使这种观点看似可信，这种观点认为，对教义的论辩和公开质疑是不能容忍的罪恶。然而，通过主张论辩是固有的罪恶，也不太可能辩护或证成这些观点。这就是说，仅仅认为论辩与基本价值之间更加具有工具上的相关性，而不认为论辩本身是内在价值。在这种情况之下，相信工具价值对所争论的内在价值只有负面影响的国家，应该没有理由阻止对于论辩的争论：工具（或手段）不是内在价值，它只会摧毁自身，并证实国家的观点。

但是，可以把论辩看作内在善，或者反之，看作内在恶。因此，这是驳回所有异议的部分理由，包括争论之价值的异议。但是，这所导致的国家的形象，就是其中那种完全社会性地随大流的形象，是卓越的有机政治体，在这个政治体之下，无论是在思想上还是在行为上，个性受到绝对压制。以一种不给个人自治留任何空间的方式来描述权威，这种方式是什么？无论对这种教义的官方信仰多么真诚，同等真诚的异议性信念就完全没有出路。即便这种政制中的人，承认一般法的价值，但这种政制中的人不负初显义务。

内　容

因此，人们或许能从法理论推出实证权利，这个实证权利（positive right）超越安全和形式平等——实证权利这个术语在法理论中有意义，仅仅在这个意义上，这种权利才是自然权利。不承认这种权利的国家，也不能科以义务，并且在这个意义上，留下的是强制制度，而非法律制度。但是，一旦注意到与权利的范围和内容相关的警示，人们借用这个结论，把制度标定为法律制度或者不标定为法律制度的热情，必定减退。我曾称这种权利为商谈权，部分原因是为了避免这个推断：一个关于言论自由权和出版自由权的完全成熟的自由理论，成为法理论的组成部分，且商谈权与言论自由权和出版自由权极为相似。的确，对言论、出版自由的一些正当性辩护，类似于我对商谈权的探讨。然而，商谈权何以不同于这些权利，注意到这点很重要，对于像自由民主这样的具体法律制度来说，这些权利是必不可少的。

有个不同点一直都很清楚。我曾认为，即便在广泛的实质事件上——其实，在正当化之基础理论所容纳的全部实质事件中——禁止争论，政制也不沦为强制制度，只要他们这样做时依然允许，对排除论辩的正当性，展开有意义的讨论。这个结果，与在自由民主制之中的言论自由理论的应用相抵牾。所以，对比所考虑的完整道德理论和政治理论，法理论提供的保护范围太小。

甚至在权利所适用的领域，权利的内容也不同于绝大多数言论自由理论的内容，这是因为，为了承认自然权利，所奠基的理由不同。自然权利与源于自由政治理论的权利截然相反，自然权利是要求官员诚挚地相信正义的结果。正如我所发展出来的那样，诚挚性的概念由两部分组成：真诚地相信事实，和尊重可能的异见。这两个部分都是诚挚性的构成部分，不可否认，这种看法有些歪曲日常语言，日常语言通常仅仅满足于，在真诚地相信中，单独就能找见诚挚性。这就是为何，在考虑真诚地不宽容的有限情形时，会出现困难。有人被诱惑去问：在论证义务时，诚挚性抑或交互宽容，是更重要的组成部分？假如心中想

141

的是，对义务的原始论证，并记起"诚挚性"（sincerity）是"真诚"（good faith）的简约表达，那么，我们几乎很容易就认识到，答案是两者都很重要。特别是因为自欺是可能的，并容易发生时。在确保信念的诚挚性方面，商谈时相当必要的，但是，由于尊重诚挚信念的理由来源于个人承认并容忍价值分歧，所以，商谈也是必要的。倘若承认和宽容不是交互的，也不能推出义务。

对商谈自然权之基础，如此叙述的结果就是，排除了好多关于正当性辩护的理论和价值，在一般的言论自由理论中能发现这些价值和理论。具体而言，并不要求把商谈作为提升个体品格的手段，也不要求把商谈作为，确保个体参与管理过程的手段。此外，即便"思想市场"的比喻，强调观点的多样性和真理之间的关系，在告知商谈权的内容时，"思想市场"之喻在法理论中，扮演的角色是有限的。尽管，在为异见分子的最后辩白提供希望时，我看重思想市场，但是，与作为筛选真理的手段相比，我更多的是把它当作一种手段，来安抚受伤的自治。在当下的理论中，市场之喻是为了和平和交互尊重，不是为了真理本身，尽管，市场之喻也许是为了和平和交互尊重，只因为个人单方面地相信市场之喻是为了真理。

为了清晰地审视，这些理论上的不同何以导致内容上的差异，让我们考虑几个例子的应用吧。第一，基本的正当化辩护之理论，构成了法律秩序的基础，商谈自然权不要求每个人都能对此发表看法。其他人已然充分代表这个挑战，这就够了，个人可能会增加这个调整。这意味着，在大多数情形下，在对国家的辩护中、在对国家的基本组织结构的正当性辩护中，总是或隐或现地面对流行的基本意识形态（社会主义、民主制、君主制和贵族制）的显

著替代品。通过革命或个人魅力获得控制，在获得控制的
过程中，存在变节改宗的人身权，商谈权不是这种人身
权，而是这样的权利：它仅仅确保，官员们通过思想的理
性影响，在试图获得控制的过程中，公正地考虑规范性争
议的另一方。相反，强调个人发展或者强调市场和上述所
有其他真理的言论自由理论，有可能不容忍这种有限的商
谈权。

142

第二，商谈权与言论的文学、艺术和商业维度关系不
大，在某些自由民主制度中，言论的文学、艺术和商业维
度构成了言论自由理论的重要分支。自然权利的核心价
值，旨在为基本的政治组织结构提供正当性辩护，在自由
民主制度中，能发现各种形式的私人表达，而基本的政治
组织结构可能承认或者不会承认各种形式的私人表达。在
某些方面，能表示自然权利之内容的基本价值，类似于，
在美国，第一修正案理论的学者在美国所称的 "审查价
值（checking value）"：一个通过揭发政府滥用职权或非
法措施来实施监管的卫士。[26]其实，人们也许能发现最

---

〔26〕　参见 Vincent Blasi，"The Checking Value in First Amendment Theo-
ry，" 3 *American Bar Foundation Research Journal* 523（1977），在布莱西的言论
自由的 "审查价值" 理论，和我的商谈自然权价值理论之间的相似性，不应
该用来模糊二者之间显而易见的差异。其中的共同点是：①这两种理论都强
调源自传统言论自由价值中的价值，这些传统言论自由价值，能促进个人自
治、提升思想多样性和自我管理（参见 Blasi, pp. 524, 544-567）；②这两
种理论都有可能通过代理人或代表，实现相关的商谈价值（第 562 ~ 564
页）；③以政府官员为重点，这两种理论都关切较小范围的交流，而不是其
他较大的言论自由（第 558 ~ 559 页）。但是，与从法理论（在任何法律社
会，法理论是义务的前提）中推出理论相比，布拉西从特定社会的民主理想
中，推导出他的理论，这一理论必然赋予它更大的范围和内容。参见 Frederick
Schauer, *Free Speech: A Philosophical Inquiry*（Cam bridge：Cambridge University
Press, 1982），chap. 2.（我感谢 Frederick Schauer 在文中的观察，提到了言
论权与政府发言权之间的区别。）

尖锐的对立，这种最尖锐的对立存在于商谈权和言论自由权之间，在一般思想中，商谈权赋予公民与国家对话的权利，而言论自由权赋予公民自己言论的权利。但是，这个区别不应该弄得太大。人们对强力之使用有规范性上的质疑，事实上，国家的"言说责任"是一种回应质疑的责任，由此，国家的"言说责任"隐含的意思，不仅仅是独自言说的要求。

第三，正如最后的观察所揭示的，不能字面地理解"商谈"。这比独自言说要求更多，不是要求充分和开放对话。正如个体无权尝试去私自说服官员或其他公民一样，个体也无权要求，任何具体的正式裁判或司法裁判附一段前言，以充分讨论正义所要求的东西。我们业已知道，在简易司法判决的隐含前提中，能发现大量的正当化辩护之基础理论，只有在疑难案件中，才会出现与规范性论证的公开纠缠。此外，这种精巧阐释和正当性辩护，只是维持商谈之意义的其中一种方式，因为重要的是商谈之意义，不是官员对每位争论者的观点的直接回应，争论者的观点源自公民的简短异见。官方姿态的可信性是很重要的，社会对新价值保持开放，也对可接受的景象的看似可信的质疑保持开放，那些景象正如他们眼前所浮现的那样。正如，在既定文化中，对正当化辩护的大量看似可信的官方理论，存在一些经验上的审查那样，对个人要求商谈的权利，也由此存在一些经验上的审查。从惯常视角来衡量，个体的规范性分歧越古怪，就越无须官方的直接回应。换句话说，规范性异议越古怪，回应就越可能隐含在正当性辩护的基础理论之中，而无须官员赘述。简言之，惯例和传统，将总是在正当性辩护中扮演重要角色，要么是因为，传统本身有时就是继续实践的理由，要么因为，

143

惯例创设了有分量的假设，在解释为何其他所有人是错的，仅仅自己是对的时候，异见分子必须克服此假设。（许多法律和道德理论的错误就是，在为规范进行正当性辩护时，把惯例所扮演的显著角色，等同于规范本身所具有的理念了。）

　　在研究自然权利时，有一些似是而非的承诺，为了避免显得我现在撤回了所有这些承诺，让我们回想一下，我们孜孜以求的是法理论，不是道德理论。正如寻求安全的权利和平等的权利一样，商谈权是最低程度的权利，在此范围之内，任何一种权利都源自法概念自身。此结果完全是建构现今之研究的结果，指向了寻找最小值：对尊重、对初显义务、对法律与强力之区分的最低基础。毋庸置疑，完整的政治理论和道德理论，会以骨肉相连的方式（in the way of flesh to these bones）增加分量。即便这样，在具体社会的政治理论中，无论承认什么权利，倘若制度具有义务性和强制性，这里描述的结构必定构成了那些权利的核心内容，知道这点很重要。

死亡和变容

　　当法理论家们转向法律制度的病症，[27] 他们讨论的问题和他们所发现的对这些问题的解决方案，都是对有效性判断感到忧虑的可预见的结果。我们得知，法律制度的持续存在依赖两个因素：官方所接受的基本规则的持存性，和得到全面有效实施或普遍服从。第一个要素使得我们可以知道，在一段持续期间得到有效实施的制度，贯穿在历史中，是否是相同的法律制度。因此，人们也许能

---

〔27〕　Hart, *The Concept of Law*, p. 114.

说，英国的法律制度持续了好几个世纪。某些英格兰的前殖民地，即便在政权交替中，体制没有中断，但是，借助于基本规则的新的终极渊源的不可挑战的接受性，拥有了新的法律制度。第二个要素确保了，基本规则所识别出来的法律制度的内容，在事实上类似于真正实体：一套有效运行的制度。所以，苏联的法治制度不是沙皇统治时代的制度，即便可能有流亡的沙俄"官员们"不断宣称对基本的沙俄规则的忠诚。[28]

144

其中任何一个要素的消失或蜕变，都会导致法律制度的瓦解。有时候，某一制度的死亡，是新制度诞生的前兆，犹如从殖民地到独立国家的和平过渡那样。其他时候，争夺有效控制权，把国家推入内战或革命，或者对另一国家的战争，仅仅当扫除了障碍和在经验上解决了对有效控制权的争夺时，才能回答存在的是何种法律制度之问题。

这些熟悉的现象引发的法理学困惑，与边界情形有极大关系，当这两个要素中的任何一个在某种程度上缺失时，就导致那些边界情形。我不关心这些具体问题，而关心一般框架本身，也关心本书的视角必然产生的那种框架的各种样式。这应当是清楚的，现在，法律制度的病症必须考虑，一个会蜕变或消失的额外要素：官方对正义之宣称的诚挚性。当这个额外要素蜕变或消失时，结果就是不再有法律制度，有的仅仅是强制制度，此强制制度甚至不能对其公民施加初显义务。这个戏剧性的蜕变属于法律制度病理学的研究范围，作为一个实践事件，此争议压倒了对法律有效性的兴趣，也压倒了对鉴别法律制度的判准的

---

〔28〕 Hart, *The Concept of Law*, pp. 114-117.

兴趣，对这些的承认，导致了这个戏剧性的蜕变。

病理学之喻揭示了人类健康，通过类比人类健康，提到过一些可能性，这些可能性与法律瓦解的新可能性形成鲜明对照。在基本规则中，突然性的、不合宪法的改变，产生了新的法律制度，正如，我们会认为，突然性的、不合宪法的人格改变，产生了新的个体。正如肉体的衰退标志着个体的死亡一样，混乱和无序是法律制度蜕变为无政府状态的标志。第三种可能性是，变成了一些完全不同的东西——不是一个人，而是一只兽，不是法律制度，而是强制制度。尽管在个人之情形中，科幻小说的色彩更浓厚，但是，在社会秩序的情形中，都很熟悉的是双重人格（Jekyll-Hyde）现象。

这种法律死亡的额外可能性所产生的新问题，是现代生活的令人着迷的和为人所熟知的方面。最明显的边界情形是战争法，在强制制度和法律制度的界线中，在日常语言所表达的矛盾中，蕴含了战争法这一术语。战争法之典型情形是，搁置普通规则和通常法律程序，在面对混乱和普遍无序的威胁时，为了保存最低程度的安全价值，需要普通规则和通常法律程序。假如真诚地相信，存在紧急状态，那么，这种制度依然是法律制度。事实上，正如我们所见，法律制度所需要的最低限度的正当化之理论，是霍布斯式的思想：把秩序之价值置于所有其他价值之上，所有的规则之所以能被正当化，不是直接基于其品性（merits），而是间接地像交通规则那样*。此理论包含两个主张：第一，任何规则优于完全没有规则；第二，（或者，

145

---

* 交通规则得以正当化，不是因为其好的品性，仅仅是因为交通规则是实现秩序的手段。——译者注

在真正的交通规则的情形中，所没有的）这种必然性排除，任何对替代性规则的品性的精细地算计和比较。

但是，法律制度是战争法，因为构成正当化要求之基础的所有基本价值，在一般意义上，都暂时蜕变为强制制度的基本价值。修饰词"战争的"符合这个主张：出于两个理由，命令是"法律"。在经验上，这个主张极端依赖看似合理的紧急状态之宣称。人们不能排除之前的可能性，即官员们可能相信，霍布斯式的对所有规则的不成熟的正当性辩护。但是，在现代世界，基本上没有人能从经验上为这种思想辩护，这种思想认为，不存在其他的基本思想，而这些基本思想能检验制度的正义性，而不是检验秩序存有的程度。这是为什么军政府临时搁置其他价值辩护时，一般借助紧急状态之宣称的原因其原因就在此。由此，更合适的修饰词"战争的"指明了所发生的这场变化的临时本性，当紧急状态之宣称的实际基础动摇时，"战争的"也突出了蜕变为纯粹强制制度的风险。第二，因为法律在这些情形中的个案，相当依赖于紧急状态之宣称的事实证据，所以，在某种程度上，此宣称的诚挚性更易受到挑战。一些基本价值导致了，不同的正当化之辩护的理论，对这些基本价值没有分歧，而是对事实之争议的适当描述有分歧，这个事实之争议就是：紧急状态能阻止对各种命令之品性做精细算计吗？

对法律和正义之信仰之间的关系的强调，使得人们即可以解释新一类死亡，也可以解释，法律向各种政治思想的乌托邦理想的转变，还可以解释，假如法律制度衰变为强制制度，那么法律制度也能发展成这样的制度：即出现在可能社会秩序之范围的另一端的制度。这些制度与正义之理想在内容和本性上完全一致，以至于不需要强力和强制。即便在天使组成的社会中，也仍需要通过法律的协作。[29]但是，在面对规范性异议时，不再有基本义务之难题。这种完全和谐的状态、这种国家逐渐消失的状态，对应于纯粹强制制度的现有理论。在这两种状态中的任何一种状态下，上述法律的两种必备标准总是欠缺一个。强制制度欠缺官员对正义的信仰，且制度仅仅是为了实现那些掌舵者自己的利益。相反，乌托邦社会对价值的看法一致，以至于不需要强制。主导本书的问题——存在守法义务吗？——在强制制度的社会情形中，答案是否定的，在乌托邦社会中，不会出现这个问题。那么，有理由认为，在两种社会情形中，既存的不再是法律制度。

146

当然，历史告诉我们，死亡比变容更易发生。（在这方面，和个人的死亡和变容的类比依然是完整的。）但是，不只是缺乏一些历史实例，这些历史实例让人对乌托邦的可能性充满悲观情绪。由于真正可理解的理由，乌托邦理论遭受了不良的舆论批评，这些理由就是，乌托邦理论所依赖的价值一致的假定，与经验所教导我们的人性看似相悖。[30]

由此，彻底的变容保留着大量的动机性理想。然而，以某种方式，在法律制度内能感觉到此动机性理想，这种方式导致了对法理学的新困惑。人们的这种困惑与法律中仁慈的位置有关。宽恕权的定义就是，在某种意义上免除正义之要求的权力，在此意义上，宽恕在道德上是不值得的。此外，发慈悲时，似乎也同样搁置了对平等的要求，人们不能抱怨，对某些人宽恕的时候对处于同样境地的其

---

〔29〕 参见 Raz, *Practical Reason and Norms*, pp. 159-160.

〔30〕 参见 Athur Leff, book review, 20 *Stanford Law Review* 879, 886-887 (1977); Nozick, *Anarchy, State, and Utopia*, chap. 10.

他人不宽恕。某些人很难接受此结论。这些争议提出了一些道德哲学的难题，我不想去探索这些难题，只注意到，当前的理论如何以可理解的视角来安置这些问题。给法律中的仁慈精确地提供一个正式位置是有困难的，因为，不易协调其与这种要求：官员要无偏私地为所有人利益而行动。但是，我们不愿意认为，所有的发慈悲都是自利的伪装，也不愿意认为是官方的偏袒的表现。这种不愿意性反应变容社会（a transfigured society）的理想，在变容社会中，以非人的标准评判人类。尽管，在实践中，我们不能实现这样的社会，但是我们敏感于此社会提出的规范性理想。同时，我们也敏感于安逸的生活，在这种状态中，滥用权力蜕变为暴政。在形式上，后者的不安逸拒绝把仁慈融入法律；前者的理想完全阻止了对仁慈的驱逐。因此，像总统特赦的情形那样，发慈悲变得罕见，或者像陪审团行使否决权的情形那样，发慈悲变得隐蔽。

理论承认这儿所讨论的法律病理学的额外可能性，法律仁慈的问题和战争法的问题都是最佳的问题示例，借以反对此理论的背景。毋庸置疑，还存在其他这类问题。但是，一个具体的问题似乎足以独特性地代表现时代对额外讨论的保障。这就是对正义或价值之信仰一起坍塌的问题——虚无主义的问题，或更极端版本的道德相对主义的问题。

我曾假定，揭穿官方对正义之宣称的虚假性，又或揭穿军政府对紧急状态之宣称的谬误，这都揭示了隐藏在行使权力的后面的真正动机和自利动机，并由此揭示了政制的真正的强制性特征。但是，揭露作为主导动机的自利或阶层利益，不是唯一的可能性。也有可能，官员们什么都不相信——正义之思想或合理商谈的思想能产生价值发现或价值一致，但是，这种思想会当作愚蠢的或无意义的思想被屏蔽掉。当然，在这种情况中，权力之外无他物，并且，留给争论的唯一分歧就是，那些对强制制度之有效性的担忧，也担忧某些最有效的手段，这些手段能确保所留下来的唯一价值——秩序之价值。这种价值信仰的坍塌所蕴含的意义，值得另起一章，并以适当的方式在最后一章做简短考察。

第6章
弦外之音

　　我曾说过，一旦官员们追逐自我利益或阶层利益，而不是共同利益，法律就会死亡。疾病也许是一个可用来比较的比喻，喻指所有价值信仰的坍塌。最后一章里，在当前理论中，考察因不信仰价值而产生的影响时，我简短地扩大了这个比喻。前面第四章留下了一个问题：是否可以把纯粹强制制度看作法律制度？本章中我会展示在第四章留下的这个问题可能激发出什么。

虚无主义与其他痼疾

　　考虑这两种国家之间的差异，一种以官员虚无主义为标志，一种以官员相信最低限度的霍布斯式的法律正当化为标志。在后一种情形中，官员们诉诸单一价值——秩序——来为法律机构进行正当化辩护。这种辩护足以产生法律制度及其义务的最低基础。相反，即便借秩序和安全之名，官员虚无主义也不能辩护国家的强制机构，因为，对于真正的虚无主义者而言，秩序、安全等价值都不存在。在虚无盛行的国家，官方完全不能为权力辩护，只能接受恰巧存在的权力组织。真正的虚无主义者相信探索价值毫无意义，他们也不操心为支持自己的权力结构辩护，正如他们不会操心去辩护某种颜色是红色的那样。我们也

许会说，虚无主义者之于霍布斯的拥趸者，就像无神论者
之于对上帝存在与否的不可知论者。

但是，虚无主义者也不同于暴君，无论是公开地还是 149
虚伪地，暴君所追求的都是自己的私利。我们会假定，暴
君承认，在关注自身利益的冲动和关注他人利益的冲动之
间存在张力，并选择遵循前一种冲动。暴君这样做，也许
是出于意志薄弱，或是因为他真诚地相信，他能正当地辩
护这种行为：把自私的观点置于道德观点之上。为什么是
道德观点？回答此问题相当困难，正如抢先指责不合理性
（irrationality）一样困难，仅仅因为人们断定，没有好的
理由把道德观放在自私观之上。在这种制度中，不存在义
务，但是与下述看法不同，此看法认为：这种制度中的官
员们受到了错误引导，或者在做出选择时明显错了。很久
以前，马基雅维利和尼采指出过这点。这是因为，很难驳
斥这种观点：社会制度在法律制度和强制制度中所维持的
平衡，很不稳定。

与暴君相对，虚无主义者对自利的追求，绝不多于对
秩序本身作为一种价值的追求。在同义反复的意义上，我
们都是心理学上的自我主义者（egoists），要超出这个意
义，虚无主义者对他人的那些价值，与无神论者对其自己
的价值是一样的。虚无主义者对其价值的特殊的主观紧迫
性，使得那些价值是他的。在决定追求什么时，虚无主义
者不把任何特定的伦理重要性，附加到这个事实上，即这
些价值是他的。所有都是偶然的，都不是可辩护的。虚无
主义者也许有各种不同的动机，来继续行使并保存其权
力，这与上述态度不抵牾。接受虚无主义者的权力职位，
无须确认自我优先于他人，但是要确认，所有为价值辩护
的努力最终都毫无意义。虚无主义的渊源不是马基雅维

利，而是陀思妥耶夫斯基（Dostoyevski）：无论是展示在鞭打马匹中的支配模式，还是在迫害奴隶中的支配模式，通过耸肩膀（the shrug）而不是挥拳头（the fist），通过"怎么都行"而不是"实现我的意志"来满足为支配模式辩护的要求。*

因此，我们得到一幅关于虚无主义者的图景，我正在发展的理论中最受忽视的那一方面，被虚无主义者所重视。虚无主义者相信，为规范性态度进行正当性辩护的要求是毫无意义的，因为，正当性辩护预设了客观标准，也预设了一套无法得到的推理程序，这套推理与价值密切相关。相反，此观点促使人们解释，对政治组织结构的正当性辩护究竟指什么。不能指的一个意思是，在正当性辩护之术语的任何日常意义中，正当性辩护要求证明，法律制度的基础价值是正确的。有一种观点认为，在某种意义上，终极目的和终极价值是不可验证的，我所言的东西不与这个观点抵牾。事实上，我曾清楚地指出，对于法律和义务而言，关键是对价值的信仰，而不是论证信仰的能力，也不是说服他人信仰的能力。然而，我同时强调了对正当化辩护和商谈的需要，正如去说，在形成和辩护价值的过程之中，理性扮演的角色超出了纯粹工具性的角色。

对理性角色的强调，部分地导致了对人类基本平等的假设，也部分地导致了相称的经验性约束，那种基本平等的假设寄托在其他方面无穷无尽的可能信念之中。在完全断绝现实影响的真空中，不能形成信念。共同的经验，和人类对痛苦性刺激和享乐性刺激的共同回应，提供了最小的阿基米德点，凭借这个点可以评估一些主张，一些关于

---

* "耸肩膀"代表虚无主义，"挥拳头"代表暴君。——译者注

什么在事实上代表所有人利益的主张。在充满价值分歧的情况下，人们不能证明谁是正确的，但不能借此证明真理的概念在伦理学中没有意义。并且，相信这是没有意义的，也是不可确定的，这个信念最终能区分我们所考虑的官员和虚无主义者。一旦挑战对强制制度的正当性辩护，虚无主义者的回应不是诉诸价值，因为价值最后也许是不可证明的，而是诉诸这个判断：即便声称一些价值优于另一些价值，也没有意义。

这种态度对法律和义务意味着什么？尽管我已从暴君中区分出了虚无主义者，但是，在两种情况中，含义是相同的。从异见分子的视角来看，异见分子问为什么应遵守法律时，基本上不需要区分官员们行使权力是为了自己的利益，还是完全不为什么利益。事实上，在后一种情况中，假如虚无主义者的确相信，所有的价值都不堪一击（或者都站得住脚），那么，就很难理解，为什么虚无主义者不把权力交给那些关心如何使用权力的人。尽管我曾试图把这种情况和仅仅追求自利区分开来，但是，虚无主义者拒绝交出权力，就极有可能显得是选择自我高于他人，并因此摧毁义务的基础，正如在暴君情形中确定的那样。在虚无主义者和暴君这两种情况中，都忽视了统治者和被统治者之间的最低程度的联系，承认所追求的是共同利益，确保了这最低程度的联系，丢下了交互性所导致的分歧。暴君否认他应当追求正义，虚无主义者否认，存在任何正义的事情。两种态度都杜绝了通过对话达成一致的可能性。

特定情形认为，在官方虚无主义盛行的地方没有守法义务，当我们回顾之前章节中，关于如何评估所给予给守法义务的分量大小时，这种特定情形的看法就变成了确定的结论。因为，义务基于尊重他人的观点，基于真诚地努力，义务的分量随着对相关信念的确信程度的变化而变化。重要的是，这对其他人有多重要。但是，什么都不关心的虚无主义者，也不关心不服从。所以，义务的强度是零。

那么，为何不直接得出这样的结论：把虚无主义看作法律的死亡，而不仅仅是法律的痼疾？无论是挥拳头（fist）取代了正义之信念，还是耸肩膀（shrug）取代了正义之信念，当对正义之信念消失后，法律制度就变成了纯粹强制制度。当然，我的目的不是用分析代替比喻，就引导本书的终极问题而言，在暴君和虚无主义者之间没有差异。但是，我曾借用比喻，通过让虚无主义与专制之间的区分化为泡影，把注意力引到这个法律死亡程序的具体特征上。我所勾勒的虚无主义的极端版本，不太可能准确叙述了现实国家的官方意识形态。这是因为，所定义的意识形态，暗含规范信念的结构，不指信念的整体缺乏。因此，要求虚无主义的国家实例，就是要求完全没有意识形态的国家实例。很难找到这些实例。任何持续了一段时间的权力组织结构，都极可能将这种组织结构正当化，这种被正当化的组织结构，要么诉诸掌权者的利益，这就是专制，要么诉诸所有人的利益，这就是法律。

特别是鉴于存在自欺的可能性对目前为止所讨论过的关于诚挚性之概念的法理论而言，其主要问题就是，上述两种正当化之间的区分。但是，一旦某人决定，是否诚挚地做出正义之宣称，初显义务是否存在的问题——尽管不是关于其分量的问题——就得以解决。诚挚性不是程度的问题，纵使——事实上，肯定是因为——构成诚挚性的要素确实考虑程度。因此，人们可能仍认为，即便官员们对正义的宣称附带有①大量的自我怀疑，和②或多或少混杂有意动机和无意动机，和③很重的不可避免的自利，但是，官员们依然是真诚的。然而，对虚无主义的倾向，会出现程度上的不同。虚无主义指向了确信的力度，这种确信以真诚和虚伪之区分所不具有的方式，构成了价值承诺的基础。因为，很少发现虚无主义的极端情形，人们最常发现的是展现了各种不同程度的虚无的法律制度。就是带有这种进程的可能性，最终导致了法律的死亡，这也解释了我为什么使用疾病作比喻。

此刻，让我们直接抛弃比喻和国家的问题。虚无主义的问题是确信的程度问题，确信的程度构成了，对法律制度的基本价值的官方承诺的基础。承诺越薄弱，义务的基础就越薄弱，这个结论符合我先前对守法义务之分量的看法。在极端情况下，不存在义务，因为官员们什么都不关心。在另一种极端情况下，人们认为，特定价值对于正义而言、对于社会之存续而言，极为重要，以至于人们相信，同等重要或几乎同等重要的对抗性义务（countervailing obligations），将胜过服从的义务。在这之间，是各种与重要性之程度相对应的国家，这种重要性是官员附加给价值的，法律保护这些价值，或者不服从行为威胁这些价值。

能把这里所发展出的理论本身，看作一种值得拥抱的倾向，朝向虚无主义，对法理论而言，这使得虚无主义成为难题，而不只是产生另一种方式把注意力转移到此事实：信念在强度和实质方面有所变化。我用看似彼此矛盾的线索，建构义务存在的情形。社会的价值承诺越强，推出义务的可能性就越大。但同时，义务的情形极为依赖于宽容的观念，宽容同胞们的反动观点。这些看似彼此矛盾的线索很难融合。人们的确信越强烈，就似乎越不太可能注意异见分子。相反，人们对具体价值的承诺越微弱，也许就越容易考虑相左的观点。

道德哲学熟悉确信和宽容之间的张力。[1]在当前情形中，此张力不导致逻辑不融贯性，而导致各种经验性的倾向，这些倾向解释各种现象，这些现象与对法律的义务的感觉相关。因为，在考虑价值承诺和宽容之间的张力时，价值承诺对义务而言更重要，所以，在逻辑上，二者不存不融贯性。纵使难以改变官员们的观点，在这种意义上，官员们对异见的宽容很弱，但是，官员们的强烈而又真诚的价值承诺，产生了义务存在的确定情形。人们持有不同的观点——并且坚定地持有——异见分子对这个事实的宽容，有助于为义务奠基。但是，商谈权确保了唯一相称的要求：官方要宽容。尽管人们由此避免了理论上的不融贯性，但也不难考察，把这些关于义务之基础的想法应用到实践中，所导致的经验性结果。若干似乎能破坏义务感的现象，能得到解释。例如，价值承诺的程度总是与义务的程度有正相关性，在极端情形中，这种看法也许是错的。想象一下在个人身上压倒理性的激情，与此相对应的是，想象狂热的国家，其意识形态的承诺是如此之强烈，以至于遮蔽了其他东西。在这种情况下，人们受到鼓动认为，没有兑现商谈权，情绪上的热情过于激烈，以至于妨碍了公平考虑相竞争的意识形态。

在这个意义上，对价值承诺有限制，对服务共同利益的主张也有限制，两个限制是相对应的。当明显忽略自我服务（self-serving）的维度时，人们把上面服务共同利益的主张，作为合理化的手段来怀疑。当激情如此强烈，以

---

[1] 参见 Joseph Halberstam, "The Paradox of Tolerance," 14 *Philosophical Forum* 190 (1982).

至于反思和商谈看似虚饰，人们也怀疑下述主张，这种主张也曾公正地评价并排斥替代性的意识形态。花言巧语是虚伪的首要标志，当不能面对信念所具有的自我服务之本质时，或者不能面对正义理论的脆弱性时，就会出现花言巧语——甚至不能面对正义理论的脆弱性，这可能反映了某种宗教狂热。

在讨论官僚国家的论著中，大量充斥着对此主题的偏离，也能把此种偏离理解为回应某种感觉，即一种部分官员们所作出的私人价值承诺逐渐变弱的感觉。我先前曾借用救生艇和家庭的范例来建构义务理论，而现代国家离救生艇和家庭的范例很遥远。事实上，在社会中，当人们主要面对像法庭、立法院或行政机关等各种非个人性机构时，在救生艇和家庭等情形中，产生尊敬的面对面式会面，是否据说完全有对应物，人们对此疑惑不解。但是，处在法庭、立法院或行政机关后面的是人，并且，正是在这个意义上，那些人关心他们所颁布的法律，并确保从个人的简单情形向外推到政治义务的一般情形。然而，与机构控制而非人员控制的程度相适应的是，上述意义在逐渐减少。法院的官僚化，[2]不假思索地动用标准的意识形态，回应和商谈嬗变为礼节性的客套——所有这些都在逐渐抽空人们会面的意义，而人们关心义务，且正是这种关心构成了义务情形。倘若狂热的神权国家在价值承诺的范围的这边，缺乏面对面的官僚国家就在价值承诺的范围的另一边。两者都濒临死亡。

在这两种极端情形之间，人们能发现大量熟悉的例

---

〔2〕 参见 Joseph Vining, "Justice, Bureaucracy, and Legal Method," 80 *Michigan Law Review* 248 (1981); 也参见 Vining, *Legal Identity* (New Haven: Yale University Press, 1978), Chap. 9.

子：看似在机械适用的法律，而没有注意到这些法律是否反映了所关切之人的目的；当官员们因为其树立的价值承诺是如此之热烈，以至于妨碍了，公正地评判当事人的诉求，导致正义显得被蔑视时，当事人中断审判；因为机构规则（agency regulations）源自愚蠢的程序，所以官僚惰性超出了人们的控制，导致机构规则被公然嘲弄。所有这些都是偏离面对法律的例子，都可能激起普遍性反应：愤怒。当然，本书开始时提到过，愤怒也是对劫匪的反应。

154 当前的理论解释了，为何愤怒有时候也是对法律的适当反应。

承诺之问题

假如虚无主义是一种病，那么价值承诺应是药方。至少，这似乎就是先前的讨论所彰显的全部含义。无论你相信什么，这不重要，重要的是你相信全部。尽管，这确实是一个轻率且危险的口号，正如任何人都将同意这样的人，他反思过，围绕类似的价值承诺所组织起来的当代运动，这种承诺是为了承诺自身而承诺。〔3〕一旦解决了局外人的问题——我在之前章节批评过的局外人，要把局外人视角和局内人视角明确分开。人们把局外人视角运用于这儿所发展出的理论中，得出的结论就是，信念是重要的，此结论是合理的——至少，尊重对义务基础的研究。但是，对于局内人而言，此结论是无用的，正如现代实证主义所声称的那样，从外部视角来看，法律具有规范性。

---

〔3〕 参见 Richard Hoggart, *The Uses of Literacy* (London: Penguin Books, 1957), p. 159, 此书中, 作者指出, 真诚性作为目的本身, 可以成为一种标志, 标志着对价值的普遍淡漠和不信任。

当我们处于不舒服但不可避免的张力中，不断混淆主观视角和客观视角时，局内观点和局外观点的清晰区分，再次曲解了我们所体验到的现实。[4]简言之，对价值承诺之问题的认识，必定平衡了对价值承诺之力量的认识。价值承诺之问题不只是指基础价值的问题。从法理论的视角来看，价值承诺问题存在独特的方面，此独特方面促成了基础价值的更一般问题，也起源于基础价值的更一般问题。本节的目标就是讨论这个独特方面，并且简短地留意其意义。

人们认为凯尔森是道德相对主义者。其道德观并没有从外部妨碍他把法律刻画为必然具有规范性，通过行使有效的社会控制，把法律奠基在基础价值承诺之上。我曾经解释过，为何从局内视角来看，凯尔森的理论是不完整的。倘若凯尔森是法官，他将发现自己的法理论是无用的，除非他（及其同僚）"假定"基本规范，否则法律制度就不存在。但是，一位相对主义者如何被迫变为局内人，并以某种方式假定基本规范？此方式使得法律义务的陈述不仅仅是法律有效性的报告。假如，其相对主义允许从自愿承担的角色中推出责任，那么，凯尔森法官也许能从其允诺或者从其官职条件中推出义务，但是，法律的规范性资格依赖于更遥远的非契约性承诺（noncontractual commitment），即凯尔森及其同等地位的官员们对制度的基本价值的承诺。那么，鉴于这里修正了凯尔森的理论，真正的相对主义者作为法官能做什么？

倘若人们对历史事例的研究能回答这个问题，人们就

155

---

〔4〕 参见 Thomas Nagel, *Mortal Questions* (Cambridge：Cambridge University Press, 1979), chap. 14.

可能突然想起霍姆斯的局内人理论范式，他的局内人必须作为法官来行动，尽管这种法官倾向于对价值之实在感到绝望。霍姆斯成为这种范式情形，这里不适合讨论传记式解释（the biographical accounts），这种传记式解释将为那种范式情形进行正当性辩护。[5]由于这些目标和我曾经提到过的理由，在事实上，许多传记式解释是有缺陷的。人们常常认为，霍姆斯的司法观点和私人陈述证明了他的绝望，其私人陈述强调：对于价值、对于价值在权力史和自利史中相应的主导地位，缺乏任何客观的检验。人们认为此观点导致了这种司法观点，在这种司法观中，霍姆斯所宣称的意愿性，支持大多数人在国企中所表达的意志，而非以更高级的宪法价值（在霍姆斯的观点中不存在）的名义，使某一法规无效。当然，这种解释并不产生所要求的理论范式。作为法官，要拥护多数人之价值，也许就是接受一系列基础价值，这可能与民主理论有联系。这也不是那些相信完全不存在基础价值的人的选择，至少不必然是。[6]

然而，针对霍姆斯退回到多数人主义，也许有另外的解释，这种解释更倾向于指明，承诺之问题为何与法理论有关。富勒（Lon Fuller）在对比两种民主观时，表达了其观点。消极的民主观：

> 是那种能为处于知识怀疑论中的民主做正当性辩护的。不存在正义这类东西。人类理性完全不能调整

---

[5]　最近的解释参见 G. Edward White，"The Rise and Fall of Justice Holmes," 39 *University of Chicago Law Review* 51 [1971；再版于 White, *Patterns of American legal Thought*（Bobbs-Merrill, 1978），pp. 194-226].

[6]　也参见第五章脚注10。

人和人之间的关系。因此，一些纯粹武断的秩序原则变得必要。因为权力最终依赖于对统治的默许，统治中最富有逻辑的原则是多数人原则，因为此原则为秩序的建立，提供了最广泛的基础……多数人原则优先，不是因为这个原则最可能是正确的，而是因为这个原则最可能得到遵守。民主不是基于肯定，而是基于否定，否定政府和法律最终只不过是武断。[7]

这种民主观立基于"否定思想的力量"，富勒将这种民主观与另一种民主观做了对比，后一种民主观立基于"真诚相信从长远来看，思想比形成思想的人更重要……通过保存社会中权力结构的流动性，通过使得和平地清除不成功的统治成为可能，民主创造了一个领域，在这个领域中，为了占据人们的心灵，思想可能与另一个思想相竞争"。[8]

156

富勒的消极民主观，让人想起了上面对虚无主义者的描述。也让人想起了最低程度地证成国家的霍布斯式理论，这个理论把秩序当作唯一的价值，且拥护任何能促进秩序的机构。的确，在实现秩序目标的过程中，通过论证某一具体政治机构的有效性，消极民主观改良了霍布斯式理论。我之前把霍布斯式正当性辩护，看作是法律和义务的最低程度的基础，在表达这个观点时有疑虑，霍布斯式理论和虚无主义具有亲和性，这种亲和性解释了我的疑虑。其实，假如在富勒的意义上，霍布斯式的理论观是消

---

[7] Lon Fuller, *The Law in Quest of Itself* (Boston: Beacon Press, 1940), p. 121.

[8] Lon Fuller, *The Law in Quest of Itself* (Boston: Beacon Press, 1940), p. 123.

极的话——假如因为没有其他值得拥护的价值，所寻找的是秩序——那么，像对义务的尊重情形那样，霍布斯式的国家和虚无主义者的统治之间的区别，将会消失。当且仅当人们把霍布斯式的理论观，解释为一种能给予比秩序之价值更优先的东西，而不必然拒绝其他价值的现实可能性（不可知论，而非无神论）时，人们才能心安理得地接受法律及其所导致的义务。

尽管，到目前为止，似乎我们又在处理虚无主义的问题。我们所做的这些与承诺之问题有什么关系？回答就是，承诺之问题与虚无主义的问题从来就相隔不远。考虑一下，什么导致了消极民主观，或者什么导致了霍布斯式的消极正义理论观。这里所发展出来的法理论，强调程序和商谈，它们能产生两种态度中的其中一种。在为义务奠基的过程中，人们越强调商谈、真诚和信念的关键作用，在面对人们指控其抛弃了现实世界作为检验正义的标准时，他就越脆弱。在法理论中，承诺的难题就是，纵使法理论揭示了，对于法律和义务而言，承诺是必备的。但法理论自身不能为承诺奠基，因此，对理论的忧虑，而非对真切地形成确信、信念和价值判断等事情的忧虑，最终是自我击败的。在法学研究中，这种忧虑为了其自身的缘故，所采取的形式热衷于程序，也热衷于尊崇矛盾和左右为难之事。但是，人们能冒着虚无主义之病恶化及法律死亡的风险，陶醉在辩证法和矛盾之中。

我曾发展过一套理论，能为法律的规范性基础奠基，但是，我并不曾发展过一套完整的政治理论，为承诺奠基，而承诺是法理论所需的、法律规范性的前提条件。在那方面，也许可以在同样的程度，部分地谴责理论具有内部不相关性，类似于我先前对现存法理论的谴责那样。但

157

是，存在一个关键的不同。在不管价值分歧和不管官方的价值判断出错的情况下，当前的理论至少解释了，法律何以是规范性的，且必然蕴含义务。解释这么多就是解决政治义务之难题。这也使得法理论，仅以这种它所能是方式，与局内人相关——不是通过用政治思想取代法律思想，而是通过连接这两种思想，以揭示社会中的道德约束，即便正义国家最好的理论不讨论陪审团的问题，这样的社会仍然幸存。

选择立场

我曾把古典法律观发展并辩护为，一种关于强力的替代方案，也曾展示，为什么现代法实证主义和古典自然法理论不能超越强制模型。我不曾认为，古典法律观是错误的。本书的理论中，剩下需要检验的情形就是纯粹强制制度，这种制度不能以这里所描述的模式，来辩护和声称其权力结构组织的正义性。假如有人问这种制度是否是法律制度，人们会怎么回答呢？

尽管这种制度缺乏道德权威，但我们现存的分类体制称这种制度为法律制度，没有观点会反对这点。但这似乎也符合既存的语言体制，其做出了相反的决定——称这类制度为强制制度而非法律制度。正如第四章讨论过的那样，支持前一种决定的观点是一种分类，主要是为了把社会实在（social entity）和普遍利益联系起来，这种普遍利益就是，弄清楚遭受组织性惩罚的风险。支持后一种决定的观点就是，继续主张法律的概念与忠诚的概念具有联系。人们很少遇到纯粹强制制度，这个事实有助于解释，我们为何不曾陷入此永恒的选择之中，即在我们语言体制中的观点之间选择。强制制度依然有边界情形，并且解释了，我们为何不能准确知道要说什么，正如，当问凳子是否是椅子时，我们不能准确知道要说什么。

剩下两种可能。第一，我们能依赖这里的情形，满足于辩护标准情形中的法律含义，此标准情形赋予法律术语的意义，超越了其在现代实证主义或在古典奥斯丁式理论中的意义。然后，能处理描述之维度，而非定义之维度的边界情形，正如人们确定会陷入这种情形：可能把凳子弄成椅子。在后一种情形中，毋庸置疑，人们试图寻找让提问者困惑的问题，以某些方式，解释了（人们能坐）凳子类似于椅子，但是在另外一些方式之中，有所不同，并因此满足绝大多数凳子不满足的目的［例如，挤奶（之目的）］。当有人问强制制度是否法律制度时，也同样能告诉这样的人，在此种强制制度中，道德忠诚（moral fidelity）没有基础，倘若这就是他想要知道的，但是，也许存在可清楚地预见到的惩罚，这种惩罚附带在行为后面，审慎地提醒行为人应该考虑惩罚。

第二种可能性是，再一次考虑判决的含义（假如你愿意，考虑规定的含义），并且，对所有人而言，考虑称呼强制制度是什么意思。例如，一些实证主义者认为，法律和道德之间没有必然联系，正如我们现在使用这些术语，进而考虑是否应当限制"法律"术语，以排除邪恶的制度。在本书的其他地方已留意过，实证主义者给这个方案提出的实践异议和理论异议。[9]事实上，这些相同的异议，阻止了实证主义者把强制制度从法律的概念中排除出去，正如这些异议阻止实证主义者排除邪恶制度一样。一旦考虑本书的背景，理论异议和实践异议就不那么

---

［9］ 参见第二章中，现代实证主义中关于贫乏（sterility）的小节。

有力量了。理论异议假定，在研究法律制度中，吸引我们的是"社会控制的具体方法"。就是这种情况，从这种类型的社会控制的研究中，开创出来的东西是人为的，那些制度是不道德的，特别是因为"研究（对社会控制的这种方法）的使用，涉及对其滥用的研究"。[10]但是，依据各种各样的社会控制来细分社会实体，为什么是人为的？实证主义者认为，我们感兴趣的社会控制的方法，一直是相当具体的方法：就是强制性的控制方法，在这种方法之中，无论出于怎样的理由，官员施加规则给他人。本书认为，存在明确的理论兴趣，把有组织的社会制度细分为子范畴，这些子范畴反映了社会控制的类型是强制的抑或是道德的。如果研究所选取的某类法律的关键要素是强制，理论兴趣将集中于实效性（efficacy）——统治者实施法令的权力和能力，并因此确保得到服从的权力和能力。如果认为正义是法律的关键要素，理论兴趣转移到社会中正当性辩护的本质及其效力（effectiveness），说服异见分子和维持自愿性忠诚的效力，要么从描述性角度评估，要么从规范性角度评估其效力。

有一种方案，把邪恶制度从法律的概念中排除出去了，实证主义者对这一方案持有实践异议，实证主义者依据这种主张：把法律是什么这一问题和是否应该遵守法律的问题分开，有助于对某人该做什么进行道德探究。当道德问题与人们的终极义务有关时——通盘考虑之后，是否应该遵守法律——上述观点具有说服力；当道德问题与初显义务有关时，上述观点的说服力变弱。通过把法律的概

159

---

〔10〕 H. L. A. Hart, *The Concept of Law* (Oxford: Clarendon Press, 1961), p. 205.

念和初显义务联系起来，这确保了，对是否服从进行道德考量，但并不完全贬损法律的道德宣称。倘若有贬损的话，就是实证主义者的看法，他们认为以下的想法完全是清晰的：在决定是否服从的过程中，通过让某人完全不赋予法律以道德分量（仅仅因为它是法律），实证主义者的看法威胁并歪曲了对终极义务的实践考量。

然而，在决定是否把纯粹强制性的社会秩序看作法律制度时，存在最后的考虑因素。这个因素就是，这个定义式的决定与先前对虚无主义问题的讨论的联系。现代实证主义者费尽心思地拒斥，法律实证主义和逻辑实证主义之间的任何联系。这就是说，所声称的人们持有的法律与道德分离的观点，并不蕴含任何关于道德主张是正确还是错误的具体观点。[11]我已经讨论过，这个逆命题也是不对的：人们对道德判断之资格（status）的观点蕴含或者是一个好的理由据以蕴含，关于法律和道德之关系的观点。因此，假如我们都同意，道德主张是没有意义的，这将是很好的理由，解决古典实证主义者所喜欢的当下问题，因为，不再有任何有意义的道德兴趣，为把强制制度从法律的概念中排除出去，进行正当性辩护。我们曾讨论过，道德准则过于不确定，以至于不是法律渊源，针对前述主张的道德判断的资格，有一种元伦理学观点，一些实证主义者们似乎依赖于这种元伦理学观点。但是，那些实证主义者们小心翼翼地保持，元伦理学的理论纯粹性和实质伦理学的理论纯粹性，这些实证主义者们将任由这个道德判断的资格问题保持开放。

---

〔11〕 参见 H. L. A. Hart, "Positivism and the Separation of Law and Morals," 71 *Harvard Law Review* 593, 624–629 (1958).

关于这个元伦理学问题，无论人们的结论是什么，但是，支持法律的概念和道德的概念具有联系的最后论据，能建基在以下两个简单的经验性主张之上：①人们相信价值判断的实在性（reality），这是重要的；且②维持这种忠诚相信的一种方式，是赋予一些概念以道德意义，而这些概念指涉绝大多数基本的社会现象。有组织的社会制度无所不在且威力强大。不能回避这些有组织的社会制度，事实上，这些制度有权力干涉人类生活的方方面面。人们意欲相信（或确实相信）道德价值的实在性，假如这是对的话，那么，当发现这种用来指示普遍社会现象的概念，要求对道德辩护的实在性具有类似的真诚信念时，就不应该感到惊讶。简言之，古典实证主义者的问题，并非指蕴含虚无主义的问题，而是蕴含着对虚无主义问题的淡漠态度（aloofness）。

通过再次考虑和宗教类似的东西，能阐明这最后的论证。人道主义哲学与其他宗教一样，都拥护一些道德思想，但是不公开宣称信神，是否能把"宗教"术语扩大到这种人道主义哲学？假定这是一个问题。不难看出，因为刚才提到的两条经验性主张，人们会决心限定这一术语，以排除这些组织。首先，对许多人而言，相信此类存在物（a being）是很重要的；并且，其次，证明这种信念的一种方式，是为那些提供人道性需求和精神性需求的组织，发展出一个概念，也是通过定义下一步的要求（这些组织要公开信仰上帝）与这个概念建立联系。如果这些组织只有相同的目标，但是没有信仰，就不能认为是宗教。

把法律仅仅看作是强力，或者看作是比强力更多的东西的决定，能以类似的方式被看作是关于这个的决定，即

160

我们用来描述社会实在的概念，是否应该也暗示着，对某些种类的道德实在的承诺。认为法律和强力之间存在本质区别的观点，暗示道德争论是理性的，无论如何，正式的价值判断也许是困难的。有个观点主张把强制制度纳入法律制度的概念之内，这个观点暗示，对某些观点进行反思是不重要的，这些观点是关于社会实在（至少不是具体琐细的社会实在）之类别中的道德实在的观点。这个观点不会要求人们抛弃真诚信念，但是要求人们抛弃用来证明或宣布那种真诚信念的具体方式。

我们的目标不是最终证明，其中一种观点优于另外的观点。在这方面，假如人们坚持认为，某些社会秩序和义务之间的联系更多的是猜想，那么，这里所提出的法律的定义，依然是不完整的。为了补充完整，将不得不解释这些问题，诸如：为什么关心义务的实在性是重要的，为什么争取保留道德的和物理的完整性是重要的——并且，为了标示社会实在，人们发展了一些概念，反思对概念的这些关切为什么是重要的。我不怀疑这个论证上的裂缝能被弥合；我怀疑，仅仅通过分析，而不伴随对价值实在之问题的最初立场的选择，来弥合裂缝。假如仅仅是因为，没有事前做好准备，探究的困难迅速导致了抛弃探究，那么，对这个争议采取的立场必须先于对具体价值的探究。

但是，此结论意味着另一个结论。对价值实在性之问题采取的立场是这样一种立场，理论最后只能确认的立场，不是一开始就提供的立场。在一开始，只能采取这种立场——或者相反。

161

图书在版编目（ＣＩＰ）数据

法理论/(美)菲利普·索珀著；汪雄译. —北京：中国政法大学出版社，2020.9

书名原文：A Theory of Law

ISBN 978-7-5620-9617-7

Ⅰ.①法…　Ⅱ.①菲…　②汪…　Ⅲ.①法的理论－研究　Ⅳ.①D90

中国版本图书馆CIP数据核字(2020)第166023号

出　版　者	中国政法大学出版社
地　　　址	北京市海淀区西土城路 25 号
邮寄地址	北京 100088 信箱 8034 分箱　邮编 100088
网　　　址	http://www.cuplpress.com (网络实名：中国政法大学出版社)
电　　　话	010-58908289(编辑部) 58908334(邮购部)
承　　　印	固安华明印业有限公司
开　　　本	850mm×1168mm　1/32
印　　　张	9
字　　　数	210 千字
版　　　次	2020 年 9 月第 1 版
印　　　次	2020 年 9 月第 1 次印刷
定　　　价	42.00 元